中国经济为什么行？

新举措助力新常态

中共中央党校经济学教研部
曹立◎主编

新 华 出 版 社

图书在版编目（CIP）数据

中国经济为什么行?：新举措助力新常态/曹立主编
北京：新华出版社，2015.8
ISBN 978-7-5166-1951-3
Ⅰ.①中… Ⅱ.①曹… Ⅲ.①中国经济—文集 Ⅳ.①F12-53
中国版本图书馆 CIP 数据核字（2015）第 186949 号

中国经济为什么行?：新举措助力新常态
主　　编： 曹　立

出 版 人：	张百新	**选题策划：**	黄春峰
责任编辑：	赵怀志　沈文娟	**特约编辑：**	毕芳凝
封面设计：	后声 HOPESOUND pankouyugu@163.com	**责任校对：**	刘保利
责任印制：	廖成华		
出版发行：	新华出版社		
地　　址：	北京石景山区京原路 8 号	**邮　　编：**	100040
网　　址：	http：//www. xinhuapub. com		http：//press. xinhuanet. com
经　　销：	新华书店		
购书热线：	010-63077122	**中国新闻书店购书热线：**	010-63072012
照　　排：	新华出版社照排中心		
印　　刷：	北京新魏印刷厂		
成品尺寸：	170mm×240mm		
印　　张：	16	**字　　数：**	225 千字
版　　次：	2015 年 10 月第一版	**印　　次：**	2015 年 10 月第一次印刷
书　　号：	ISBN 978-7-5166-1951-3		
定　　价：	36.00 元		

图书如有印装问题，请与出版社联系调换：010-63077101

目　录

1 如何理解“双目标”“双结合”“双引擎”

2015年3月5日，李克强总理在所作的政府工作报告中指出，我们要把握好总体要求，着眼于保持中高速增长和迈向中高端水平“双目标”，坚持稳政策、稳预期和促改革、调结构“双结合”，打造大众创业、万众创新和增加公共产品、公共服务“双引擎”，推动发展调速不减势、量增质更优，实现中国经济提质增效升级。“双目标”、“双结合”和“双引擎”是对2015年任务的总概括、总要求，为我们在新常态下，准确把握短期增长与长期发展和短期调控与长期政策的关系指明了方向。

一、实施“三双”战略的背景

从国际、国内环境看，当前我国经济发展面临诸多困难和挑战，但世界经济呈现温和复苏格局，国内经济发展具有巨大的韧性、潜力和回旋余地，宏观经济有条件保持稳定发展。

（一）国际背景

1. 全球经济呈现复苏态势，但步调不一致

国际货币基金组织预测2015年世界经济增长率达3.6%，全球经济呈现复苏态势，但主要经济体的增长趋势并不统一。美国由于消费者信心提升和企业投资意愿上升，经济复苏势头强劲，预计2015年GDP增长率将达3%。但欧元区由于财政节支和高失业率，2015年经济仍将呈微弱增长态势。而日本由于扩张性货币政策的边际效应减弱，经济增速进一步放缓。新兴经济体则由于内部结构性矛盾依然凸出，经济增长仍将乏力。

2. 全球宏观政策分化，政策协调困难

各国经济增长形势的分化导致宏观经济政策分化。美国经济复苏形势乐观，退出量化宽松货币政策。欧元区国家则由于经济增长乏力，进一步放松货币政策。日本由于通胀水平上升，挤压了宽松货币政策空间。各国货币政策的分化，将导致全球资本的无序流动，加大金融波动风险。

3. 国际经济格局进入深度调整期

2008年国际金融危机后，国际经济格局发生了显著变化，世界经济进入低速增长期。发达国家经济、社会和政治环境都受到较严重的打击，目前欧洲国家、美国和日本的总体负债率高企，高企的政府负债率极大地降低了政府刺激经济增长的能力。尽管发展中国家经济发展不均衡，但是随着发展中国家在世界经济的比重不断增大，发展中国家在全球治理体系的话语权和影响力逐渐提升，世界治理呈现多元化格局，世界各国对资源、市场、资本、技术创新与新兴产业制高点和国际规则制定等方面的竞争不断加剧。

(二) 国内背景

1. 潜在经济增长率下降，经济进入新常态

自2010年，我国经济增长率持续下降，2014年我国经济增长率下滑至7.4%。2015年一季度我国GDP增长率为7%，创近6年新低。近年来，我国经济增长逐步由过去三十多年平均9.8%的高速增长向7%左右的中高速增长转变。

2. 我国面临“中等收入陷阱”的风险与挑战

2014年，我国的人均GDP达到7485美元，达到世界银行中上等收入国家水平标准。当前是我国能否跨越“中等收入陷阱”、跨入高收入国家行列的关键时期。我国面临科技创新能力有待进一步提高、经济结构调

整缓慢、资源环境约束日益突出、体制机制不完善、社会矛盾凸显等一系列风险与挑战。能否化解这些风险与问题，对我国跨越“中等收入陷阱”，实现民族复兴至关重要。

3. “刘易斯拐点”到来，我国面临人口老龄化挑战

我国剩余劳动力无限供应的情况正在改变，已经迎来“刘易斯拐点”，传统的人口红利正在消失。2012 年，我国首次出现劳动年龄人口下降，2012 年比 2011 年劳动年龄人口减少 345 万。伴随国内劳动年龄人口的下降，我国人口结构的老龄化问题日益突出。全国老龄工作委员会办公室发布的《中国老龄事业发展报告（2013）》指出，2012 年我国老年人口数量达到 1.94 亿，老龄化水平达到 14.3%。报告还特别指出，我国高龄老年人口将继续增长，2013 年较 2012 年上升 100 万人，至 2300 万人，并且高龄老年人口年均增长 100 万人的态势将持续到 2025 年。2014 年，我国 60 岁以上老年人口已达到 2.12 亿，占总人口的 15.5%。人口的老龄化将引发我国社会经济结构的巨大变化，对社会经济发展将产生巨大影响。

4. 宏观经济形势总体稳定，我国仍然处于经济发展的战略机遇期

虽然我国经济下行压力在加大，发展中深层次矛盾凸显，经济发展面临的困难很大，但宏观经济形势总体稳定，我国经济发展仍然处于战略机遇期。具体而言，我们将迎来基于全面深化改革的“新制度红利”期、基于高素质劳动者“新人口红利”期、基于创新驱动的“新资源红利”期、基于“一带一路”的“新全球化红利”期。

目前，中国经济进入新常态，经济增长速度已经下降，且很可能进一步下降，但经济发展质量和效率提高、经济结构调整优化和经济发展动力转换却尚未实现。这样，原来由高速增长所掩盖的矛盾就会凸显，进而造成经济增长的大幅波动，影响社会发展的稳定。[①] 因此，适应和引领经济新常态，我们必须要着眼“双目标”、坚持“双结合”、打造“双引擎”。

---

① 参见吴敬琏：如何确立合意的中国经济新常态，人民论坛，2015（02）下。

二、"双目标""双结合""双引擎"的内涵与要求

(一)"双目标":经济发展要兼顾速度与质量

2015年政府工作报告指出,我国经济发展要同步实现保持中高速增长和迈向中高端水平两个目标,体现了经济发展要兼顾速度与质量的发展思路。中高速增长是增长目标,中高端水平是发展目标,双目标体现了短期增长与长期发展的统一。

所谓中高速是相对的,不同的速度对不同国家以及同一国家的不同发展阶段具有不一样的内涵。同一个经济增长速度,如4%的增速,对我国则是低速,对美国则是高速度。北京大学光华管理学院教授张国有(2015)根据改革开放36年的经济发展状态来看,应将10%以上的速度视为中国经济的高速增长区。以此为指导,用"50%"的降次分割法[①],划出由高到低的逻辑界限。以2007年的14%的高速为线,下行"一半",到7%,可将7%和6%视为中国经济的中速增长区。以7%为线,再下行"一半",到3.5%,可将4%和3%视为中国经济的低速增长区。[②]对于我国增长速度的划分,学者们普遍认为9%以上为高速区,6%—8%为中高速区,3%—5%为低速区。国务院发展研究中心课题组综合各种因素研究后认为,在今后10—15年的时间内,中国经济仍然具备实现6%—8%中高速增长的潜力。

经济发展的中高端水平,可以从狭义和广义两个层面理解。狭义是促进产业链和经济结构的中高端化。重点是发展高端产业和服务业。广义是提高经济发展质量和效率。现代经济发展理论认为,经济增长不等于经济

① 解数学题时,把某个高次幂整式用一个低次幂整式去代替它,从而使整式的次数降低,达到简化问题的目的。简单地说,就是将"高次"问题化为"低次"问题的方法,它在解题中有化繁为简的功能,同时能使思路更加明快、简捷。

② 张国有:《中国经济中速增长仍有卓越表现》载自《人民论坛》2015(02)上。

发展，如果经济增长没有带来社会经济的普遍进步，虽然经济增长速度很高，也会导致“有增长无发展”的现象。经济增长主要指一国国内生产总值或人均国内生产总值的增加。而经济发展除了包括经济增长外，还应包括产业结构和经济结构的优化调整、劳动力就业结构的优化、劳动力质量的提高和国民福利水平的提高等。

（二）“双结合”：推动经济稳中求进

2015 年政府工作报告提出要坚持稳政策、稳预期与促改革、调结构“双结合”，这是一个新提法，既回应了外界对政策走向的疑问，也确立了当前经济调控的政策和手段。新常态下，宏观调控的新特征将是既保持政策定力又坚持改革动力。

坚持稳政策、稳预期与促改革、调结构“双结合”的实质就是宏观经济管理要推动经济发展稳中求进。所谓稳中求进，“稳”就是稳增长、稳政策、稳预期。“进”就是调结构、转方式、促改革。稳中求进，一方面宏观调控政策要保持战略定力，要在把握好经济运行的合理区间的基础上，保持宏观政策的稳定性，不对经济进行强力干预，而是突出预调、微调，强调定向调控和精准发力。只有政策稳才能预期稳、只有预期稳才能人心稳。但是“稳”绝不是一成不变，“稳”是为了“进”，只靠“稳”无法化解经济发展中存在的各种矛盾，无法破解各种阻碍经济发展的体制机制弊端，也就无法实现经济发展的提质增效升级。因此，要获得经济发展的长期动力必须依靠“进”，必须促改革、调结构。

正如李克强总理在世界经济论坛年会上指出，2014 年面对巨大的经济下行压力，我国的宏观经济政策没有采取短期强刺激政策，而是创新宏观调控的思路，强力推进改革，尤其是政府带头改革，大力简政放权，激发市场活力。全年 GDP 增长 7.4%，为世界主要经济体中最高；城镇新增就业 1300 多万人，在经济增长放缓情况下不减反增；CPI 上涨 2%，低于年初预期目标。事实证明我们的宏观调控政策是正确的、有效的。他还指出，2015年，中国经济仍面临较大下行压力，但我们仍然不会追求短期的高速增长，而是会选择长期的中高速增长以便提升发展质量。我们将继续保持战略定力，继续实施积极的财政政策和稳健的货币政策，不搞“大水漫灌”式的强力干预，将更加注重预调微调和定向调控，确保经济运行在合理区间，着力提升经济发展的质量和效益。

“稳”和“进”两者是相互促进的关系。稳政策、稳预期为当前的促改革、调结构提供良好的环境和基础，促改革、调结构则促进经济长期稳定发展，进而有利于形成良好的长期预期，为长期稳定打下坚实基础。

（三）“双引擎”：打造经济增长新动力

经济增长的传统动力，主要指消费、投资和净出口，这是拉动我国经济增长的主要动力。随着我国经济进入新常态，传统引擎对经济增长的作用正在减弱。消费需求虽然趋势向好，但在短期内不可能大幅增加，投资增速正在下降，出口对经济增长的贡献已经转为负。为适应和引领新常态，保持我国经济的稳定发展，我们必须打造新的增长引擎，要更加注重综合供给、多重动力的结合。

面对经济新常态，政府工作报告强调要打造大众创业、万众创新和增加公共产品、公共服务“双引擎”。打造“双引擎”的实质是要处理好政府与市场关系，让市场在资源配置中起决定性作用，同时更好发挥政府的作用，引导政府与民间形成合力，推进社会经济发展。

打造新引擎，就是推动大众创业、万众创新。中国有13亿人口、9亿劳动力、7000万企业和个体工商户。如果把全社会每一个细胞都激活，就会使整个经济肌体充满生机，进而汇聚成巨大的推动力量。大众创业、万众创新蕴藏着无穷创意和无限财富，是取之不竭的“金矿”。

打造新引擎的实质是要实现创新驱动，实现经济增长动力的转型，使经济发展主要依靠技术进步和全要素生产率的提高[①]，而不再是依靠增加要素投入。因此打造新引擎，关键是全面深化改革，释放创新创业的激情和活力。2014 年，我国大力开展商事制度改革，简化便利工商注册程序，大大激发了市场活力。新登记注册市场主体达到 1293 万户，其中新登记注册企业增长 45.9%，形成新的创业热潮。互联网金融、电子商务、物流快递等新业态快速成长，众多“创客”脱颖而出，文化创意产业蓬勃发展。

改造升级传统引擎，主要指增加公共产品和公共服务供给，体现了新常态下政府职能的转变。投资是我国经济增长的主要传统动力。虽然我国的经济结构存在投资率过高的问题，但不能轻易否定投资对经济发展的作用，关键是要优化投资的结构，提高投资的效率。

公共产品和公共服务投资的主体是政府。长期以来，我国公共产品和服务严重不足。目前，中国人均公共设施资本存量仅为西欧国家的 38%、北美国家的 23%；服务业水平比同等发展中国家低 10 个百分点。政府加大对城市公共设施、教育、卫生等方面的投入，既能补足社会经济发展短板、改善民生，又能在短期扩大需求、拉动经济增长，为实施创新驱动战略赢得空间和时间。当政府投资投向公共基础设施建设领域，如道路、能源、城市运行基础设施等，提供更多的公共物品和公共服务，一方面对私人投资产生“挤入效应”，[②] 从而为创新和创业创造良好的环境，引导创业投资方向，提高民间投资信心；另一方面能对居民消费产生“挤入效应”，增加居民消费量，提高居民消费水平，进而改善我国的投资与消费关系，优化需求结构。

---

① “全要素生产率”这一概念，由美国经济学家罗伯特·M. 索洛（Robert M. Solow）最早提出，即总产量与全部要素投入量之比。反映的是生产活动在一定时间内的效率。全要素生产率是资本、劳动、土地等生产要素投入量不变，而生产量仍能增加的部分，增加的这部分主要来自技术进步、组织创新、专业化和生产创新等。

② 这是一个经济学的概念，与挤出效应（crowding-out effect）概念相对应，是指政府支出的增加可以导致投资增加的情况。

打造“双引擎”是新常态下形成我国经济增长新动力的关键，在打造双引擎的过程中，政府和企业要发挥好各自的作用。政府的主要职能是推进重点领域改革、加强制度建设、改善市场环境。企业则要抓住机遇，发挥自身优势，加快产品结构调整和自身转型升级。

(四)“双目标”、“双结合”和“双引擎”之间的关系

“双目标”、“双结合”和“双引擎”不是各自孤立的，而是构成一个整体发展战略。三者分别从目标、政策、动力三方面，勾勒出适应和引领经济新常态的发展路线图。[①]

双目标是核心。双目标的设定，既考虑到短期增长，又指向中长期发展，是中国经济步入新常态的新指针。“双目标”中，中高速增长是增长目标和短期目标，中高端水平是发展目标和长期目标，前者为后者提供手段、条件和前提，没有一定的增长速度，就不可能有发展；后者为前者提供保障，没有经济结构的优化、经济发展质量的提高，就不可能有稳定持续的增长。

稳政策、稳预期和促改革、调结构“双结合”是实现双目标不可或缺的政策保障和支撑。精准定向、力度适宜的宏观政策经济是新常态下宏观经济稳定运行的必要保障，多变的政策和不稳定的预期会导致投资和消费的波动，影响市场信心，降低市场活力，进而加大经济增长波动的幅度。同时，只有不断深化改革和优化经济结构，才能成功推动中国经济迈向中高端水平。

“双引擎”是实现“双目标”的手段和方法。通过打造“双引擎”，一方面使市场在资源配置中起决定性作用，促进政府简政放权和市场化改革，激发大众创业、万众创新，激活社会细胞，让整个经济体充满生机，

---

① 王宇等:《从“三双”坐标看经济新走向》载自《新华每日电讯》，2015 年 3 月 7 日，第 003 版。

进而真正引领中国经济迈上提质增效的新台阶。另一方面，促进服务型政府建设，政府逐步退出市场竞争领域，扩大公共产品和公共服务供给，为经济发展注入新动力。

三、如何实施“双目标”“双结合”“双引擎”战略

适应和引领新常态是当前经济发展的大逻辑。要适应和引领经济发展新常态，就要落实李克强总理在政府工作报告部署的着眼于保持中高速增长和迈向中高端水平“双目标”，坚持稳政策、稳预期和促改革、调结构“双结合”，打造大众创业、万众创新和增加公共产品、公共服务“双引擎”发展战略。要完善和稳定宏观调控，深化改革，优化调整产业结构、积极打造经济发展新动力。

（一）如何实现“双目标”

西方经济学分析经济增长有短期和长期两种理论分析框架。凯恩斯主义短期分析框架认为一国经济增长速度取决于消费、投资、净出口等需求的大小，即经济增长的动力来自“三驾马车”的拉动作用。长期分析框架则认为经济增长的长期动力是劳动力投入、资本形成和全要素生产率的提高。

目前我国经济发展面临的根本问题是支撑前期经济高速增长的短期和长期因素都在缩减，甚至消失，经济增长的传统动力正在迅速减弱，经济潜在增长速度已经不可避免的降低。实现双目标是经济新常态的核心，要实现双目标关键要培育新的经济增长动力，实现经济增长由要素驱动向创新驱动转变。

1. 培育经济社会发展新动力，推动经济保持中高速增长

长期以来，我国经济增长的动力长期依靠投资，动力机制单一，原有的动力已经无法承担持续推动经济健康发展的任务，保持中高速经济增

长，必须要推动增长动力由一元向多元转变。一要培育新的消费增长点，增加消费对经济增长的拉动作用。要充分发掘居民消费潜力，鼓励健康消费、教育文化旅游体育消费、信息消费、绿色消费等。加快发展电子商务等新型业态，促进新型消费形式发展。加强立法与监督、加强消费者权益保护，让城乡居民放心消费。二要优化投资结构，提高投资效率。优化投资结构，是提高全要素生产率的一个重要途径。在我国的经济发展中，投资还发挥着关键性作用，投资本身没有好坏之分，关键是投资主体是谁、投资方向是什么、投资效率是高还是低？我们要注重继续发挥投资对经济发展的作用，不断优化投资结构，提高投资效率。要通过深化改革，激活民间投资活力，提高民间投资比重。同时政府投资要精准，要集中到社会短缺的公共产品和公共服务上，要实现投资主体多元化，要利用购买服务、股权合作等方式，给予稳定的收益预期，引导社会资本积极参与，进而提高政府投资效率。三要增加人力资本投资，提高人力资本质量。作为世界人口大国，劳动力资源仍然是我国最重要的资源之一。新常态下，支撑我国经济增长的传统廉价劳动力资源优势逐渐减少，传统人口红利逐步消失。为此，我们要通过大力发展职业教育，提高劳动力技术水平，以新的技工优势替代旧的廉价劳动力优势，以劳动力质量的提高应对劳动力数量的减少，以新人才红利替代传统人口红利，以适应下个阶段的经济结构调整，为经济发展提供长期动力。

2. 实施创新驱动战略，推动产业迈向中高端水平

产业结构迈向中高端水平是新常态下经济发展的重要内容和动力。一般认为，所谓高端产业是指具有高附加值、高技术含量、高效益、低消耗、低污染等属性，高端人才聚集，知识含量高，对产业链具有主导作用和带动作用的产业。同时，学术界普遍认为高端产业具有相对性和先进性。本质上，高端产业的高附加值和高技术含量都来源于创新。因此，创新是推动产业结构迈向中高端水平的最重要因素。

20世纪70年代，随着美国等发达国家服务业比重上升，进入“后工业”时代，发达国家老工业基地在经历了重工业化时期的繁荣后纷纷走向衰落，大量工厂破产倒闭，许多厂房和设备被遗弃和闲置。其后这些老工业基地被统称为“铁锈地带”，那个时期则被称为“铁锈时代”。国际金融危机爆发后，美国实行“再工业化”战略，依托创新驱动推动转变工业发展模式。六年后，美国制造业呈现出1990年以来的最快发展速度，随着先进制造业的相继建立，美国传统制造业的“铁锈带”转变为“科技带”。以创新驱动为核心的“再工业化”战略，成功为美国经济增长注入了新的动力和活力。

以创新推动产业结构迈向中高端水平，要建立企业主导、市场导向的科技创新体系。要鼓励创新要素和资源向企业流动，加大对中小企业技术创新的支持力度，完善科研院所科技成果向企业转移的机制。要深化科技体制和人才体制改革，建立有利于创新潜能充分发挥和创新人才培养与成长的体制机制环境。一方面，大力发展战略新兴产业和科技型中小企业；另一方面要重点通过产业融合，促进产业升级转型。制订“互联网+”行动计划，进一步推动传统产业与物联网、互联网的结合，促进产业链迈向中高端水平。

（二）如何坚持“双结合”

坚持稳政策、稳预期与促改革、调结构“双结合”的实质就是宏观经济管理要推动经济发展稳中求进。中央经济工作会议强调，要坚持稳中求进工作总基调，坚持以提高经济发展质量和效益为中心，主动适应经济发展新常态，保持经济运行在合理区间，把转方式、调结构放到更加重要位置。

1. 完善和稳定宏观调控

2015年要继续实施积极的财政政策和稳健的货币政策，更加注重预调微调，更加注重定向调控，用好增量，盘活存量，重点支持薄弱环节。以微观活力支撑宏观稳定，以供给创新带动需求扩大，以结构调整促进总量平衡，确保经济在合理区间运行。

(1) 改变宏观调控的理念和思维

过去我们在经济增长速度出现下降时习惯于在需求端进行强刺激和调节，也取得了良好的效果。但由于目前我国经济增长速度下降的主导因素不是周期性因素而是结构性因素，因此，宏观调控就不能采取需求导向型的逆周期调控方式，而必须强化供给管理，注重培育长期有效供给能力、提高经济整体质量和效率。一要加强财政政策和货币政策的协调。财政政策要通过提高财政支出效率、优化财政支出结构和加强结构性减税力度、降低宏观税负等措施加大对居民消费、科技创新、战略新兴产业等重点领域和中小企业等薄弱环节的支持力度，激发和增强微观主体的活力。货币政策在保持总量稳健的基础上，要优化信贷结构，引导更多资金支持实体经济，对小微企业和“三农”进行定向宽松。二要改变分类治理的传统思维，加强综合治理。新常态下，社会与经济、宏观与微观的运行体系都将出现重大调整，且相互影响，错综复杂。单一的宏观管理工具很难达到预期的调控效果，因此必须同时综合运用多种工具，进行综合治理。

(2) 强化风险管理，保持宏观经济稳定运行

我国经济要实现稳定发展，必须控制和化解经济运行过程中的债务率和杠杆率过高、无效投资与低效率投资过多等风险和隐患。为此应重点采取以下措施：一要停止对无回报或低回报项目的投资，减少无效投资。尤其政府在投资基础设施时，要注重投资的机会成本分析，不能因为基础设施是固定资产、是公益项目，就不做严谨的投资效益分析，盲目投资、过度投资。二要鼓励资不抵债的企业实施破产清算或在破产保护下重组。政府应打破资不抵债企业债务的刚性兑付，提高市场风险意识，避免风险积累。通过小风险和局部风险的释放，规避大风险和系统性风险。三要加强地方债管理，要建立规范的地方政府融资机制，加快通过资产证券化、债务置换等方式化解地方债务风险。

(3) 在强调宏观调控定力的基础上强调底线管理

虽然我国目前的经济增长速度下降主要是受结构性因素影响，但是同时受到房地产周期、存货周期、固定资产投资周期和国际需求变动等周期性因素影响。在现实中，发生经济增长速度变动时，很难明确区分结构性因素和周期性因素的影响，因此，宏观调控必须强调底线管理，防止经济增长波动幅度过大。一方面，要保持宏观政策的稳定性、连续性，将微调与预调常态化。另一方面，要守住就业底线和通胀底线，确保经济运行在合理区间，就业底线是经济运行的下限，通胀底线是经济运行的上限。当经济运行指标触及或突破底线的时候，要采取积极的措施应对。

2. 保持稳增长与调结构的平衡

新常态下，实现经济稳定增长的难点和关键是保持稳增长和调结构的平衡。稳增长是短期调控目标，调结构是长期战略目标。从长期来看，稳增长与调结构应该相辅相成、相互促进。首先，稳增长为调结构创造基础和空间，而调结构为稳定的经济增长提供长期动力和提高经济发展效益。其次，有效的投资可以成为稳增长和调结构的结合点，投资结构决定未来的经济结构。投资可以直接拉动经济增长率，只要理顺投资机制，提高投资效率即能实现稳增长，又能调整优化经济结构。再次，随着经济结构的逐步优化升级，调结构能逐步降低稳增长的压力，稳增长和调结构会进入良性循环。稳增长是为了保就业，随着经济结构的转型升级，经济增长质量的提高，经济增长对就业的带动作用会增加，这样社会对经济增长速度的依赖会逐步降低。而随着社会对经济增长速度依赖的减少，就有更大的空间去调整优化结构。如 2011 年，我国的经济增长率为 9.2%，城镇新增就业 1221 万，而 2014 年我国的经济增长率仅 7.4%，但城镇新增就业 1322 万人。同样一个百分点的经济增长，2014 年较 2011 年带动的城镇就业人数增加 35%。其原因除了经济体量增大外，主要是经济结构的改善，其中关键是服务业比重上升和小微企业增多。

当前稳增长的重点是扩大居民消费和增加公共产品投资。增加居民消费，关键是要提高居民收入、消除居民消费的后顾之忧、提升消费结构和消费层次上。增加公共产品投资重点是增加中西部铁路、水利工程、各类棚户区和城乡危房改造、污染防治等重点投资领域。政府在加大投入的同时，要引导民间资本参与，放大投资效应。

在保证经济稳定增长的同时，要加快经济结构调整步伐，加快化解过剩产能、大力发展服务业、缩小城乡和区域差距，加快实施创新驱动战略，促进经济增长动力转型。

3. **全面深化经济体制改革**

改革是推动发展的制胜法宝，是适应新常态的根本之道。通过全面深化经济体制改革，降低全社会对高增长的依赖程度、激发市场活力、提高资源配置效率、促进经济结构调整进而有力推动社会经济发展。

近年来，我国的服务业发展明显提速，服务业的加速发展对经济结构优化产生了积极作用。2013 年，我国第三产业首次超过第二产业成为第一大产业。2014 年，我国服务业增加值比重达 48.2%，比上年提高 1.3 个百分点，高于第二产业 5.6 个百分点。服务业发展速度加快，其主要原因在于两项改革取得实质性进展，即营业税改征增值税改革和工商登记便利化改革。“营改增”有利于分工的深化，分工是推动经济发展的最重要动力。而商事制度改革和工商登记便利化改革则有利于激发市场活力。

为适应新常态，当前应重点推进以下改革：一是深化社会改革，加强社会建设。要完善基本公共服务体系，提高社会治理水平，着力扩大就业和促进再就业。要稳定社会架构、增加社会弹性和社会流动性。二是混合所有制改革。推进国有企业混合所有制改革，提高国有企业活力、竞争力和控制力，打造发挥市场决定性作用的微观基础。

(三) 如何打造“双引擎”

打造“双引擎”的实质是要处理好政府与市场关系，政府目前面临的主要任务是推进改革、加强制度建设、完善政策和做好投资引导。企业则要抓住机遇，打造新的竞争优势、加快结构调整和转型升级。

1. **推动创业、鼓励创新，积极打造新引擎**

创业和创新相辅相成，密不可分。美国经济学家熊彼特在《经济发展理论》一书中指出，创新往往在新企业中出现和形成。一方面，创业可以为创新提供条件；另一方面，创业是在旧的经济循环体系外建立新企业组织的过程，本身就是一种创新活动。推动大众创业、万众创新，一是政府进一步深化商事制度改革，加大简政放权力度，大力鼓励风险投资发展，为创新、创业提供环境、空间和平台。二是政府要重视国家创新体系的建设。要打通从创意、研发、科技成果转让到产业应用和市场开拓的整个创新链条，要加大创新链条薄弱环节的投资力度，如产品中试和新技术企业创立等，提高创新链的整体效率。要制定更多普惠性的创新激励政策，防止针对少数企业的激励政策扭曲市场竞争。三是要更好发挥金融对创新和创业的支持和促进作用。金融是现代经济体系资源配置的核心。要加快多层次资本市场体系的建设，加快金融体制改革步伐，提高我国金融体系资源配置的效率，充分利用金融体系的资源导向和聚集作用，在发挥金融对创新、创业的支持和促进作用的同时提高存量资产效率，进而提高整体资源配置和使用效率。

2. **增加公共产品和服务的有效投资，改造升级传统引擎**

2014 年，我国的人均 GDP 达到 7485 美元，达到世界银行中上等收入国家水平。进入中上等收入水平后，传统私人消费品，特别是物质消费品对居民的福利水平影响下降，而非物质产品特别是公共产品和公共服务对居民的福利和生活水平影响会显著上升。随着人们对交通、环境、教育、医疗等公共产品和公共服务需求的不断上升，公共产品和公共服务短缺成为社会供需矛盾的主要方面。增加公共产品和公共服务供给，在加强民生保障、缓解公共产品社会供需矛盾的同时，可以改造和升级传统引擎。一方面，能够引领民间投资方向，增强民间投资活力；另一方面，能提高居民消费能力、提升消费信心。

增加公共产品和公共服务供给，要加大公共产品和服务有效投资。政府要把投资重点由前期的产业扶持和经济建设转向公共民生工程，在关注投资经济效益的同时进一步关注投资的社会效益。要加大基层的教育、公共卫生、医疗和基础设施等方面的投资。重点加大棚户区和危房改造、城市地下管网等民生项目、中西部地区重大交通项目、水利、高标准农田等农业项目投资。加大对信息、电力、油气矿产资源保障项目，以及节能环保和生态建设项目的投资。还要加快基本公共均等化进程。公共产品和服务投资要向农村和落后地区倾斜，公共产品和服务分配要更加透明、公平，使公共产品和公共服务真正惠及广大人民群众。

（曹立：中央党校经济学部教授）

2 培育和催生中国经济新的增长点

2014年的中央经济工作会议确立了稳中求进的总基调，而在我国经济发展进入新的阶段之后，在外需不振、生产成本上升的压力下，以及产能过剩、结构失衡等现实倒逼机制下，中国经济亟需为未来培育和催生新的增长点，以此来支撑中国经济持续稳定增长。目前，各种新兴业态的兴起以及市场规模的扩大，在拉动内需作用日益凸显的同时，也为中国经济增长注入了创新驱动的动力，创新成果向产业活动转化、支撑终端消费的特征开始出现。总的来看，中国经济新常态下如何寻求新的增长点，还是要依靠市场，只有这样才符合发展规律。

一、培育和催生新的经济增长点的理论基础

经济增长问题一直是经济学的永恒主题。自经济学产生开始，经济学家就不断探索经济增长的原因、经济增长的内在机制和经济增长的途径，而经济增长理论也在演化进程中不断更新发展。1978年以来，中国经济获得快速增长，然而，在GDP保持数年二位数及经济总量持续增长的背后，仍然存在着结构上的不合理。我国的经济增长的基本模式是以工业化制造业为主体的粗放型增长模式，资源消耗和环境压力日渐成为未来经济持续增长的约束。因此，系统梳理经济增长的相关理论，能够为培育和催生中国经济新的增长点提供理论基础。

(一) 全要素生产率的增长模式

美国经济学家萨缪尔森认为，经济增长的源泉主要来自两个方面，一是要素投入的增加，二是要素生产率的提高[①]。其中，如果经济增长主要是要素投入数量的提高推动的，则为粗放型增长；如果经济增长主要是由要素生产率的提高推动的则为集约型增长。一般来说，全要素生产率(TFP) 的增长主要来自于两个方面，一是要素质量的提高，二是要素使用效率的提高。

爱德华·丹尼森将经济增长中无法归因于资本和劳动要素投入增加的部分，即“索洛剩余”用外生的技术进步来解释，索洛剩余包括不同因素的组合，如教育水平的提高、资本质量的改进、产业内资源转移、规模经济、知识进展等[②]。研究表明，全要素生产率提高对经济增长的贡献度要高于全要素投入的增加对经济增长的贡献率，其中技术进步对经济增长的作用具有决定性意义。

(二) 创新体系理论

当时代进入到21世纪，随着科技发展和社会环境的变迁，经济增长的驱动要素发生了根本变化，经济决定因素“由硬趋软”，创新成为经济增长第四源泉，兴起于20世纪90年代的创新理论构成了经济增长方式的理论基础。创新体系理论从一个新的角度诠释一国经济增长的重要因素。英国著名技术创新研究专家Freeman (1987) 首先提出国家创新体系理论，它的基本含义是“由公共、私有部门和机构组成的网络系统，它们之间的相互作用及其活动促成、创造、引入、改进和扩散各种新知识和新技

---

① 保罗·萨缪尔森、威廉·诺德豪斯：《宏观经济学》，肖琛主译，北京：人民邮电出版社，2004年。

② 曹秋菊：《经济增长理论的演进对中国经济可持续发展之启示》，《经济研究导刊》，2009年2月。

术，使一国的技术创新取得更好的绩效”。该系统的四个因素：政府政策的作用，企业及其研究开发机构的作用，教育和培训的作用以及产业结构的作用。Lundvall（1988，1992，2002）关于创新体系的研究偏重于更加微观的方面，认为创新应该被视作从不同的资源中获取知识的新组合，知识主要来源于企业之间以及企业与消费者和供给者之间的相互交往的过程中，因此，一个创新体系是以企业、消费者和供给者紧密、持久联系为特征的经济系统。

（三）演化经济学视角下的产业演化与经济演化

基于演化的视角，产业演进是在竞争过程中实现的，其中的推动力来自产生多样性的机制和选择机制[①]。竞争的关键是竞争者须具备适应性能力、预测市场状况的能力和研究竞争对手在设计格局上的发展潜力的能力等，而不仅仅是静态的资源配置效率。在竞争过程中的任一时刻，市场需求及价格结构既引导创新活动的产生，又对创新进行选择；技术发展的某些惯例得到保留，其他的则被淘汰。产业中企业的规模和数量以及产业中不同惯例的扩散，都是推动技术进步的同一个演化过程的结果。技术发展过程中不只是技术和市场结构发生变化，选择环境也随之有了变化。创新和扩散不断地重新界定随后市场选择过程的环境，企业和消费者的学习以及要素和产品的需求将持续形成和再塑造。

经济演化可以在不同的层面上发生，包括技术、企业、产业、市场结构和社会经济制度，以及作为整体的经济系统的演化。其中，制度变迁和技术变迁推动着其他方面演化的速度和趋势，并在相互作用过程中推动了整个社会经济的变迁。

---

① 刘志铭、郭惠武：《创新、创造性破坏与内生经济变迁——熊彼特主义经济理论的发展》，《财经研究》，2008 年 2 月。

(四) 新熊彼特主义经济理论

1. 熊彼特增长模型——“创造性破坏”

熊彼特最早将“创新”引入经济发展研究，他指出，现代经济发展的根本动力不是资本和劳动力，而是创新，而创新的关键就是知识和信息的生产、传播、使用。在《经济发展理论》一书中，熊彼特将创新定义为“建立一种新的生产函数”，即“生产要素的重新组合，就是要把一种从来没有过的关于生产要素和生产条件的新组合引入生产体系”。熊彼特的新组合包括新产品、新技术（新的生产方式）、新市场、新材料和新组织。除了提出“创新”概念外，熊彼特还提出“创造性破坏”及“企业家精神”概念。企业家就是“经济发展的带头人”，也是能够“实现生产要素的重新组合”的创新者。熊彼特将企业家视为创新的主体，其作用在于创造性地破坏市场的均衡，通过创造性地打破市场均衡，才会出现企业家获取超额利润的机会。熊彼特增长模型强调经济增长的过程是以“创造性破坏”为特征的动态竞争过程。在强调创造的同时，也考虑创新所具有的“破坏”一面，新老更替是这个动态过程的主要特征，消费者追求更多类型和更高质量的产品，构成了创造性破坏的基础，通过“消费导向，生产实现”，厂商创新行为主要由企业家推动实现，目的是获得垄断利润。

熊彼特提出了创新以及动态竞争的理论，其核心思想就是资本主义的本质是均衡不断被打破并出现非均衡的动态过程，由创新引起的“创造性破坏”是经济动态过程的本质性特征。创新不断地从内部破坏旧的经济结构而代之以一种新的经济结构。“创造性破坏”表现在产业层面和社会制度两个层面：一是垄断不断出现又不断被打破的产业层次的“创造性破坏”；另一个是资本主义最终被社会主义所取代的社会制度层面的“创造性破坏”，而前者是后者的动力①。

① 约瑟夫·熊彼特：《经济发展理论》，何畏等译，北京：商务印书馆，1990年。

2. 演化的新熊彼特主义

熊彼特在《经济发展理论》中提出，经济转变过程“从本质上讲是产生于它自身内部的”。他把企业家的创新视为变革的源泉。如果创新成功，他们会通过模仿而在经济中传播，从而改变经济结构。这个观念符合前文所述的“新奇事物的内生涌现及其传播”的一般性演化。但是，熊彼特为了避免与一元论达尔文主义概念的联系，他用发明与创新的区别来贬低新奇事物创造（发明）的作用，反而过于强调企业家精神的重要性。熊彼特理论没有很好地解释创新所依据的新知识是如何被创造出来的，以及新奇事物是如何被激发出来的。

演化的新熊彼特主义经济理论借用生物学隐喻，用 Fisher 方程的数学形式构建了企业的行为模式，使创新得以内生化，并类比生物学中的自然选择过程描述了经济动态过程，模拟出基于竞争的产业和市场结构变迁。演化的新熊彼特主义经济理论为中国经济结构转型升级提供了一个新的视角，因为它研究的是异质的经济主体在相互作用过程中所引发的更广泛的结构变迁，在此基础上，演化的新熊彼特主义的一个显著特点是对经济异质性的分析，认为经济中新事象的出现是经济的本质性事实，这就意味着经济中存在差别，经济体系变迁的动力正是这种差异性，异质主体之间的相互作用导致了经济的结构变迁。

演化新熊彼特主义的创新体系理论关注创新的系统性，把创新嵌入组织行为和社会体系之中，引入了政府、大学、区域以及供求关系等更广泛的因素进一步阐释了创新的机制，进而研究了创新和异质性基础上的产业和市场结构的变迁过程，更好地解释由创新引发的经济结构变迁，因而，对中国现实问题和建立创新型国家的战略实施具有更为直接的指导意义。

（五）对演化分析范式应用于中国经济转型研究的评述

演化经济学将创新作为经济现象背后的根本力量，以动态、演化的理论来分析和理解经济系统的运行与发展，形成了解释经济现实的全新范式。其中，对技术变迁的解释为分析技术和产业的共同演进提供了一种动态理论框架，为“创新驱动”促进产业结构调整和经济社会转型的中国现阶段实践探索提供了强有力的理论支撑。但熊彼特理论的局限性随着时代的进步也变得十分明显，技术创新只有跳出经济人的理论阈限，置于更为广阔的经济、社会和文化三者关系的可持续性视野下，才能回答当前经济社会转型的核心问题。

在当前的经济学中，知识经济的核心问题是资源创造，而不是新古典主流的资源配置。新奇的不断突现要求我们更注重定性的研究并与数量分析相结合，而不是脱离现实的数学形式主义。中国过去三十年的改革开放，以及当下正在进行也将持续发生的经济转型表明，技术和制度的创新才是关键，经济的重要动力是新偏好的形成、新资源的创造、新奇事物的涌现和传播。这些现实问题要求研究者努力突破主流经济学的静态均衡分析法，以真实的经济“不确定性”代替现实不存在的“假设性”，寻求经济发展性“动态演化”的本质。

二、新常态下中国经济面临的新挑战

改革开放的三十年，中国完成了从计划经济向市场经济转变的第一次经济转型，进入 21 世纪新常态时代，中国又站在了第二次转型的十字路口。美国金融危机以及由此引发的全球经济衰退，终结了中国过去依赖出口的制造业主导的产业结构和依赖投资驱动的经济增长模式。在外需不振、生产成本上升的压力下，以及产能过剩、结构失衡等现实倒逼机制下，中国经济亟需为未来培育新的增长点。

(一) 出口导向型经济“外循环”模式的终结

从后危机时代欧美主要发达国家的经济调整趋势看，国外市场对中国产品的需求无论是在需求总量上还是在产品结构上，几乎不可能达到危机之前的水准，意味着出口导向的经济“外循环”模式的终结。危机后，美国提出“再工业化”以重振国内制造业，实体经济的回归将会替代中国部分出口产品。金融危机也极大影响了欧美个人的消费模式和储蓄习惯。发达国家这种“去杠杆化”的趋势表明，外需萎缩将可能是一个中长期的趋势，中国外贸形势短期内很难恢复到原有水平；第二，新兴经济体的崛起使得中国制造业面临的国际竞争日益激烈，劳动密集型产业正在逐渐向越南等成本更低廉的地区转移。由于大部分中国出口产品在全球产业分工中仍处于低端，中国从出口导向模式中分享得到全球化红利越来越少；第三，经济“外循环”模式的系统性风险过大，受国际市场变化的影响较大，容易给国内的外向型企业发展、就业和社会稳定带来潜在的风险。

（二）投资主导模式的终结

在中国第一次转型的经济起飞阶段，投资主导型经济模式在改革开放后一段时间起到了刺激经济的作用，但其副作用就是各地的重复性建设以及相关产业扩大规模后的产能过剩和产业结构失衡的问题。改革开放长期以来，在拉动经济增长的三驾马车中，投资和出口的作用在增强，投资对GDP贡献率常年保持在40%左右，有几年甚至超过了50%，而世界上多数国家同等发展阶段的投资率都分布在22%—40%之间。与此相反，消费增长率却在下降，对经济增长的贡献度明显偏低且呈下降之势。消费投资比严重失衡。经济发展进入新阶段之后，国内制造业普遍存在的产能过剩问题无法从外需市场中得到释放，如果没有内需的及时补充，投资主导模式将走向终结。

（三）刘易斯拐点的临近预示人口红利的终结

第一，劳动力成本趋于上升成为必然。随着劳动保障制度的完善、受教育程度的提高、生活成本提高、通货膨胀高举不下，以及国民收入分配中劳动报酬提高等诸多因素的影响，以廉价劳动力为相对优势的“人口红利”将成为过去；第二，中国人口结构老龄化程度加剧，预示着中国充足供给的劳动力格局将逐步消失；第三，近几年，东部地区频频出现的“用工荒”预示着“刘易斯拐点”的来临，所谓“刘易斯拐点”即劳动力过剩向短缺的转折点，是指在工业化过程中，随着农村富余劳动力向非农产业的逐步转移，农村富余劳动力逐渐减少，最终枯竭。劳动力成本上升、用工荒等趋势将对加快产业结构调整、经济转型升级形成倒逼机制，从而为大力发展文化创意产业奠定了市场基础。从这一角度出发，“人口红利”的终结将有利于推动经济转型和社会进步。

（四）资源环境约束增强

首先，在过去“重发展，轻治理，先污染，后治理”的发展方式下，我国生态环境遭受了严重的甚至不可逆转的破坏和污染。治理污染需要大量的资金投入，这在一定程度是经济的净损失。如果从源头上通过降低排放来治理污染，包括使用高技术的设备、使用更加清洁的能源类型，则会直接带来技术上的难度加大和成本提高。无论是哪一种方式，要治理污染，保护生态环境，都会带来经济特别是工业的减速。其次，在能源上，由于粗放的发展方式和能源结构，近年来我国原油、煤炭等消费量的绝对规模和在世界总量中的占比都持续上升，新增需求规模占世界比例则更高。由于中国自然资源相对匮乏，这类能源产品的对外依存度相对较高。

三、培育和催生经济发展新增长点的路径思考

当中国经济迈入增速换挡、驱动因素转换的新阶段后，发现和培育新的增长点，就成为经济新常态下稳增长和调结构的重要任务，这既是释放改革红利的目的之一，也是提高经济发展质量和效益的必由之路。

(一) 培育“大众创业、万众创新”的政策环境和制度环境

中小企业不论从数量上、产值贡献上，还是从产业分布上看，都有很大的潜力，如果政府能够给予一定的支持，中小企业必定会成为拉动中国经济的新增长点。因此，当前更加重要的是要鼓励创业，大量地发展中小企业，形成稳定吸收、持续就业的局面，增加劳动者在收入分配中所占的比例。这就需要营造有利于大众创业、万众创新的政策环境和制度环境，政府要加快转变职能，创造更好的市场竞争环境，培育市场化的创新机制，在保护产权、维护公平、改善金融支持、强化激励机制、集聚优秀人才等方面积极作为。也就是说，要通过全面深化改革为培育新增长点创造更加宽松和良好的政策环境、制度环境和市场竞争环境。这也体现出中央对新常态下发掘、释放新动力、发现培育新增长点、确保经济中高位增长的高度关注。

同时，我国应通过开放市场、鼓励创业的方式，让民间资本自由探索下一步新的增长。近年来，民间资本已经在发现和培育新的增长点方面发挥了重要的作用，这一点在互联网消费方面也得到了直观的体现。数据显示，2014 年 11 月 11 日，阿里“双十一”全天交易额达 571 亿元，创下历史新高，创造了世界电商购物的奇迹。在未来我国消费市场潜力巨大但同时消费率仍然偏低的情况下，鼓励、培育以网络购物为代表的新兴消费热点对于促进消费、培育新的增长点有重要意义。

为提高全社会资金形成和配置效率，经济结构调整和可持续发展需要尽快激发民间投资的活力和潜力，这需要进一步转变政府职能，简政放权，落实负面清单制度，把该放的权力坚决放开放到位，激发各类市场主体的创造力；让民间资本活力充分释放，还应强化政策落实和推进，把现有的各项鼓励政策具体化、细化，并有的放矢解决政策执行中的问题；让民间资本活力充分释放，更须发挥改革的引领作用，打破垄断，消除各种隐性壁垒，拓宽民间投资领域和空间，推进融资渠道市场化，提振民间投

资信心，提升资本回报率；让民间资本活力充分释放，必须坚持市场导向、市场驱动，让市场来选择新技术、新产品、新业态、新模式、新增长点，让传统产业加快升级、新兴生产力加快成长，让一切聪明才智竞相迸发、一切创新源泉充分涌流。

（二）向区域创新发展要动力

为提高经济增长发展的内生动力，中央经济工作会议把优化经济发展空间格局列入 2015 年经济工作的重点部署，提出西部开发、东北振兴、中部崛起、东部率先的区域发展总体战略，要继续实施，重点实施“一带一路”、京津冀协同发展、长江经济带三大战略。东中西部区域间的均衡发展，提高区域经济的协同性，有利于提高资源配置效率，形成更加优化的产业结构和地区结构。三大战略的明确意味着政府正试图用经济区或经济带促进各行政区间的跨区域协同发展，通过改革创新打破地方保护和行政壁垒，促进生产要素的自由流动，这将带来产业规划、资源管理的统筹布局，从而提高全要素生产率，使得经济发展的短板效应逐渐减弱，增强经济发展的可持续性和均衡性。

中部地区承接东部沿海地区和国际产业转移，在投资增速上超越东部，这显示出区域协调发展政策和机制得到落实。长江经济带等三大经济带战略的实施，旨在实现区域间的产业优势互补，不仅会带来基础设施、交通运输以及产业集群的共建共享，还将通过区域经济的融合发展引导资源要素的流动配置，降低市场主体的运营成本，产生规模经济效应。同时，还要在推广自由贸易园区以及自主创新示范区上着力，以形成推进开放式创新、优化创新创业市场环境的新局面。目前我国已有北京中关村、武汉东湖等 5 个国家自主创新示范区，近日国务院常务会议部署在广东、天津、福建特定区域再设三个自由贸易园区。这些举措旨在通过改革开放培育市场化的创新机制。

1. 建设“丝绸之路经济带”和“21世纪海上丝绸之路”

第一，加强政策沟通。各国本着求同存异原则，协商制定推进区域合作的规划和措施，在政策和法律上为区域经济融合“开绿灯”。第二，加强道路联通，逐步形成连接东亚、西亚、南亚的交通运输网络，为各国经济发展和人员往来提供便利。第三，加强贸易畅通。各方应该就贸易和投资便利化问题进行探讨并作出适当安排，消除贸易壁垒，降低贸易和投资成本，提高区域经济循环速度和质量，实现互利共赢。第四，加强货币流通。如果各国在经常项目下和资本项目下实现本币兑换和结算，就可以大大降低流通成本，增强抵御金融风险的能力，提高本地区经济的国际竞争力。

2. 京津冀协同发展：从各自为政到协同发展

推进京津冀协同发展需要从以下几个方面着手：一是要着力加强顶层设计，明确三地功能定位、产业分工、城市布局、设施配套、综合交通体系等重大问题。二是要着力加快推进产业对接协作，形成区域间产业合理分布和上下游联动机制。三是要着力扩大环境容量生态空间，加强生态环境保护合作。四是着力构建现代化交通网络系统。

3. 长江经济带：从局部增长到全面成长

打造长江经济带，一是加快打造长江黄金水道，加强航运、高铁等交通基础设施建设，实现区域内的互联互通，降低交通成本，增强经济活力。二是建立健全区域间互动合作机制，打破行政壁垒。三是密切加强长江中游城市群的协作，共创共享，打造中国经济脊梁。四是利用新型城镇化建设的机遇实现经济转型，在承接产业转移的同时，吸引沿海打工的农民工回家创业或本地就业。

（三）扩大内需，向消费驱动的经济增长模式转变

中央关于经济新常态九个趋势的论述将消费需求置于首位，打破了以往投资为首的惯例，是很有意义的。在促进“三驾马车”更均衡地拉动增

长的前提下，这意味着2015年消费对经济的拉动作用将进一步提升。因此，应从改善13亿多中国人物质和精神生活中寻找、发掘和引导、培育新的经济动力，以民生作为着眼点寻找经济发展新动力。

扩大内需是增强经济内生动力的根本着力点。随着百姓收入水平的提高，消费结构多元化和消费层次提高已经成为趋势，过去的消费侧重于日常必要的衣食住用，这种大众消费肯定是排浪式的。将来文化、旅游、健康等方面的消费应当体现个性化。这需要政府提高社会保障水平，增强公众未来消费预期的安全性，提高边际消费倾向。

研究经济转型，一个重要任务就是要研究居民消费结构的规律性变化及其对经济的作用。我国目前正处于工业化、城市化快速推进时期，由住、行等消费结构升级活动带动的工业化、城市化，是经济发展的主要内容。这种由生存型向发展型和享受型变化消费结构升级，创造了新的市场需求，通过市场机制的作用配置资源，从而推动了产业结构的调整和优化，形成经济增长的重要推动力。

如何从生产大国向消费大国转型，是新常态下中国面临的一个现实选择。如果说过去三十年的改革开放是中国从计划经济向市场经济的第一次转型，为经济起飞构造了必要的制度基础。那么当下正在进行的发展方式转变就是第二次转型，它的方向就是实现由生产大国向消费大国转型，投资和出口驱动的“外循环”增长模式，向创新和内需拉动的“内循环”增长模式转型。也就是说，消费主导时代的中国经济将不再是为增长而增长，而是建立在居民消费能力和福祉普遍提高基础上的经济增长，这次转型不再将增长动力依托于政府投资的驱动上，也不再依赖于外部市场需求扩大，而是以全面的企业创新、产业创新、经济创新、文化创新直至体制机制的创新，改善经济环境、社会环境和制度环境。在收入分配上处理好国民收入比例和公平问题，在提高居民收入的同时，完善社会保障体系和公共服务体制，从而将抑制了的居民消费愿望释放出来，变为现实购买力。当消费者、企业、经济、社会各个层面的创造力和创新力被激发释放之时，就会形成一股强劲的经济活力，推动中国向消费大国迈进的第二次转型。

经过近几十年的经济与社会发展，中国已经由生存型阶段步入发展型阶段，在经历了投资大国、生产大国的第一次转型之后，中国正处于迈向消费大国的历史拐点，如何建立消费主导型的经济增长模式成为第二次转型面临的现实挑战。国际经验表明，在人均国民收入达到3000美元后，投资及出口对GDP的影响显现下降趋势，居民消费将成为经济增长的主要动力。为迎接消费主导时代的到来，我国应当建立启动消费的长效体制机制，以缓解经济进入新阶段后为刺激经济增长而正在加剧的投资消费阶段性失衡的问题。

扩大内需是我国经济发展的长期战略方针，经济结构调整是经济发展的主线，把二者有机结合起来，既是解决当前有效需求不足的需要，也是国民经济长远发展的客观要求。消费需求是最终需求，是拉动经济增长最终动力，因此扩大内需必须采取有效措施促进消费需求的扩大。当前我国出现生产过剩的主要原因，固然在于有效需求不足，但不能否认的是，相当部分的过剩属于结构性过剩。因此必须把扩大内需与经济结构调整相结合。

从投入产出的基本结构看，消费结构升级是引导和促进主导产业演变的主要因素。随着消费结构由生存型、小康型向享受型、发展型升级时，受消费需求的推动，提供满足更新的相应产品需求的产业将进入快速增长阶段，并取代传统的消费品行业成为经济增长的主导产业。主导产业是指那些产值占有一定比重，采用了先进技术，增长率高，产业关联度强，对其他产业和整个区域经济发展有较强带动作用的产业。主导产业的更替与消费结构升级直接相关，依据一般变化规律，一国主导产业将从农业到轻工业，再到住行及其拉动的重化工业，最后到服务业。

最有可能在短期内发力的经济增长点是公共消费型固定资产投资，这类投资包括高铁、地铁、城市基础设施建设、防灾抗灾能力、农村的垃圾和水处理、空气质量的改善、公共保障性住房的建设等。这类投资最能直接提升百姓未来幸福感，而且很大程度上可以拉动经济增长。

(四) 主导产业更替与结构调整应成为新的增长点

主导产业指的是在产业结构中处于主体性的战略地位，并能对其他产业的发展起引导和支撑作用的产业。主导产业应具有这些特征：一是依靠科技进步，获得新生产函数；二是形成高速增长的增长率；三是具有较强的扩散效应，对其他产业乃至所有产业的增长起着决定性的影响。上述三个特征反映了主导产业的素质和特有的作用，它们是有机整体，缺一就不成为主导产业。尤其是扩散效应，是与其他产业相区别的最重要的特征和标准①。

战略性新兴产业对经济社会全局和长远发展具有重大引领带动作用，具有知识技术密集、物质资源消耗少、成长潜力大、综合效益好等特点。经过近几年加大投入力度和政策措施扶持，我国战略性新兴产业初步夯实了发展基础，开始形成新的核心竞争力。中央经济工作会议提出，要切实把经济工作的着力点放到转方式、调结构上来，逐步增强战略性新兴产业的支撑作用。

同时，结构调整还包括产业由传统向中高端的迈进。虽然工业对经济增长贡献率下降，但其仍然是拉动经济增长的中坚力量。根据对工业细分行业的利润、增加值和固定资产投资数据有关研究结果，可以发现以下行业的增长高于全行业平均值，预计其将继续成为未来拉动经济增长的重要行业。包括：食品制造业、农副食品加工业以及酒、饮料和精制茶制造业；居民消费从吃饭、穿衣向居住、出行、文教、娱乐升级；涉及木材加工及木、竹、藤、棕、草制品业、家具制造业、燃气生产和供应业、汽车制造业、仪器仪表制造业、文教、印刷和记录媒介的复制业；医药制造

---

① 于刃刚：《主导产业论》，北京：人民出版社，2003 年，第 8—9 页。

业、废弃资源综合利用业；非金属矿采选业等。另外，我国已经进入老龄化社会，养老产业的需求是多方面的，大力发展老年人消费、健康、养老、旅游等，能够培育出新的增长点。

（五）服务业应成为中国经济增长的新动力

2014年，我国国内生产总值为636463亿元。其中，第三产业增加值306739亿元，占GDP比重达到48.2%，高出第二产业5.6个百分点。第三产业比重超过第二产业，标志着中国经济正式迈入“服务化”时代，意味着中国经济由工业主导向服务业主导加快转变。服务业将成为新常态下中国经济增长的新动力。第三产业占比持续上升，这表明我国经济结构正在发生重大变化。2014年中国经济最大亮点，就是经济结构得到优化，居民收入有所增长，就业形势保持稳定。而经济结构优化的最大明证就是服务业增速超过工业的同时，新增就业人口同步增加。这种结构性变化态势不仅是居民收入水平提升、消费结构升级不断加快的客观反映，也是产业结构调整政策不断推进的结果。

国际经验表明，第三产业快速发展一般发生在一个国家的整体经济由中低收入水平向中上收入水平转化的时期，反映了一个国家的工业化和城市化的发达程度。目前，我国正在从中低收入水平向中上收入水平进程迈进。

今后，我国要更加重视第三产业发展，要更多地出台支持现代物流业、高技术、节能、家政服务、文化产业、体育产业等第三产业发展的政策措施，从财税、信贷、土地和价格等方面不断深化、细化和完善第三产业发展的政策体系，重点从加快推进服务领域改革，加大政策扶持力度，拓宽投融资渠道，加大对第三产业的投入力度，不断优化第三产业发展环境等方面，有力地促进我国第三产业的快速发展。

服务业，已成为吸纳就业的主渠道。与其他产业部门相比，第三产业具有就业弹性大，劳动密集、技术密集和知识密集并存的特点，在吸纳劳动力就业方面具有独特优势，能够吸纳各种不同素质的劳动者就业。仅仅一个阿里巴巴创造的就业岗位就近千万人，吸纳了不同层次的就业者。未来，我国要加快发展和互联网、电子商务有关的新兴服务业，加快孕育各种新产品、新行业、新产业、新业态以及新模式，这将成为我国经济未来的希望所在。

（六）特别重视向科技创新和信息化要动力

今天中国科技进步和新技术产业化应当转向自主创新方式，这是我国科技进步战略的重大调整，这样的转型必须在体制上也进行重大的转变和改革。一是保护知识产权，完善专利、商标和著作权等知识产权保护的系列法律和法规，克服地方行政和司法保护主义，严厉打击侵犯知识产权违法行为。二是需要适应科技的发展，用有利于创新的商业模式和形成能商业运营的环境推动技术的市场化和产业化。三是需要改革税收体制，出台鼓励创新的财税政策。

以新能源革命、新一代移动互联等为代表的新一轮科技革命初现端倪，低成本化、智能化和信息化将成为未来经济发展的新趋势。在信息化时代，信息化代表了最先进的生产力，工业化需要信息化引领，城镇化和国际化作为现代化的空间表现形式也必须以信息化作为枢纽和平台，农业现代化也需要同信息化相融合，国家治理体系和治理能力的现代化也需要信息化的支撑保障和引领。因此，要把握信息化的历史定位和机遇，采取得力措施，大力促进和实现“四化融合”（信息化、新型工业化、城镇化、农业现代化）以及同国家治理现代化、市场化、国际化的协调发展。

（七）城镇化是经济持续健康发展的重要载体和途径

改革开放以来，我国城镇化取得了举世瞩目的成就，但也出现了很多问题，甚至存在着一定程度的城市病，严重制约了经济转型升级。面对新常态，如何走出一条中国特色的新型城镇化道路，对于稳增长、调结构、转方式有着显著的意义。一是要以人为本，有序推进农民工市民化。二是四化同步，促进城镇化与新型工业化、信息化和农业现代化协调发展。三是要统筹推进户籍制度改革。深化户籍制度改革，必须以城乡一体化、迁徙自由化为目标和方向，在中央的统一规划下，加快剥离户口所依附的福利功能，恢复户籍制度的真实功能。四是深化土地管理制度改革。要按照有明确和保护土地用益物权的思路，建立以承包权为核心的土地产权制度，并完善土地产权法律制度。要完善征地和流转制度，提高对农民的征地补偿标准。五是完善住房保障制度改革。要以解决低收入群体和农民工保障性住房为重点，完善住房保障制度体系。加大经济适用房和廉租房建设力度，增加对城镇中低收入群体的住房供给。

（高惺惟：中央党校经济学部讲师，经济学博士）

3 推动大众创业、万众创新

当前我国经济发展进入新常态，从高速增长转为中高速增长，从粗放式发展转向集约式发展，从要素和投资驱动转向创新驱动。要适应和引领经济发展新常态，必须进一步解放思想，打破一切体制机制的障碍，让每个有创业愿望的人都拥有自主创业的空间，让创新创造的血液在全社会自由流动，让自主发展的精神在全体人民中蔚然成风，形成大众创业、万众创新的生动局面。

一、推动大众创业、万众创新的重要意义

伴随着我国经济发展进入新常态，一些潜在风险和挑战渐渐浮出水面，一些新矛盾、新问题日益显现。推动大众创业、万众创新，就是为了解决新矛盾、应对新挑战的需要。

（一）推动大众创业创新是稳增长的需要

改革开放以来，我国经济保持了三十多年的高速增长。但是近几年来我国经济增长持续下行。2014 年 GDP 增长率为 7.4%，创下 1991 年以来最低水平。2015 年一季度经济下行压力继续加大。根据国家统计局数据，2015 年一季度 GDP 同比增长 7.0%，环比增长 1.3%。GDP 同比增速较去年四季度下滑 0.3 个百分点，环比增速跌至 2014 年以来最低水平，显示国内经济下行压力加大。3 月工业增速跌至 5.6%，跌至亚洲金融风暴

以来的新低。“三驾马车”全面减速。从投资看，2015年一季度，全国固定资产投资累计增长13.5%，同比下滑4.1个百分点。其中房地产投资增速仅为8.5%，同比下滑8.3个百分点。由于人口结构拐点和供给严重过剩，一季度全国商品房销售面积同比下降9.2%，其中住宅销售面积下降9.8%。全国商品房销售额同比下降9.3%，其中住宅销售额下降9.1%。一季度房地产开发企业资金来源全面恶化，资金到位同比负增长2.9%，这是2011年以来的历史新低，而房屋新开工面积增速同比下降，这意味着短期内地产投资增速难以止住下滑势头。一季度制造业投资增长11%，增长率仍维持下滑趋势，整体经济低迷和产能过剩问题仍在制约企业投资意愿。尽管基建投资增速一季度已升至22.8%，但也无力支撑地产投资大幅下滑对整体投资的拖累。从消费看，2015年一季度，社会消费品零售总额增长10.6%，同比下滑1.4个百分点。其中，限额以上单位消费品零售额仅增长7.8%。从进出口看，2015年一季度进出口总额同比下降6.0%。其中，出口增长4.9%，进口下降17.3%。3月份进出口形势进一步恶化，进出口总额同比下降13.5%，其中出口下降14.6%，进口下降12.3%。

把我国经济增长率稳定在中高速水平，是我国保持经济社会持续稳定协调发展、实现全面建成小康社会目标的必要前提。而推动大众创业、万众创新，是稳增长的重要手段。创业创新活动可以为社会积极创造新产品、新价值，从而推动社会经济的发展。而在经济发展的条件下，投资活动、消费活动也更为活跃，这也在一定程度上会推动创业创新活动的活跃。因此，创业创新活动与经济发展之间是相辅相成、互相促进的。从现实来看，创业活动的活跃程度也始终是经济发展的“晴雨表”。与经济繁荣相伴的是新创办企业数量的增加，与经济萧条相伴的是倒闭企业数量的增加。创业创新活跃地区往往也是经济快速增长的地区，创业创新不活跃的地区同时也是经济发展相对滞后的地区。因此，要实现经济稳定增长，就必须推动大众创业、万众创新。

（二）推动大众创业创新是调结构的需要

长期以来，我国经济发展主要走粗放式发展道路。但是，随着我国经济总量的迅速扩大，资源环境约束不断加大，劳动力等要素成本快速上升，高投入、高消耗、偏重数量扩张的发展方式已经难以为继。目前我国钢铁和水泥的消费量占世界的40%和50%，对镍、锡、铝和铜的需求增长占全球消费增量的大部分。我国的煤炭消费总量排世界第一，石油消费量居世界第二。虽然我国国土辽阔，资源丰富，但是人均资源储量却居世界后列。我国资源人均储量占世界人均储量的比重，石油为11%，天然气为4.5%，铁矿石为42%，铜为18%，铝土矿为7.3%，煤炭为79%，远不能满足经济发展对资源的需求。我国经济发展对资源的巨大需求甚至使全球资源供给日显紧张。我国已经是全球二氧化碳和二氧化硫第一大排放国，经济粗放发展带来的对空气、水和土壤的污染问题日益严重。我国经济发展已经接近资源环境的极限，资源环境对经济发展的制约凸显。随着经济持续高速增长，加之计划生育政策的影响，我国一向极其丰富的劳动力资源也出现短缺。2012年我国劳动年龄人口在相当长时期里第一次出现了绝对下降，比上年减少345万人。2013年和2014年分别减少244万人和371万人，连续三年劳动力总量出现负增长。早在2004年，沿海地区开始出现“用工荒”，此后逐渐蔓延到全国。2015年一季度，我国城镇劳动力市场岗位空缺与求职人数的比率约为1.12，东、中、西部市场岗位空缺与求职人数的比率分别为1.09、1.14、1.16，各区域市场劳动力需求均略大于供给。伴随劳动力短缺的是工资成本的持续上扬。在这种情况下，传统的靠拼资源、拼环境、拼廉价劳动力来支撑经济增长的路子越来越行不通了，转变经济发展方式、实现经济结构优化升级势在必行。

推进大众创业创新是调结构的有效途径。成功的创业活动具有强烈的示范效应，当创业者发现一个新的产业机会，并且在这一行业中创造巨大价值之后，很快就会有追随者进入这一个行业。众多的创业者在同一行业内部共同开垦的结果是使得这个行业内部的细分市场越来越多，消费者的需求被深度开发，而且围绕核心的行业延伸出来很多附带的价值和需求，更多的资金也被吸引到这个行业中来。因此，创业活动对于行业的发展具有重要的推动作用。这一作用最终导致了整个国家或区域范围内的产业调整，众多有能力的个体和大量的资金不断流入新的产业，旧的产业结构被重新调整。从实际发展态势来看，大众创新创业能在互联网、智能制造等新兴产业、服务业及传统产业与新兴产业跨界融合的领域培育出新的经济增长点，催生出新的产业形态，带动传统产业转型升级。

（三）推动大众创业创新是保就业的需要

就业是民生之本。当前我国就业形势虽然总体比较稳定，但也面临较大的就业压力。一是高校毕业生就业难问题十分突出。进入新世纪以来，我国高校毕业生就业出现了前所未有的严峻形势，高校毕业生初次就业率徘徊在70％—75％之间，而20世纪90年代初次就业率都在90％以上。据有关机构调查，大学生毕业半年后，失业率仍然近10％，远高于全社会4％—5％的平均失业率。2015年高校毕业生达到749万人，再创历史新高，大学生就业面临更加严峻形势。二是我国每年需要新增1000万个以上就业岗位，才能满足新增劳动力和农村转移劳动力对岗位的需求，这对我国的就业安置工作提出了很高要求。三是经济的持续下行已经对就业形势造成冲击。2014年三季度制造业、批发和零售业和住宿和餐饮业用人需求环比分别减少5.9％、15.8％和6.5％，四季度环比又分别减少12％、11.3％和7.6％。为解决经济下行带来的产能过剩问题，国务院提出五年内压缩8000万吨钢铁产能，其中河北省唐山市承担削减4000万吨的任务，初步测算，全市完成总体削减任务后，40多万就业人员需要安置。因此，保就业仍然是当前和未来一个时期我国经济社会发展的一个重要任务。

推进大众创业创新是保就业的有效途径。一个人创业，不仅解决了自己的就业问题，而且可以带动更多的人就业。尤其是大学生具有创业创新的许多有利条件，以创业创新带动就业，既解决了大学生群体的就业，又促进了社会就业。从国际经验看，一个国家解决就业问题的主力并不是大型企业，而是中小企业尤其是小微企业。据相关调查，在就业创造过程中，就业人数在500人以上的大中型企业贡献较小，就业人数在1—19人之间的小微企业对于就业创造的贡献最大。推动大众创业、万众创新，发展小微企业，对于我国保障和扩大就业，具有举足轻重的作用。

二、多管齐下推动大众创业、万众创新

形成大众创业、万众创新局面的关键，是使市场在资源配置中起决定性作用和更好地发挥政府作用，具体要从以下几方面入手。

（一）进一步简政放权推动大众创业创新

进一步简政放权，让政府更好归位、市场更大发力对于充分调动企业和社会创业创新创造的积极性，具有重要意义。

一是取消下放直接关系到投资创业的行政审批事项，鼓励创业优惠政策“落地”。以往国家出台了税收优惠政策，常常因执行征管过程的道道限制和门槛影响了效果。近年来国务院在以往简政放权基础上，又进一步取消部分行政审批事项。如取消“享受小微企业所得税优惠核准”、“对吸纳下岗失业人员达到规定条件的服务型、商贸企业和对下岗失业人员从事个体经营减免税审批”等审批事项，有利于减少中间不必要环节，让优惠政策落地，释放市场活力。取消“高等学校博士学科点专项科研基金审批”等涉及事业单位、社会组织业务等审批事项，有利于扩大高校办学研究自主权，推动科研创新。2015年还将再取消和下放一批行政审批事项，全部取消非行政许可审批，建立规范行政审批的管理制度；制定市场准入负面清单，公布省级政府权力清单、责任清单，切实做到法无授权不可

为、法定职责必须为。

二是减少职业资格许可，提高人力资源配置效率。职业资格制度是我国科学评价人才的一项重要制度。但在实施过程中也存在一些突出问题，集中表现为考试太乱、证书太滥。有的部门、地方和机构随意设置职业资格，名目繁多、重复交叉；有些机构和个人以职业资格为名随意举办考试、培训、认证活动，乱收费、滥发证。要在保持资质资格水平不降的前提下，减少部分职业资格许可和认定。先期取消一批准入类专业技术职业资格。今后，凡没有法律法规依据和各地区、各部门自行设置的各类职业资格，不再实施许可和认定。逐步建立由行业协会、学会等社会组织开展水平评价的职业资格制度。

三是推进商事制度改革，进一步降低创业“门槛”。现行制度下，创办一个企业并不容易，先要到主要部门取得行政许可证，才能到工商部门申办营业执照，这就是所谓“先证后照”。在等待许可过程中，因为不具有企业法人资格，创业者往往难以开展招工、洽谈、签约、贷款等企业前期筹备工作。为促进投资创业便利化、优化经营环境，要将“先证后照”改为“先照后证”，继续清理和压缩现有前置审批事项，将其中的大多数改为后置审批，并实行目录化管理制度，向社会公开，接受监督。

（二）充分发挥金融支持大众创业创新的作用

大众创业创新离不开金融的支持，但目前金融服务仍不能完全满足广大小微企业和创业者的需求。推动大众创业创新，必须着力推进金融改革和创新。

一是完善创业创新投融资机制。发挥多层次资本市场作用，为创新型企业提供综合金融服务。完善科技风险投资机制，进一步放宽科技型中小企业上市标准，完善创业板市场。加快产权交易市场建设，鼓励对风险投资介入的中小型高科技企业的兼并收购。开展互联网股权众筹融资试点，增强众筹对大众创新创业的服务能力。规范和发展服务小微企业的区域性股权市场，促进科技初创企业融资，完善创业投资、天使投资退出和流转机制。鼓励银行业金融机构新设或改造部分基层分支行，作为从事科技型中小企业金融服务的专业机构，提供科技融资担保、知识产权质押、股权质押等方式的金融服务。

二是进一步完善创业创新贷款模式。及时调整信贷政策，加快制度创新和产品创新，进一步优化贷款流程。优化信用等级评定标准和信贷审批，适当下放贷款审批权，缩短审贷时间，提高工作效率。创业人员申请创业贷款无论是经过网点还是政府有关部门，都由受理机构统一协助审查贷款手续，提供“一条龙”服务，提高部门之间的协调效率。改进贷后管理，通过加强对贷款客户贷后跟踪回访，及时了解客户需求，密切关注贷款风险，做到管理和服务有机结合，确保贷款质量，保证贷款资金安全。

三是加快建立健全创业者和小微企业信用信息系统。加快创业者个人和中小企业信用体系建设，为所有尚未获取银行贷款的企业和个人建立起信用档案，并实现全国联网查询，所征集的企业和个人信用信息向所有银行机构和社会开放，从而改善目前在中小企业贷款中银企之间的信息不对称问题，为银行准确评价和判断广大中小企业的信用状况提供足够的信息，也便利创业者个人和小微企业获取贷款。充分发挥街道、社区劳动保障工作平台的作用，积极推动信用社区创建工作。

四是完善创业创新贷款担保体系。各级政府要根据本地实际，建立和充实小额贷款担保基金，保证创业创新的资金需要。进一步完善小额担保贷款运作机制，简化小额担保贷款手续。创新贷款担保方式，拓宽担保范围，尝试由物到权打破传统担保方式，使更多有创业愿望、信用好、偿还能力强的创业人员得到贷款支持。逐步降低或取消反担保门槛。在反担保形式上，除机关事业单位工作人员外，反担保人员可以扩大到经营良好、收入稳定的企业员工。可以采取创业人员之间“联保”的办法申请小额担保贷款，也可以由经营正常的企业为创业人员提供反担保。

（三）强化推动大众创业创新的财税政策

为创业创新者提供财政税收扶持，降低创业创新成本，营造宽松的创业创新环境，提高创业创新的成功率，是推动大众创业、万众创新的重要手段。

一是加强财政资金引导。通过中小企业发展专项资金，运用阶段参股、风险补助和投资保障等方式，引导创业投资机构投资于初创期科技型中小企业。发挥国家新兴产业创业投资引导基金对社会资本的带动作用，重点支持战略性新兴产业和高技术产业早中期、初创期创新型企业发展。发挥国家科技成果转化引导基金作用，综合运用设立创业投资子基金、贷款风险补偿、绩效奖励等方式，促进科技成果转移转化。发挥财政资金杠杆作用，通过市场机制引导社会资金和金融资本支持创业活动。

二是强化扶持中小企业特别是小微企业发展的税收政策。对符合条件的小型微利企业给予减按 20％的税率征收企业所得税；在对年应纳税所得额低于 10 万元的小型微利企业减按 20％税率缴纳企业所得税的基础上，其所得减按 50％计入应纳税所得额；降低增值税小规模纳税人的征收率；统一提高了增值税和营业税的起征点，对小微企业中月销售额不超过 2 万元的增值税小规模纳税人和营业税纳税人，暂免征收增值税和营业税；实施了金融企业中小企业贷款损失准备金税前扣除政策和符合条件的农村金融机构营业税优惠政策；免征了金融机构对小微企业贷款印花税；将符合条件的国家中小企业公共技术服务示范平台纳入现行科技开发用品进口税收优惠政策的享受主体范围，等等。

三是加大对服务业税收扶持力度。与传统产业相比，服务业具有投资少、效益好、吸纳劳动力多的特点，是大众创业的首选行业之一。特别是我国正处于工业化、城镇化、市场化加快发展阶段，与发达国家相比，我国服务业发展水平还很低，今后还有较大的提升空间。因此，要通过税收政策扶持，在抓好产业优化升级的同时，注重发展服务业。如在推进生活服务业“营改增”中，针对生活服务业一般已进入大众消费末端的特点，基本上不存在抵扣问题，可考虑对生活服务业企业普遍采取简易征收增值税的方式，以进一步降低生活服务业企业的税收负担，扶持其发展。

四是完善促进特殊群体创业就业的税收政策。对登记失业半年以上的人员、毕业年度内高校毕业生以及零就业家庭、享受城市居民最低生活保障家庭劳动年龄内的登记失业人员从事个体经营的，在3年内按每户每年8000元为限额依次扣减其当年实际应缴纳的营业税、城市维护建设税、教育费附加和个人所得税；对符合条件的企业招用下岗失业人员以及享受最低生活保障且失业1年以上的城镇其他登记失业人员的，在3年内按实际招用人数予以定额依次扣减营业税、城市维护建设税、教育费附加和企业所得税优惠。

(四) 推动大众创业创新的其他措施

推动大众创业创新，除了财税金融等政策外，还要实行其他一系列政策。各种政策协调配合，多管齐下，才能形成大众创业、万众创新的生动局面。

一是加快构建众创空间。总结推广创客空间、创业咖啡、创新工场等新型孵化模式，充分利用国家自主创新示范区、国家高新技术产业开发区、科技企业孵化器、小企业创业基地、大学科技园和高校、科研院所的有利条件，发挥行业领军企业、创业投资机构、社会组织等社会力量的主力军作用，构建一批低成本、便利化、全要素、开放式的众创空间。发挥政策集成和协同效应，实现创新与创业相结合、线上与线下相结合、孵化与投资相结合，为广大创新创业者提供良好的工作空间、网络空间、社交空间和资源共享空间。

二是加强创业创新培训体系建设。构建创业者终身职业教育体系，普通高校、技工院校、中等职业学校将创业教育作为在校生必修课和毕业生就业指导的重要内容。建立和完善创业辅导服务体系，成立创业培训中心，为创业者提供良好的信息、培训、咨询、策划和跟踪指导服务。建立政府购买服务和订单式培训机制，推进创业培训进校园、进企业、进社区、进农村。建立健全创业辅导制度，培育一批专业创业辅导师，鼓励拥有丰富经验和创业资源的企业家、天使投资人和专家学者担任创业导师或组成辅导团队。鼓励大企业建立服务大众创业的开放创新平台，支持社会力量举办创业沙龙、创业大讲堂、创业训练营等创业培训活动。

三是支持创新创业公共服务。综合运用政府购买服务、无偿资助、业务奖励等方式，支持中小企业公共服务平台和服务机构建设，为中小企业提供全方位专业化优质服务，支持服务机构为初创企业提供法律、知识产权、财务、咨询、检验检测认证和技术转移等服务，促进科技基础条件平台开放共享。加强电子商务基础建设，为创新创业搭建高效便利的服务平台，提高小微企业市场竞争力。完善专利审查快速通道，对小微企业亟需获得授权的核心专利申请予以优先审查。

四是营造创新创业社会氛围。积极倡导敢为人先、宽容失败的创新文化，树立崇尚创新、创业致富的价值导向，大力培育企业家精神和创客文化，将奇思妙想、创新创意转化为实实在在的创业活动。鼓励社会力量围绕大众创业、万众创新组织开展各类公益活动。继续办好中国创新创业大赛、中国农业科技创新创业大赛等赛事活动，积极支持参与国际创新创业大赛，为投资机构与创新创业者提供对接平台。加强各类媒体对大众创新创业的新闻宣传和舆论引导，报道一批创新创业先进事迹，树立一批创新创业典型人物，让大众创业、万众创新在全社会蔚然成风。

三、推动重点群体创业创新

目前我国新一轮的创业创新浪潮有四大主体：海外归国人员创业潮、科技人员“下海”创业潮、农民工返乡创业潮和大学生创业潮。推动大众创业、万众创新，必须对这四大群体的创业创新活动重点加以支持。

(一) 推动留学归国人员创业创新

改革开放以来，我国有大批人员赴海外留学，其中 1/3 以上的留学人员选择了回国创业就业。但留学人员回国创业面临许多问题，如对国内市场深入的了解不足、资金短缺、留学人员创业园区服务功能不配套等。推动归国人员创业创新要做好以下几方面工作。

一是制定留学人员回国创业发展规划。明确引进重点，统筹国内国外两种资源，在发挥国内人才作用的同时，把引进人才的工作重心和政策资源集中到高层次科技创业创新人才和急需紧缺人才方面，发挥高层次科技创业创新人才的示范作用和引领作用。拓宽选才视野，既重视引进高新技术、战略性新兴产业领域的人才，又引进加快发展现代服务业所需要的人才；既引进科学技术和工程科技专业人才，又引进经济、人文、管理领域的人才。

二是完善留学人员创业服务体系。建立政府留学人员创业基金，在留学人员创业较集中的城市开办科技银行，着力解决融资难、贷款难、担保难问题。努力为广大留学归国人员创业提供无障碍、一站式、个性化、全方位的服务。妥善解决海外归国创业人员住房、子女入学问题，提高办理人才落户、工作居住证、社会保险等相关事宜的服务效率。通过购买服务或给予补贴的方式，鼓励和支持律师事务所、会计师事务所、税务师事务所、专利代理机构及时有效地为留学人员创业提供管理咨询、公共关系、法律事务、涉税服务、人力资源管理、劳动关系等方面的专业咨询和指导。

三是加强留学人员创业园建设。提升留学人员创业园的服务功能，为留学人员创业提供各种良好的硬件设施，进一步完善政策法律咨询、信贷服务、市场营销等软环境，使创业园区真正成为留学归国人员理想的创业服务平台。创新创业园区管理体制与机制，建立科技企业孵化器有限公司，从事项目投资、资产运营、物业管理等，促进投资主体对有发展潜力的留学归国人员的创业项目进行投资。

(二) 推动科技人员创业创新

科技人员踊跃从高校科研院所进入市场创业，有利于促进科技与经济的结合，实现经济结构调整和产业升级。当前阻碍科技人员创业的因素有人事管理限制、职务科技成果处置不合理、资金缺乏等，需要妥善加以解决。

一是促进科技人员合理流动。妥善解决科技人员流动涉及的专业技术职务聘用、工作条件与生活待遇等问题，鼓励高校、科研院所在科技人员完成本单位各项工作任务的前提下在岗创业。促进科技人员在科研机构和企业之间进行形式多样的双向流动，最大限度地发挥技术外溢效应。考虑到科技创业的风险和社会保障的差距，允许科研机构采取诸如保留事业编制等灵活政策，解除科技人员创业的后顾之忧。

二是完善考核激励机制。建立健全高校和科研院所的分类考核、多元评价制度。科技人员承担企业委托的横向项目与政府计划的纵向项目在业绩考核中一视同仁，把自主创新成果转化情况作为科学技术人员项目申报、成果奖励的评审依据，作为职称评审、岗位聘用的评价内容。完善科技人员创新创业的收入分配制度，把绩效工资改革与调动科技人员创新创业积极性挂钩。

三是促进科技成果转化。鼓励对高校和科研院所科技人员的职务发明成果所得收益按一定比例划归参与研发的科技人员及其团队拥有，全方位保护好创新成果，让创新者多得利、多受益。完善科技成果价值评估体系。建立科技成果拍卖制度。在对科技成果的新颖性、可行性、应用价值及经济效益进行评价与预测，对科技成果潜在的应用前景、技术和市场风险及预期价值等进行评估的基础上，通过市场竞价交易的方式来实现成果所有权的转移，让有意转让成果的人与潜在的受让人都受益。

四是健全促进科技人员创业的体制机制、完善知识产权保护制度。在科技规划、项目立项、评估与验收、奖励等环节，把科技与经济结合作为重要内容，鼓励科技人员创业，形成从基础研究到应用研发到产业发展、既有分工又有合作的完整链条和转化机制。同时，在科研机构内部建立健全科技与经济结合、科研与转化结合、科技人员与企业家共同参与的体制与机制，从市场需求出发选择科研课题，对重大科研项目进行产业分析和论证，对科研项目的商业化前景进行考察，对研发路线图和成果转化方式进行设计，使科研在概念阶段就与市场紧密联系起来，防止研发与应用脱节。支持科研机构设立孵化基金，加强科研机构与高新技术产业园区、科技企业孵化器、风险投资企业等社会机构的联系，为科技人员创业提供必要的金融支持。

（三）推动大学毕业生创业创新

近几年大学生创业热情日益增长，创业形势明显好转，但整体上看，目前仍存在着大学生“自主创业率”和“成功率”双低状况。大学生有知识、有活力，是创业创新的生力军，要下大气力推动大学生创业创新。

一是创新高校人才培养模式。进一步强化大学生创业创新教育，倡导创业创新精神，培养创业创新文化。在培养目标上，既要培养少数“高、精、尖”的杰出人才，更要培养大批“宽口径、厚基础、强能力、高素质”的复合型、实用型人才。在办学方式上，根据产业结构调整和就业市场对人才的需求，及时调整学科专业结构。在课程设置上，不断优化课程结构，健全创业教育课程体系，启发大学生创业思路、拓宽其创业视野。把大学生创业教育开展情况纳入高校教学评估体系，将“创业率”和“创业成功率”作为衡量高等教育质量和高校人才培养的重要指标。以培养学生创新素质为导向，改革考试内容和评价方法。

二是强化大学生创业创新实践。支持大学生参与创业社团、举办创业论坛、参与创业大赛、社会调查、挂职锻炼等校内外创业实践，培养学生创业意识，激发学生创业欲望。探索校企联合培养创业人才的模式，在企业中建立大学生创业教育实践基地，强化实践教学环节。鼓励学生参加“模拟创业”，包括开展营销模拟大赛、成立模拟创业公司等，通过模仿创业或尝试创业的学习、体验与参与过程，提高大学生的实践动手能力和创业综合素质。

三是完善大学生创业创新服务体系。政府设立大学毕业生创业专项资助资金，为大学毕业生就业培训、就业见习、就业援助、创业扶持等工作提供资金保障。为大学毕业生提供开业指导、政策咨询、项目论证、贴息贷款、跟踪引导等“一条龙”免费咨询服务，以及项目征集、代办证件等扶持措施，从而使项目孵化得以提速，创业能力和成功率得以提高。筹备建立创业项目库，举办创业项目推荐会，征集有特色、有前景、易操作、经过严格论证、确能带动就业的毕业生创业项目，方便毕业生创业项目选择，减少创业风险。深化人事、户籍等相关就业制度的配套改革，消除户籍制度对大学生创业就业的束缚。

（四）促进农民工返乡创业创新

农民工返乡创业逐渐成为了一种常态，据估算，目前返乡创业农民工规模年均在 300 万以上，创业带动就业的规模年均在 1000 万以上。但是农民工返乡创业也存在一些突出问题，如融资难、投资环境不够宽松、相关服务不到位等，必须加大对农民工返乡创业创新的扶持力度。

一是进一步降低农民工返乡创业门槛。按照“非禁即入”的原则，切实放宽对农民工返乡创业的领域限制。由注册资本实缴登记制改为注册资本认缴登记制，取消了原有对公司注册资本、出资方式、出资额、出资时间等硬性规定，取消了经营范围的登记和审批。探索实行试营业制度，在试营业期内，免收各种费用。允许农民进行非正规创业和季节性经营。加大政策优惠力度，对农民工返乡创业，在登记注册后给予 3 年扶持期，扶持期享受国家和当地扶持发展中小企业、非公有制经济、现代服务业、高新技术企业、农产品加工业以及农业产业化龙头企业的优惠政策。

二是着力解决农民工返乡创业用地难问题。在持有合法有效房地产证明文件或租房协议，符合安全、环保、消防等要求的前提下，允许返乡创业农民工将家庭住所、租借房作为生产经营场所进行登记。允许利用闲置土地、闲置厂房和荒山、荒滩等场地进行创业，允许通过村庄整治等方式盘活集体建设用地存量，将置换出来的集体建设用地优先用于返乡农民工创业需要。推进土地使用权流转制度改革，鼓励土地向有资金、懂技术的返乡创业农民工手中流转。

三是完善返乡农民工创业服务体系。切实解决返乡农民工创业的硬件设施问题，突出抓好水、电、交通、通信、能源等乡镇基础设施及其配套设施建设。返乡农民工创业免费享受项目开发、开业指导、政策咨询等系列服务。取消对农村户口入居城镇的一切歧视性限制，公立中小学校对城乡孩子就学一视同仁，严禁向农村或外来人员子女入学收取任何附加费用。开辟返乡农民工劳动争议仲裁“绿色通道”，快立、快调、快审、快结，及时处理重大劳务纠纷和集体劳动争议。免费为返乡农民工创业提供法律援助服务。

（徐平华：中央党校经济学部教授）

4 推动财税体制改革取得新进展

2015年是全面深化改革的关键之年，是全面推进依法治国的开局之年，也是全面完成“十二五”规划的收官之年。党的十八届三中全会通过的《中共中央关于全面深化改革若干重大问题的决定》指出：“财政是国家治理的基础和重要支柱”，是“实现国家长治久安的制度保障”，因此财税体制改革不仅是经济体制改革的关键，也是关系国家长治久安的制度建设。要实现国家治理体系和治理能力现代化的目标，必须不断推动财税体制改革取得新进展，实现财税体制的现代化，建立现代财政制度。2015年，继续把我国的财税体制改革扎实推向纵深，在牵动全局的一些重要改革上取得了新突破、新进展。对进一步发挥好财政职能作用，推进国家治理体系和治理能力现代化，具有十分重要的意义。

一、2014年我国财税体制改革取得了哪些进展？

过去的2014年，我国财税体制改革取得了重大进展，在一些重大改革方面取得了实质性突破，成绩可圈可点，主要体现在：

（一）制定通过《深化财税体制改革总体方案》。2014年6月中央政治局会议审议通过了《深化财税体制改革总体方案》，为我国财税体制改革提供了完整的路线图、时间表和“施工方案”，为财税体制改革有条不紊地按照既定方向推进提供了可靠保障。

（二）预算管理制度改革取得实质性进展。一是完成了预算法修改工作，加快修订预算法实施条例。二是深化预算管理制度，实行全面规范、公开透明的预算管理制度，除法定涉密信息外，中央和地方所有部门预决算都要公开，全面接受社会监督。三是提高国有资本经营预算调入一般公共预算的比例。四是推行中期财政规划管理，制定盘活财政存量资金的有效办法，启动编制全国三年滚动财政规划。五是制定了改革和完善中央对地方转移支付制度的意见，优化转移支付结构，中央对地方专项转移支付项目比上年减少三分之一以上，革命老区、民族和边境地区转移支付增长 12.1%。

（三）税制改革有序推进。一是进一步扩大了“营改增”试点行业范围，将铁路运输、邮政和电信业在全国范围纳入试点。二是研究制订了消费税改革方案，完善了消费税政策。三是在全国实施煤炭资源税从价计征改革，调整原油、天然气资源税适用税率，同时清理规范涉及煤炭、原油、天然气的收费基金。四是积极推进环境保护税等立法工作，落实税收法定原则工作建议时间表。

（四）围绕建立事权和支出责任相适应的制度，系统梳理了成熟市场经济国家事权和支出责任划分情况，调研分析国防、公共安全、食品药品监管等领域的事权和支出责任划分，财政体制改革研究取得阶段性成果。同时，出台了改进加强中央财政科研项目和资金管理的若干意见；制定了深化中央财政科技计划（专项、基金等）管理改革的方案，按五大类重构中央财政科技计划（专项、基金等）体系，推动政府科技管理职能和组织管理方式转变；开展科技成果使用、处置和收益管理改革试点。完成政府采购法实施条例制定工作，制定了政府购买服务管理办法并组织开展试点。

总之，2014 年是我国财税体制改革扎实推向纵深的一年，为 2015 年财税体制改革取得新进展奠定了基础。

二、2015 年应主要从哪些方面推动财税体制改革取得新进展?

2015 年是新修改后的预算法案正式实施的第一年，也是进一步实施财税体制改革总体方案，推动财税体制改革取得新进展的关键一年。2015 年财税体制改革应力争在以下几个方面取得新进展：

（一）实行全面规范、公开透明的预算管理制度，深化预算管理制度改革。全面推进预决算公开，进一步细化公开内容，除法定涉密信息外，中央和地方所有部门预决算都要公开，全面接受社会监督。认真落实国务院批准的完善政府预算体系方案，编制完善 2015—2017 年全国财政规划等，推行中期财政规划管理。提高国有资本经营预算调入一般公共预算的比例。

（二）在推进财税体制改革的同时，探索提高财政资金使用效益的方法和途径。制定盘活财政存量资金的有效办法，积极盘活全国财政存量资金。大力推进政府购买服务，推广运用 PPP 模式要有新突破，积极推进国企国资改革等。

（三）加快推进税制改革。力争全面完成“营改增”，力争将营改增范围扩大到建筑业、房地产业、金融业和生活服务业等领域。调整完善消费税政策，调整消费税征收范围、环节、税率。扩大资源税从价计征范围。完善非税收入管理制度。继续配合全国人大开展房地产税立法相关工作，提请修订税收征管法。抓紧推进综合与分类相结合个人所得税改革有关工作等。

（四）改革转移支付制度，完善中央和地方的事权与支出责任，合理调整中央和地方收入划分。优化转移支付结构，提高一般性转移支付规模和比例，进一步清理、整合、规范专项转移支付。进一步加强地方政府性债务管理，健全债务扎口管理机制，加强公益性项目举债管理，进一步规范市县政府性融资行为，严格执行债务预算（计划）管理等。

三、2015 年财政政策怎样继续保持“积极”?

从目前的分析判断，2015 年国内外经济形势依然错综复杂。经济下行压力加大，深化结构调整和全面推进改革的任务繁重，财政收支矛盾更加突出。根据面临的财政经济形势，按照党中央、国务院决策部署，2015 年要继续实施积极的财政政策并适当加大力度，充分发挥财税政策促进稳增长、调结构、促改革的重要作用。那么，2015 年的财政政策要怎样才能继续保持“积极”呢?

2015 年我国继续实施积极的财政政策并适当加大力度，主要体现在四个方面：

（一）适当扩大财政赤字规模和动用以前年度结转资金，加大支出力度。2015 年全国财政赤字 16200 亿元，比 2014 年增加 2700 亿元，中央和地方财政赤字规模都有所增加。赤字占国内生产总值的比重约为 2.3%，比 2014 年提高 0.2 个百分点。此外，纳入政府性基金预算管理的地方政府专项债务增加 1000 亿元，中央财政动用以前年度结转资金 1124 亿元，进一步加大支出力度。

（二）实行结构性减税和普遍性降费，加强对实体经济的支持。结合税制改革，在清理规范税收等优惠政策的同时，力争全面完成营改增任务，进一步消除重复征税。落实好普遍性降费措施，减免涉及小微企业的有关行政事业性收费和政府性基金，继续清理乱收费，切实减轻小微企业负担。

（三）加大盘活财政存量资金力度，提高财政资金使用效益。按照新预算法要求，清理结转结余资金，将盘活的财政资金重点投向民生改善、公共服务和基础设施等领域。清理财政专户，设定预算周转金和预算稳定调节基金的上限，编制三年滚动财政规划，防止产生新的资金沉淀。

（四）保持一定的政府投资规模，发挥好引导作用。2015年安排中央基建投资4776亿元，比上年增加200亿元。调整优化安排方向，主要用于国家重大工程，跨地区、跨流域的投资项目以及外部性强的重点项目，进一步减少竞争性领域投入和对地方的小、散项目投资补助。

2015年的积极财政政策应在保持政策连续性、稳定性的基础上，适时适度预调微调，在区间调控基础上更加注重定向调控，加大结构性调控力度，重点支持薄弱环节发展，保持稳增长和调结构之间的平衡，给市场一个企稳的预期，防止经济惯性下滑，为经济平稳运行创造有利的宏观环境。

四、新《预算法》有哪些新亮点和新突破?

预算法素有“经济宪法”之称，其重要性由此可见一斑。我国新预算法历经四次审议，“十年磨一剑”，终于获得全国人大常委会表决通过，并于2015年1月1日起施行。据统计，预算法的法律条文从原来的79条增加到101条，大大小小的修改多达82处。新预算法较好地总结了20年来的实践经验和创新，全面贯彻了党的十八大和十八届三中全会精神，与财税体制改革总体方案相衔接，较好地回应了各级人大代表的要求和社会各界的关切，在立法宗旨和调整范围、预决算原则方面取得了重大突破，在全口径预决算、地方政府债务、转移支付、预算公开方面进行了诸多创新，在预决算编制、审查和批准、执行和调整、监督和法律责任方面也有许多完善。

五、新《预算法》的立法宗旨和调整范围有什么变化?

新修改的预算法对立法宗旨进行了几乎全新的修改，明确立法宗旨为了规范政府收支行为，强化预算约束，加强对预算的管理和监督，建立健全全面规范、公开透明的预算制度，保障经济社会的健康发展。各界主张预算法要规范和控制政府权力的意见得到了一定的重视和体现，增加了许多有关控制政府权力、规范政府预算管理、加强人大对全口径预决算审查监督的内容。立法宗旨明确了预算法的本质，确立现代公共财政理念，确定了预算改革目标，拓展预算法调整范围，极大地提高了新法的定位和作用。

六、新《预算法》确定的预决算原则有哪些?

对原法规定的“各级预算应当做到收支平衡”的原则，新修改的预算法做了较大调整和补充，确定了“统筹兼顾、勤俭节约、量力而行、讲求绩效和收支平衡”的原则。

（一）统筹兼顾。新修改的预算法规定，各级一般公共预算支出的编制，应当统筹兼顾，在保证基本公共服务合理需要的前提下，优先安排国家确定的重点支出。

（二）勤俭节约。新修改的预算法删除原法“厉行节约”、“勤俭建国”规定，统一为“勤俭节约”原则，规定各级预算支出的编制，应当贯彻勤俭节约的原则，严格控制各部门、各单位的机关运行经费和楼堂馆所等基本建设支出。规定各级政府、各部门、各单位“不得虚假列支”。

（三）量力而行。根据十八届三中全会决定关于重点支出一般不同财政收支增幅挂钩的要求，新修改的预算法删除了预算审查和执行中涉及法定支出的规定，同时强调在统筹兼顾的原则下优先安排国家确定的重点支出。

（四）讲求绩效。新修改的预算法将“提高预算绩效”列入预算草案及预算执行情况审查结果报告的内容。规定各级政府、各部门、各单位应当对预算支出情况开展绩效评价。

（五）收支平衡。新修改的预算法规定，地方各级预算按照量入为出、收支平衡的原则编制。

新修改的预算法首次增加“统筹兼顾”、“讲求绩效”原则，并将“厉行节约”、“勤俭建国”统一为“勤俭节约”原则，同时赋予“量力而行”、“收支平衡”原则以新的内涵，使这些原则成为贯穿新法始终的红线和灵魂。

七、我国财政预决算体系有哪些新变化?

新修改的预算法规定，预算包括一般公共预算、政府性基金预算、国有资本经营预算、社会保险基金预算，从横向明确了四位一体的公共预算，分别对其概念、范围和编制原则、相互之间的衔接关系做出规范。主要包括：

（一）取消预算外资金。新修改的预算法规定，政府的全部收入和支出都应当纳入预算。各级政府、各部门、各单位的支出必须以经批准的预算为依据，未列入预算的不得支出。这实际上确立了政府全口径预算的基本原则。

（二）功能定位。新修改的预算法明确规定了各项预算的功能定位。一般公共预算是对以税收为主体的财政收入，安排用于保障和改善民生、推动经济社会发展、维护国家安全、维持国家机构正常运转等方面的收支预算。政府性基金预算是对依照法律、行政法规的规定在一定期限内向特定对象征收、收取或者以其他方式筹集的资金，专项用于特定公共事业发展的收支预算。国有资本经营预算是对国有资本收益做出支出安排的收支预算。社会保险基金预算是对社会保险缴款、一般公共预算安排和其他方式筹集的资金，专项用于社会保险的收支预算。

（三）编制原则。新修改的预算法规定，中央一般公共预算包括中央各部门预算和中央对地方的税收返还、转移支付预算。地方各级一般公共预算支出包括地方本级支出、对上级政府的上解支出、对下级政府的税收返还和转移支付。政府性基金预算应当根据基金项目收入情况和实际支出需要，按基金项目编制，做到以收定支。国有资本经营预算应当按照收支平衡的原则编制，不列赤字，并安排资金调入一般公共预算。社会保险基金预算应当按照统筹层次和社会保险项目分别编制，做到收支平衡。

（四）相互关系。新修改的预算法规定，一般公共预算、政府性基金预算、国有资本经营预算、社会保险基金预算应当保持完整、独立。政府性基金预算、国有资本经营预算、社会保险基金预算应当与一般公共预算相衔接。新修改的预算法首次确立全口径预算体系法律框架，明确一般公共预算、政府性基金预算、国有资本经营预算、社会保险基金预算是什么、怎么编、如何衔接，为完善中国特色全口径预算体系奠定了法制基础。

八、地方政府债务管理制度方面有哪些新突破?

地方政府债务管理制度是预算法修改的一项重要内容。新预算法对“地方政府不得发行地方政府债券”的条款进行了修改，按照从严从紧规范管理的思路，允许地方政府举借债务，但从 6 个方面做出了限制性规定，即：

（一）限制举债主体。地方政府举借债务的主体只能是经国务院批准的省、自治区、直辖市政府。

（二）控制举债规模。省级政府举借债务的规模由国务院报全国人大或者全国人大常委会批准。地方政府在国务院下达的限额内举借债务。

（三）明确举债方式。举借债务只能采取发行地方政府债券的方式，不得采取其他方式筹措。除法律另有规定外，地方政府不得在法律规定之外以其他任何方式举借债务，不得为任何单位和个人的债务以任何方式提供担保。

（四）限定债务资金用途。地方政府举借债务只能用于公共预算中必需的部分建设投资、公益性资本支出，不得用于经常性支出。

（五）列入预算并向社会公开。地方政府举借的债务列入本级预算调整方案，报本级人大常委会批准。政府举借债务的情况要向社会公开并作出说明。

（六）严格控制债务风险。地方政府举借债务应当有偿还计划和稳定的偿还资金来源，国务院建立地方政府债务风险评估和预警机制、应急处置机制以及责任追究制度。国务院财政部门对地方政府债务实施监督。

这种“疏堵结合”的规定不仅解决了地方政府多年来举债合理不合法的问题，也满足了地方经济社会发展的需要，有利于规范地方政府举债行为，有利于防范和化解地方政府债务风险。

九、怎样规范财政转移支付制度?

针对近年来转移支付存在的问题，新修改的预算法对财政转移支付制度进行比较系统的规范。明确财政转移支付应当规范、公平、公开，以推进地区间基本公共服务均等化为主要目标。从纵向划分，转移支付包括中央对地方转移支付和地方上级政府对下级政府转移支付。从横向划分，转移支付包括一般转移支付和专项转移支付。

新预算法规定转移支付以为均衡地区间基本财力、由下级政府统筹安排使用的一般性转移支付为主体。一般性转移支付按照国务院规定的基本标准和计算方法编制。按照法律、行政法规和国务院的规定可以设立专项转移支付，用于办理特定事项。专项转移支付应当分地区、分项目编制。市场竞争机制能够有效调节的事项，不得设立专项转移支付。上级政府在安排专项转移支付时，不得要求下级政府承担配套资金；但是，上下级政府共同承担的事项除外。同时还增加关于建立健全专项转移支付定期评估和退出机制的规定。

新预算法规定了转移支付的管理制度。县级以上各级政府应当将对下级政府转移支付预计数提前下达下级政府。地方政府应当将上级政府提前下达的转移支付预计数编入本级预算。

这些规定为进一步完善分税制、建立事权与支出责任相适应制度奠定了法制基础，有利于优化转移支付结构，提高转移支付资金分配的科学性、公平性和公开性，减少“跑部钱进”现象和中央部门对地方事权的不适当干预，也有利于缩小地区间财力差距、推进基本公共服务均等化、促进区域协调发展。

十、如何建立预决算公开透明制度?

近年来各地在推进预决算公开方面做了大量工作，取得了明显成效。为巩固和扩大这一改革成果并使之规范化、制度化，新修改的预算法对预决算公开透明做出了比较全面、明确、具体的规定。

（一）公开内容。经本级人大或者常委会批准的预算、预算调整、决算、预算执行情况的报告及报表，经本级政府财政部门批复的预算、决算及报表，各级政府、各部门、各单位进行政府采购的情况，以及对预算执行和其他财政收支的审计工作报告。同时要求，公开政府预算、决算时，应当对本级政府财政转移支付安排执行情况以及举借债务的情况等重要事项作出说明；公开部门预算、决算时，应当对部门预算、决算中机关运行经费的安排、使用情况作出说明。除了国家保密法规定属于国家秘密的内容以外，新法规定预算活动的全部内容都应公开。

（二）公开时间。预算、预算调整、决算和预算执行情况的报告及其报表，应当在各级人大及其常委会批准后 20 日内向社会公开。各部门预算、决算及报表，应当在各级政府财政部门批复后 20 日内向社会公开。

（三）公开主体。预算、预算调整、决算和预算执行情况的报告及其报表，由本级政府财政部门负责公开；部门预算、决算及报表，由各部门负责公开。

新修改的预算法首次明确预决算公开透明制度，对预算公开的内容、时间、主体等都作了比较全面、明确、具体的规定，确立了预决算公开的法律制度框架，有利于推进预决算公开，提高预决算透明度。

十一、怎样提高预决算编制的科学性?

预决算编制涉及编制权配置，预决算收支分类、周期和编制流程。新修改的预算法要求预算收入预测数据和支出预算定额真实准确，预算编制程序和方法合理规范，预算资金安排和数字指标稳妥可靠。各方面的具体规定如下：

（一）政府预算编制。新修改的预算法规定，各级预算应当根据年度经济社会发展目标、国家宏观调控总体要求和跨年度预算平衡的需要，参考上一年预算执行情况、有关支出绩效评价结果和本年度收支预测，按照规定程序征求各方面意见后，进行编制。各级政府依据法定权限作出决定或者制定行政措施，凡涉及增加或者减少财政收入或者支出的，应当在预算批准前提出并在预算草案中做出相应安排。

（二）部门和单位预算编制。各部门、各单位应当按照国务院财政部门制定的政府收支分类科目、预算支出标准和要求，以及绩效目标管理等预算编制规定，根据其依法履行职能和事业发展的需要以及存量资产情况，编制本部门、本单位预算草案。

（三）政府收支分类科目。新修改的预算法规定，政府收支分类科目，收入分为类、款、项、目；支出按其功能分类分为类、款、项，按其经济性质分类分为类、款。各级预算支出应当按其功能和经济性质分类编制。

（四）中央债务余额管理。新修改的预算法规定，中央一般公共预算中必需的部分资金，可以通过举借国内和国外债务等方式筹措，举借债务应当控制适当的规模，保持合理的结构。对中央一般公共预算中举借的债务实行余额管理，余额的规模不得超过全国人大批准的限额。

（五）预算稳定调节基金。新修改的预算法规定，各级一般公共预算，设置预备费，用于当年预算执行中的自然灾害等突发事件处理增加的支出及其他难以预见的开支；设置预算周转金，用于本级政府调剂预算年度内季节性收支差额。同时规定，设置预算稳定调节基金，用于弥补以后年度预算资金的不足。

（六）结转资金和结余资金。新修改的预算法规定，各级政府上一年预算的结转资金，应当在下一年用于结转项目的支出；连续两年未用完的结转资金，应当作为结余资金管理。

（七）决算草案编制。新修改的预算法规定，编制决算草案，必须符合法律、行政法规，做到收支真实、数额准确、内容完整、报送及时。决算草案应当与预算相对应，按预算数、调整预算数、决算数分别列出。一般公共预算支出应当按其功能分类编列到项，按其经济性质分类编列到款。

十二、怎样增强预算执行和预算调整的规范性?

预算经过人大审查批准之后，就成为具有法律效力的财政收支计划。新修改的预算法要求依法组织收入，严格落实支出安排，确保资金及时用于预算项目，不断提高财政资金使用效益。

（一）预算审批前支出。新修改的预算法规定，预算年度开始后，各级预算草案在本级人大批准前，可以安排上一年度结转的支出；参照上一年同期的预算支出数额安排必须支付的本年度部门基本支出、项目支出，以及对下级政府的转移性支出；法律规定必须履行支付义务的支出，以及用于自然灾害等突发事件处理的支出。预算审批前安排支出的情况，应当在预算草案的报告中作出说明。

（二）收入指标。新修改的预算法要求，不得违反法律、行政法规规定，减征、免征、缓征应征的预算收入，不得截留、占用或者挪用预算收入，同时增加规定，各级政府不得向预算收入征收部门和单位下达收入指标，征收部门和单位也不能多征、提前征收。

（三）收付实现制。新修改的预算法规定，各级预算的收入和支出实行收付实现制，各级政府、各部门、各单位的支出必须按照预算执行，不得虚假列支。特定事项按照国务院的规定实行权责发生制的有关情况，应当向本级人民代表大会常务委员会报告。

（四）国库集中收付管理。新修改的预算法明确政府的全部收入都应当上缴国库，继续保留中央国库由央行管理，并对财政专户进行限制。只有法律有明确规定或者经国务院批准的特定专用资金，可以依照国务院的规定设立财政专户。国家实行国库集中收缴和集中支付制度，对政府全部收入和支出实行国库集中收付管理。各级政府应当按照国务院的规定完善国库现金管理，合理调节国库资金余额。已经缴入国库的资金，依照法律、行政法规的规定或者国务院的决定需要退付的，各级政府财政部门或者其授权的机构应当及时办理退付。按照规定应当由财政支出安排的事项，不得用退库处理。

（五）超收收入使用。新修改的预算法规定，各级一般公共预算年度执行中有超收收入的，只能用于冲减赤字或者补充预算稳定调节基金。各级一般公共预算的结余资金，应当补充预算稳定调节基金。

（六）增列赤字。新修改的预算法规定，省级一般公共预算年度执行中出现短收，通过调入预算稳定调节基金、减少支出等方式仍不能实现收支平衡的，省级政府报本级人大或常委会批准，可以增列赤字，报国务院财政部门备案，并应当在下一年度预算中予以弥补。

（七）预算调整。新修改的预算法规定预算调整的四种情形：一是需要增加或者减少预算总支出的，二是需要调入预算稳定调节基金的，三是需要调减预算安排的重点支出数额的，四是需要增加举借债务数额的。在预算执行中，各级政府一般不制定新的增加财政收入或者支出的政策和措施，也不制定减少财政收入的政策和措施；必须做出并需要进行预算调整的，应当在预算调整方案中做出安排。在预算执行中，由于发生自然灾害等突发事件，必须及时增加预算支出的，应当先动支预备费；预备费不足支出的，可以先安排支出，属于预算调整的，列入预算调整方案。预算调整方案应当说明预算调整的理由、项目和数额。

十三、怎样完善预决算的审查监督制度?

审查批准预决算并监督预算执行，是各级人大及其常委会的一项重要职权。根据党的十八大和十八届三中全会决定要求，总结近年来各级人大的实践探索的成功经验，新修改的预算法完善了预决算审查监督的一系列规定。

（一）预算草案细化。新修改的预算法规定，报送各级人大审查和批准的预算草案应当细化。一般公共预算支出，按其功能分类应当编列到项；按其经济性质分类，基本支出应当编列到款。政府性基金预算、国有资本经营预算、社会保险基金预算支出，按其功能分类应当编列到项。

（二）预算草案初步审查。新修改的预算法规定，在主体上，省级初步审查为本级人大有关的专门委员会；设区的市级初步审查为本级人大有关的专门委员会，或者送交本级人大常委会有关工作机构征求意见。在对象上，将“预算草案的主要内容”修改为“预算草案的初步方案”。在时间上，继续保留省、市、县初步审查30日前的规定，将中央预算草案初步审查的时间从一个月前延长到45日前。规定县、乡两级人大举行会议审查预算草案前，应当采用多种形式，组织本级人大代表，听取选民和社会各界的意见。

（三）预算草案重点审查。新修改的预算法规定，各级人大对预算草案及其报告、预算执行情况报告重点从八个方面进行审查：一是上一年预算执行情况是否符合本级人大预算决议的要求；二是预算安排是否符合本法的规定；三是预算安排是否贯彻国民经济和社会发展的方针政策，收支政策是否切实可行；四是重点支出和重大投资项目的预算安排是否适当；五是预算的编制是否完整；六是对下级政府的转移性支出预算是否规范、适当；七是预算安排举借的债务是否合法、合理，是否有偿还计划和稳定的偿还资金来源；八是与预算有关重要事项的说明是否清晰。

（四）预算草案审查结果报告。新修改的预算法规定，全国人大财政经济委员会向主席团提出关于中央和地方预算草案及中央和地方预算执行情况的审查结果报告，省级、设区的市级人大有关专门委员会，县级人大常委会，向本级人大主席团提出关于总预算草案及上一年总预算执行情况的审查结果报告。审查结果报告应当包括四方面内容：一是对上一年预算执行和落实本级人大预算决议的情况做出评价；二是对本年度预算草案是否符合本法的规定，是否可行做出评价；三是对本级人大批准预算草案和预算报告提出建议；四是对执行年度预算、改进预算管理、提高预算绩效、加强预算监督等提出意见和建议。

（五）预算批复。新修改的预算法规定，各级预算经本级人大批准后，财政部门应当在20日内批复预算。各部门应当在接到批复预算后15日内向所属各单位批复预算。中央对地方的一般性转移支付应当在全国人大批准预算后30日内正式下达。中央对地方的专项转移支付应当在全国人大批准预算后90日内正式下达。省级政府接到中央一般性转移支付和专项转移支付后，应当在30日内正式下达到本行政区域县级以上各级政府。县级以上地方各级预算安排对下级政府的一般性转移支付和专项转移支付，应当分别在本级人大批准预算后的30日和60日内正式下达。对自然灾害等突发事件处理的转移支付，应当及时下达预算；对据实结算等特殊项目的转移支付，可以分期下达预算，或者先预付后结算。县级以上各级政府财政部门应当将批复本级各部门的预算和批复下级政府的转移支付预算，抄送本级人大财政经济委员会、有关专门委员会和常委会有关工作机构。

（六）预算调整方案初步审查。新修改的预算法规定，在人大常委会举行会议审查和批准预算调整方案30日前，国务院财政部门要将预算调整初步方案送交全国人大财政经济委员会进行初步审查；省级要送交本级人大有关专门委员会进行初步审查；设区的市级要送交本级人大有关专门委员会进行初步审查，或者送交本级人大常委会有关工作机构征求意见；县级要送交本级人大常委会有关工作机构征求意见。乡级预算的调整方案应当提请本级人大审查和批准。未经批准，不得调整预算。

（七）编制决算草案。新修改的预算法规定，编制决算草案，必须符合法律、行政法规，做到收支真实、数额准确、内容完整、报送及时。决算草案应当与预算相对应，按预算数、调整预算数、决算数分别列出。一般公共预算支出应当按其功能分类编列到项，按其经济性质分类编列到款。

（八）决算草案初步审查。新修改的预算法规定，在人大常委会举行会议审查和批准决算草案的30日前，国务院财政部门应当将上一年度中央决算草案提交全国人大财政经济委员会进行初步审查；省级应当提交本级人大有关专门委员会进行初步审查；设区的市级应当提交本级人大有关专门委员会进行初步审查，或者送交本级人大常委会有关工作机构征求意见；县级应当送交本级人大常委会有关工作机构征求意见。全国人大财政经济委员会、省级人大有关专门委员会，向本级人大常委会提出关于本级决算草案的审查结果报告。

（九）决算草案重点审查。新修改的预算法规定，县级以上各级人大常委会、乡级人大对本级决算草案重点从十二个方面进行审查：一是预算收入情况；二是支出政策实施情况和重点支出、重大投资项目资金的使用及绩效情况；三是结转资金的使用情况；四是资金结余情况；五是本级预算调整及执行情况；六是财政转移支付安排执行情况；七是经批准举借债务的规模、结构、使用、偿还等情况；八是本级预算周转金规模和使用情况；九是本级预备费使用情况；十是超收收入安排情况，预算稳定调节基金的规模和使用情况；十一是本级人大批准的预算决议落实情况；十二是其他与决算有关的重要情况。县级以上各级人大常委会应当结合本级政府提出的上一年度预算执行和其他财政收支的审计工作报告，对本级决算草案进行审查。

（十）决算批复。新修改的预算法规定，各级决算经批准后，财政部门应当在20日内向本级各部门批复决算。各部门应当在接到本级政府财政部门批复的本部门决算后15日内向所属单位批复决算。

（十一）预算执行监督。新修改的预算法规定，各级政府财政部门负责监督检查本级各部门及其所属各单位预算的编制、执行，并向本级政府和上一级政府财政部门报告预算执行情况。规定政府各部门负责监督检查所属各单位的预算执行，及时向本级政府财政部门反映本部门预算执行情况，依法纠正违反预算的行为。

十四、怎样强化预决算的法律责任制度？

针对过去法律责任规定比较模糊问题，新修改的预算法将法律责任的相关规定予以了明确细化。规定如果政府及有关部门、单位违反预算法规定，除了责令政府及有关部门、单位改正，构成犯罪的，依法追究刑事责任之外，还对负有直接责任的主管人员和其他直接责任人员规定了具体的法律责任。

（一）增加追究行政责任的六种情形：一是未依照本法规定，编制、报送预算草案、预算调整方案、决算草案和部门预算、决算以及批复预算、决算的；二是违反本法规定进行预算调整的；三是未依照本法规定对有关预算事项进行公开和说明的；四是违反规定设立政府性基金项目和其他财政收入项目的；五是违反法律、法规规定使用预算预备费、预算周转金、预算稳定调节基金、超收收入的；六是违反本法规定开设财政专户的行为。

（二）增加依法降级、撤职、开除处分的六种情形：一是未将所有政府收入和支出列入预算或者虚列收入和支出的；二是多征、提前征收或者减征、免征、缓征应征预算收入的；三是截留、占用、挪用或者拖欠应当上缴国库的预算收入的；四是改变预算支出用途的；五是擅自改变上级政府专项转移支付资金用途的；六是违反本法规定拨付预算支出资金，办理预算收入收纳、划分、留解、退付，或者违反本法规定冻结、动用国库库款或以其他方式支配已入国库库款的行为。

（三）增加给予撤职、开除处分的两种情形：一是违反本法规定举借债务或者为他人债务提供担保的；二是挪用重点支出资金，或者在预算之外及超预算标准建设楼堂馆所的行为。

（四）增加依法给予处分的四种情形：新修改的预算法增加责令改正，追回骗取、使用的资金，有违法所得的没收违法所得，对单位给予警告或通报批评；对负有直接责任的主管人员和其他直接责任人员依法给予处分：一是改变法律、法规规定预算收入上缴方式的；二是以虚报、冒领等手段骗取预算资金的；三是违反规定扩大开支范围、提高开支标准的；四是其他违反财政管理规定的行为。

十五、应从哪些方面落实和贯彻好新预算法?

新预算法于2015年实施。2015年中央和地方预算编制，应严格落实新预算法要求。一是详细报告新预算法规定的人民代表大会审查预算的重点事项，包括上年度预算执行、本年度预算安排、政府债务、转移支付等。二是重点报告支出预算和财政政策，自觉接受监督。三是盘活财政存量资金。中央和地方财政进一步清理结转结余资金，严格控制新增结转结余，将清理出来的资金统筹用于经济社会发展的重点领域。四是加大预算统筹力度。将政府性基金预算中地方教育附加等11项基金收支列入一般公共预算；进一步提高国有资本经营预算调入一般公共预算的比例。五是细化预算编制。将预算草案中的中央本级和中央部门基本支出预算细化到经济分类科目；在分项目编报转移支付预算的基础上，分地区编报转移支付预算；进一步压缩代编预算规模，提高年初预算到位率。六是全面推进预算公开。除涉密信息外，所有使用财政拨款的部门都要做好预算公开。

十六、怎样运用财税政策，大力支持大众创业?

实现中国经济保持中高速增长、向中高端水平迈进，必须推动大众创业，打造发展新引擎。通过推动大众创业，不仅可以催生小企业“铺天盖地”的涌现，激发群众创造力、带动就业，而且有利于提高社会化协作配套水平，促进大企业“顶天立地”。那么，怎么运用财税政策，来扶持和推动大众创业呢?

（一）发挥财政资金杠杆作用，通过市场机制引导社会资金和金融资本支持创业活动。通过中小企业发展专项资金，运用阶段参股、风险补助和投资保障等方式，引导创业投资机构投资于初创期科技型中小企业。发挥国家新兴产业创业投资引导基金对社会资本的带动作用，重点支持战略性新兴产业和高技术产业早中期、初创期创新型企业发展。发挥国家科技成果转化引导基金作用，综合运用设立创业投资子基金、贷款风险补偿、绩效奖励等方式，促进科技成果转移转化。发挥财税政策作用支持天使投资、创业投资发展，培育发展天使投资群体，推动大众创新创业。

（二）落实就业优先战略，落实完善政府促进就业创业的财税政策，落实好降低失业保险费率等政策措施，鼓励创业带动就业。落实好支持和促进重点群体创业就业有关税收优惠政策，并扩大受益人群范围，取消行业限制，加大减税力度。虽然创业就业的税收优惠政策会在短期内对国家税收产生一定影响，但有利于激活民间创业活力、保障就业稳定，帮助失业者、企业渡过经济困难时期。

（三）加大力度转变政府职能、简政放权，取消和下放与创业就业有关的行政审批事项，充分调动企业和社会创业创新创造的积极性，鼓励大众创业、万众创新。政府部门要转变职能，主动作为，靠前服务，全面落实各项财政税收优惠政策，努力打通创业就业税收扶持政策落地的“最后一公里”。通过简化程序，降低门槛，优化流程，给予就业困难群体实实在在的便利和实惠。例如将创业就业的税收优惠由过去的事前审批改为事后备案，纳税人可以自行享受优惠政策，不用再到税务机关审批等等。

总之，支持大众创业的各项财政税收优惠不仅要体现在政策中，更要落实到实际中，其目的就是让创业、就业群体真正受益，努力帮助更多人实现创业梦、就业梦。

十七、怎样运用财税政策，大力支持万众创新?

财税政策是支持和推动万众创新的主要工具。通过政策引导、资金支持、税收优惠、政府采购等多种手段，可以降低创新的成本和风险，提高创新的收益，调动万众创新的积极性，充分释放整个社会的创新活力。

(一) 支持创新的财政政策

支持创新的财政政策主要包括：

1. 加大政府科技投入特别是对重点领域的投入。目前我国的财政科技拨款占当年财政支出的比重偏低，应当在财政科技投入增幅明显高于财政经常性收入增幅基础上加大政府对科技和技术创新的投入。

2. 优化财政科技投入结构，处理好稳定支持经费和竞争性经费的关系，完善对科研机构和大学研究规范的资金支持机制，结合科研机构改革和科研机构绩效，适当加大稳定支持力度，设立基本科研业务费和行业科技专项经费，大幅增加科研条件建设经费支持，并推进财政科技投入从单纯对单位或项目的支持到更加注重对“平台”、“体系”和“网络”支持的转变。

3. 科技投入应从政府配置资源为主转向建立多元化的创新投入体系，

创新政策从部门科技政策为主转向综合性政策，科技管理从直接配置资源和审批项目的微观管理为主转向以打造有利于创新的政策、平台和制度环境为主。

4. 政府科技投入要突出重点，体现宏观性、战略性、公益性、政策性，重点用于支持市场机制不能有效配置资源的基础研究、前沿技术研究、社会公益研究、共性关键技术研究开发等科技活动。要加大对企业研发活动的资助，高度重视一些财政投入可以“四两拨千斤”的支持领域，如以贴息方式支持企业技术改造，以信用担保等方式促进政策性融资更多更好地发挥作用。

5. 创新财政科技投入管理体制与机制，加强政府相关部门之间科技预算资金的统筹协调，从源头上协调政府科技资源配置，集成和整合不同部门、不同渠道的财政资金，改变科技经费多头配置、多头管理的格局，消除条块分割，建立多部门间统筹协调机制，减少科技资源的分散重复配置，实现共建共享共用，提高科技资源的利用效率。

6. 合理配置创新链上各环节的政府资金和资源投入，同时要着力健全政府科技投入资金管理和监督评价，加强科研项目经费支出的管理，建立科研项目经费的绩效评价制度。不断优化投入机制、创新资金投入方式，支持产学研一体化，提高投入效率。

（二）支持创新的税收政策

支持创新的税收政策方面，应注意以下几个方面：

1. 税收优惠政策应加强对研发环节的激励。长期以来有关税收优惠政策的重点都集中在高新技术产业的生产、销售两个环节，而对创新的过程激励不够。用这个方法如果在取得收入以前进行了大量的科技投资则享受不到优惠鼓励。虽然也对促进高新技术产业规模的扩大起到了一定的作用，但在这样的政策激励作用下，企业就把重点放在引进技术和生产高新技术产品上，而对建立科技创新体系和研究开发新产品投入不足，同时也造成生产线的重复引进和最终产品生产能力强大，而中间产品、配套产品及一些重要原材料开发能力不足等问题。今后的税收优惠政策应把重点落在产品研究开发、技术转化环节上，以促进科技创新机制的形成和完善。

2. 逐步实现向以间接优惠为主的模式转变。一般来说，间接优惠具有较好的政策引导性，有利于形成“政策引导市场、市场引导企业”的有效优惠机制，也有利于体现公平竞争的原则。目前发达国家支持、鼓励企业科技创新的税收政策大多都主要采用间接优惠方式，我国运用的间接优惠方式较少，只占34.19%，这对支持、鼓励更多的企业开展科技创新有一定的负面影响。我国今后应该借鉴国际经验再多一些采用间接优惠方式，如技术开发基金等，并适当加大诸如加速折旧、投资抵免等的税收优惠力度，逐步实现由以直接优惠为主向以间接优惠为主的模式转变，鼓励企业资金更多用于科技投入和设备更新，加快自主创新产业化进程。

3. 推进以“普惠制”逐步取代“特惠制”。“普惠制”是相对于现行科技税收优惠政策所体现出的“特惠制”而言的，说的是，支持、鼓励企业创新的科技税收优惠政策不应定位在企业的所在区域上，也不应定位在企业的所属行业上，而应定位在企业所从事的项目上，经税务机关认定审核，只要企业所从事的项目符合创新要求，不论其是否在高新技术产业开发区，是否是高新技术企业，也不论其所属哪一个行业都可享受统一的科技税收优惠待遇。这就要打破区域界限、扩大受惠行业的范围并兼顾对中小企业自主创新的扶持，制定出独立的一套促进中小企业科技自主创新的税收政策。

4. 填补政策空白激发各种创新人才的创新热情。首先可考虑对创新工作者给予更多的税收鼓励，比如适度扩大科技奖励免征个人所得税范围，对科技发明方面的特许权使用费的获得者可视同稿酬所得减征部分个人所得税等。其次针对自主创新企业的实际情况，对房补扣除不分行政、企事业单位房改与否，一律统一标准并放宽扣除金额，允许在计征个人所得税时扣除，以公平个人所得税负担。

5. 各级税务部门要增强服务意识，最大程度地减少企业获得创新税收优惠的成本，将激励创新的税收优惠落到实处。

（三）支持创新的政府采购政策

国际经验表明，政府采购政策在激励创新方面可以发挥着积极的重要作用。

1. 应将创新产品和技术采购作为政府采购的重要目标导向之一，将其法律化、显性化和具体化，进一步完善政府采购的实施细则，强化政府采购的执行力和配套措施，让政府采购的战略意图真正惠及自主创新企业。

2. 突破传统政府采购节约资金的单一功能约束，建立专项的创新产品和技术以及政府采购制度和配套措施，处理好政府采购资金向特定行业倾斜、扶持与纯市场条件下公开招投标的竞价模式相冲突的问题。

3. 完善创新产品、政府首购和订购企业研发产品服务的政策，在首购、订购、首台（套）重大技术装备试验和示范项目、推广应用等方面不断探索政府采购的支持新方式，建立分散首购和订购失败的风险补偿机制。

最后，要完善自主创新产品认定程序和相关管理办法，动态调整、更新自主创新产品目录。

十八、怎样增加公共产品和公共服务?

通过增加公共产品和服务供给，一方面可以加大政府对教育、卫生等的投入，起到补短板、惠民生的作用，另一方面有利于扩需求、促发展，打造经济增长的新引擎。那么，怎样增加公共产品和公共服务呢?

（一）大力增加公共产品和公共服务的财政投入

在市场经济条件下，政府作为社会管理者，其行为的动机只能是以追求公共利益为己任，通过提供公共产品和公共服务，满足社会公共需要，为市场的有序运转提供必要的制度保证和物质基础。因此，应按照公共财政的要求，调整财政支出结构，增加对基本公共服务投入，增加公共产品的有效投资。这几年，我国财政支出对社会保障、教育、医疗卫生等中的公共产品和公共服务类支出明显增加。

（二）健全财力与事权相匹配的财政体制，促进基本公共服务均等化

通过合理界定中央与地方的事权和支出责任，在加快政府职能转变、明确政府和市场作用边界的基础上，按照法律规定、受益范围、成本效率、基层优先等原则，合理界定中央与地方的事权和支出责任，并逐步通过法律形式予以明确，力争首先在基本公共服务领域划清中央与地方的支出责任。同时，结合推进税制改革，按照税种属性和经济效率等基本原则，研究进一步理顺政府间收入划分，调动基层政府提供基本公共服务的积极性。

（三）创新公共产品和公共服务的提供思路

由政府负责提供基本公共服务，不等于要政府大包大揽。传统的依靠政府“唱独角戏”的管理格局、由政府包揽的资源配置方式和偏重硬件建设的服务供给模式已越来越不适应新形势的要求。因此，必须实现制度创新，吸引社会资本参与到公共产品和公共服务的提供中来，扩大公众参与，特别是增强财政决策的民主性和透明性，让公众和社会成为基本公共服务提供的主要决策力量，最大限度地调动社会资源和各方的积极性，促进共建共享，注重内涵发展。同时，应当大力推行政府购买、管理合同外包、特许经营、优惠政策等方式，逐步建立政府主导、市场引导、社会参

与的基本公共服务供给机制。同时，还要发挥好开发性金融、政策性金融在增加公共产品和公共服务供给中的作用。

十九、什么是PPP模式？运用PPP模式时应注意哪些问题？

所谓PPP模式即Public—Private—Partnership的字母缩写，是指政府与私人组织之间，为了合作建设城市基础设施项目，或是为了提供某种公共物品和公共服务，以特许权协议为基础，彼此之间形成一种伙伴式的合作关系，并通过签署合同来明确双方的权利和义务，以确保合作的顺利完成，最终使合作各方达到比预期单独行动更为有利的结果。目前，立足国内实践，借鉴国际成功经验，推广运用政府和社会资本合作（PPP）模式，对于加快新型城镇化建设、提升国家治理能力、构建现代财政制度具有重要意义。

（一）推广运用政府和社会资本合作模式，首先要做好制度设计和政策安排，明确适用于政府和社会资本合作模式的项目类型、采购程序、融资管理、项目监管、绩效评价等事宜。按照政府主导、社会参与、市场运作、平等协商、风险分担、互利共赢的原则，科学评估公共服务需求，探索运用规范的政府和社会资本合作模式新建或改造一批基础设施项目。

（二）明确适宜采用政府和社会资本合作模式的项目，具有价格调整机制相对灵活、市场化程度相对较高、投资规模相对较大、需求长期稳定等特点。要重点关注城市基础设施及公共服务领域，如城市供水、供暖、供气、污水和垃圾处理、保障性安居工程、地下综合管廊、轨道交通、医疗和养老服务设施等，优先选择收费定价机制透明、有稳定现金流的项目。

（三）着力提高财政管理能力。要根据财税体制改革总体方案要求，按照公开、公平、公正的原则，探索项目采购、预算管理、收费定价调整机制、绩效评价等有效管理方式，规范项目运作，实现中长期可持续发展，提升资金使用效益和公共服务水平。同时，注重体制机制创新，充分发挥市场在资源配置中的决定性作用，按照“风险由最适宜的一方来承担”的原则，合理分配项目风险，项目设计、建设、财务、运营维护等商业风险原则上由社会资本承担，政策、法律和最低需求风险等由政府承担。

（四）做好项目评估论证。对 PPP 项目，除传统的项目评估论证外，还要积极借鉴物有所值（Value for Money，VFM）评价理念和方法，对拟采用政府和社会资本合作模式的项目进行筛选，必要时可委托专业机构进行项目评估论证。评估论证时，要与传统政府采购模式进行比较分析，确保从项目全生命周期看，采用政府和社会资本合作模式后能够提高服务质量和运营效率，或者降低项目成本。项目评估时，要综合考虑公共服务需要、责任风险分担、产出标准、关键绩效指标、支付方式、融资方案和所需要的财政补贴等要素，平衡好项目财务效益和社会效益，确保实现激励相容。

（五）规范选择项目合作伙伴。要依托政府采购信息平台，加强政府和社会资本合作项目中政府采购环节的规范与监督管理。财政部将围绕实现“物有所值”价值目标，探索创新适合政府和社会资本合作项目采购的政府采购方式。

（六）细化完善项目合同文本。PPP 项目合同要重点关注项目的功能和绩效要求、付款和调整机制、争议解决程序、退出安排等关键环节，积极探索明确合同条款内容。

（七）完善项目财政补贴管理。对项目收入不能覆盖成本和收益，但社会效益较好的政府和社会资本合作项目，地方各级财政部门可给予适当补贴。财政补贴要以项目运营绩效评价结果为依据，综合考虑产品或服务价格、建造成本、运营费用、实际收益率、财政中长期承受能力等因素合理确定。地方各级财政部门要从“补建设”向“补运营”逐步转变，探索建立动态补贴机制，将财政补贴等支出分类纳入同级政府预算，并在中长期财政规划中予以统筹考虑。

（八）健全债务风险管理机制。地方各级财政部门要根据中长期财政规划和项目全生命周期内的财政支出，对政府付费或提供财政补贴等支持的项目进行财政承受能力论证。在明确项目收益与风险分担机制时，要综合考虑政府风险转移意向、支付方式和市场风险管理能力等要素，量力而行，减少政府不必要的财政负担。

（九）稳步开展项目绩效评价。要加强对项目公共产品或服务质量和价格的监管，建立政府、服务使用者共同参与的综合性评价体系，对项目的绩效目标实现程度、运营管理、资金使用、公共服务质量、公众满意度等进行绩效评价。绩效评价结果应依法对外公开，接受社会监督。同时，要根据评价结果，依据合同约定对价格或补贴等进行调整，激励社会资本通过管理创新、技术创新提高公共服务质量。

（梁朋：中央党校经济学部教授）

5 围绕服务实体经济推进金融改革

目前，金融已逐步由最初仅仅作为中介交换工具发展成为经济活动中一个相对独立的系统。作为一个相对独立的经济范畴，金融的发展主要表现为其规模的不断扩大和速度的持续增加，甚至已经超过了实体经济。金融体系和实体经济二者在实际运行过程中的关系越来越密切，一方面，实体经济的稳定运行是金融体系发展的前提，因为金融体系是在实体经济的发展基础上产生的，金融体系不能过度脱离于实体经济独自运行；另一方面，金融体系对实体经济可能产生正负外部性。首先，金融通过促进储蓄和投资增长、优化资源配置和便利交换等功能，推动经济发展；其次，金融发展过程中必然伴随着风险，风险的长期积累可能会延缓甚至阻碍经济发展。

一、金融发展与实体经济的关系

人类历史发展从古到今，实体经济的发展无论在任何历史时期都是人类生存和发展的基础，是人类赖以生存的保障。人类历史在相当长的一段时期内并没有金融体系的发展，金融体系是实体经济发展到一定历史阶段的产物，是为实体经济的发展而服务的。

（一）金融体系本身是实体经济的重要组成部分

作为第三产业中极其重要的一个行业，金融业与其他行业一样，通过将资金、劳动、技术等生产要素进行配置和利用，向社会提供大量的产品和服务，并在这一过程中实现自身价值最大化。随着金融业的不断发展，特别是在2005年之后，金融业所产生的增加值迅速上升，对经济增长的贡献显著提高（见表1）。2000年，我国金融业增加值仅为4086.7亿元，占第三产业增加值的比重为10.6%。2010年，我国金融业增加值已达到20980.6亿元，较2000年增加了413%（同期GDP增加305%），占第三产业增加值的比重达到12.1%，占全部GDP的比重也达到5.2%。2013年，占第三产业增加值的比重继续上升至12.8%。可以说，在现阶段，金融业发展速度快、资源消耗少、附加价值高的特性已经使其成为确保我国经济“稳中求进”的重要推动力。

表1　我国金融业增加值及其占第三产业增加值

年 份	占比（%）	增加值（亿元）
2000	10.6	4086.7
2001	9.8	4353.5
2002	9.2	4612.8
2003	8.9	4989.4
2004	8.4	5393.0
2005	8.1	6086.8
2006	9.1	8099.1
2007	11.1	12337.5
2008	11.3	14863.3
2009	12.0	17767.5
2010	12.1	20980.6
2011	12.2	24958.3
2012	12.4	28722.7
2013	12.8	33534.8

资料来源：根据历年《中国统计年鉴》整理得出

（二）金融发展具有支持实体经济发展的功能

1. 集中闲散资金，满足实体经济融资需求。实体经济的快速发展需要有相应的资金支持，一个发展完善的金融体系既能够满足小额资金需求者的融资需求，又能够提供大额资金的信贷服务，同时也可以满足资金需求者进行间接融资（向银行等金融机构贷款），或者进行直接融资（发行股票及债券等有价证券）。因此，金融体系的健康发展有利于资本的加速积累和资金的短期快速聚集，有利于实体经济发展。

2. 优化资源配置，提高资源利用效率。一是金融体系的发展能够促使资本从效益低的领域向效益高的领域流动，从而有利于资源的优化配置；二是金融体系的发展可以通过分散和降低流动性风险，满足高收益项目的长期融资需求，实现资源的跨期优化配置。往往高收益的投资项目需要长期占用资金，为此投资者会由于资金长期占用而产生的流动性风险使其不愿意进行投资。但随着金融体系的发展，金融交易制度和金融工具的不断创新会帮助投资者有效地降低和分散流动性风险，使得资源进入长期投资项目成为可能。

3. 引导资金流向，促进产业结构优化升级。金融通过引导资金配置推动产业结构的不断升级和优化。金融体系的快速发展，带来了金融工具的逐渐丰富和交易手段的不断增加，可以促使资金和品牌、专利、技术、人才、制度等相结合，共同推动产业结构调整。在市场化程度比较高的金融体系中，能够为产业资本的流动和配置提供保障，推动竞争力强的产业更快发展，从而推动产业结构优化。

二、我国金融发展脱离实体经济面临的问题

（一）金融服务实体经济发展本身存在的问题

改革开放三十年以来，我国经济保持了年均9.9%的增长速度，使得

实体经济融资规模日益扩大，融资结构日趋合理，同时金融业的增长速度也在不断加快，甚至逐渐超过了实体经济的增长速度，2006－2013 年期间，金融业平均增长率达到 22.50％，明显高于同期实体经济 14.23％的年均增长率。但是，从金融业与实体经济非均衡发展的角度来看，我国金融支持实体经济发展仍然面临诸多问题，大体如下。

1. 金融支持中小企业力度不足

中小企业是实体经济的重要组成部分，是市场经济中最具活力的市场经济主体，对于增加国家的税收和就业提升都发挥着重要作用，然而中小企业面临融资难和融资贵的问题由来已久，金融体系特别是正规金融对中小企业支持力度不足严重制约着金融支持实体经济发展的有效性和持续性。目前来看，中小企业利润下滑、资金成本上升的问题较为普遍，特别是在 2008 年美国次贷危机之后，此类问题尤为严重，具体表现为以下几个方面。第一，从融资规模来看，虽然商业银行对中小企业的支持力度不断增大，但绝大部分中小企业都没有获得过商业银行的中小企业贷款，中小企业从商业银行获得的资金支持力度与其创造的经济价值不相匹配；第二，从融资成本来看，相当一部分中小企业融资成本在 10％以上，其中，批发与零售小微企业的资金成本上升压力更为迅速；第三，从融资方式来看，担保、抵押贷款等多元化融资方式对中小企业的支持效果不明显，绝大多数中小企业没有使用过担保公司担保来获取贷款，使用厂房作为抵押获取贷款的中小企业少之又少。

2. 金融资金“脱实向虚”

实践证明，虽然金融体系是以实体经济为基础进而产生和发展的，但是金融体系在为实体经济提供资金支持的同时，金融自身的资金规模也不断扩大，而且增长速度超过实体经济的增长速度。这就表明，金融资金有自我循环和自我膨胀的内在机制，也就是说，金融资金可以脱离实体经济自我发展。2003—2011 年间，金融部门同业之间的资金使用规模不断扩大，其年均增长速度为 127.30％，金融部门对非金融企业部门资金使用规模的年均增速为124.23%，金融部门资金使用规模的年均增速为113.72%，由此看出，金融部门内部资金使用量的增速既超过金融部门对非金融企业部门的增速，又超过了金融部门资金使用总量增速。同时，金融部门内部资金运用量占全社会资金流量的比重也出现较快的增长，由2003年的1.34%增长至2011年的14.05%，表明金融资金确实存在“脱实向虚”的问题。

3. **货币供应量过快增长**

截至2013年年底，人民银行总资产规模为317278.55亿元人民币，折合约5万亿美元，同期美联储资产约为4万亿美元，欧洲央行约为3.12万亿美元，日本央行则约为2.2万亿美元。自2011年以来，中国人民银行（下称“人民银行”）资产规模稳居全球央行首位，远超欧美日等央行资产规模。金融危机爆发后，各国央行相继推出宽松货币政策刺激经济，资产负债规模逐渐增大。与之相对应，2014年12月末，广义货币供应量（M2）余额122.84万亿元，同比增长12.2%。我国通过创造需求和扩大银行信贷规模刺激经济，M2的快速增长使得我国M2/GDP已经超过了200%，而美国等多数发达国家这一指标都小于100%，甚至也高于同处亚洲的韩国和日本，两者这一指标均不到150%，值得注意的是这两个国家在这一指标不到100%的时候就已经迈入了发达国家的行列。这意味着我国的货币化水平过高，M2的持续增长给实体经济带来了一定的通货膨胀压力，导致大宗商品价格提高，企业成本增加以及居民消费降低等问题。

4. **“金融脱媒”现象日益突显**

“金融脱媒”是指资金不通过金融中介机构而直接在资金的盈余部门和短缺部门之间发生资金借贷关系的现象。近年来，我国金融总量快速扩张，金融结构多元发展，金融产品和融资工具不断创新，证券、保险类机构对实体经济资金支持加大，商业银行表外业务对贷款表现出明显替代效应，比如，2010年实体经济通过银行承兑汇票、委托贷款、信托贷款从金融体系融资分别达2.33万亿元、1.13万亿元和3865亿元，而在2002年这些金融工具的融资量还非常小。随着我国金融市场快速发展，金融与经济关系发生较大变化，在脱媒的过程中，信托、理财产品等新兴金融工具的快速兴起使得商业银行存款大幅下降，导致通过金融机构资产方新增贷款这一传统指标已无法全面和准确地衡量金融对实体经济的资金支持力度，也不能全面反映实体经济的融资总量。因此，理论研究与政策操作都需要能全面、准确的反映金融与经济关系的全口径统计指标。总之，影子银行和表外业务快速增加以及由此加速的“金融脱媒”，不仅会对传统银行业金融机构产生影响，也会影响中央政府宏观调控政策的制定依据和实施效果。

（二）经济发展“脱实向虚”所产生的问题

1. 挤占实体经济资本，延缓实体经济发展

从宏观层面来看，一个国家在经济发展、经济体系和运行相对比较稳定的时期，货币供应量和信贷规模的增长是比较稳定的。如果投入到金融体系的资本增长过快，势必会减少投入到实体经济的资本规模，资本规模的不断增加又会产生越来越多的投机炒作，随后的大量资本就会被名义的高收益所吸引，持续不断地进入金融市场，这必然挤占了应有的对实体经济的投资，造成实体经济投资不足。但是金融市场生产的产品和服务并不是具有内在价值的，金融市场的价格虚高不会始终持续下去，一旦资本价格由于外部因素变化发生逆转，必将造成价值下降，使得企业和个人等投资主体承受巨大损失和债务负担，从而导致实体经济投资乏力，经济产出降低，阻碍实体经济发展。

2. 导致价格信号失真，损害资源配置功能

金融市场具有价格发现功能是指金融工具能提供各种金融产品的价格信息。然而，金融市场的发展是以实体经济发展为基础的，如果金融市场过度发展，金融产品的价格发现和信息传递功能就无法正常体现，导致金融市场对社会资源的配置效率下降。在金融市场中，各种金融资产价格的变动反映了实体经济的运行状况，比如各种金融工具不仅是金融市场交易

的工具，同时也反映出行业与企业的生产经营状况，这些信息通过股票、债券、期货合约等金融工具的价格反映给投资者。当金融市场中资产价格升高后，投资收益大大高于实体经济投资收益，在高投资回报的驱使下，大量资金从实体经济领域流向金融市场，造成经济虚假繁荣，这样金融体系对实体经济的资源配置功能减弱。如果流入金融市场的资本过多，就会造成实体经济部门投资不足。同时，资金供求失衡又会导致利率上升，使实体经济部门因融资成本过高而生产停滞甚至倒闭。

3. **放大市场风险，影响市场稳定**

金融市场由于具有流动性这一基础功能，因而会导致金融系统不稳定。随着金融市场的快速发展，金融工具已不仅局限于最初满足实体经济的融资和避险层面的需求，而是具有了投机性质，投机者利用各种金融工具，特别是一些金融衍生工具的杠杆作用，不断加大资金规模，极大地增加了市场风险。在羊群效应和高收益的驱使下，市场中的投资者往往难以对经济预期做出科学合理的判断，加之金融市场的信息不对称，进一步扩大了金融市场风险。金融市场的流动性在轻而易举地将资金分布在不同产品和市场中的同时，也将风险传递其中，这种传递的通道包括企业间，行业间以及国与国之间，带来整体金融市场的巨大波动。

4. **催生经济泡沫，加大金融危机风险**

如果金融体系过度发展，以至于逐步脱离实体经济的轨道进行自我循环，自我增长，便会催生一个又一个的经济泡沫，泡沫不会无限扩大，一旦经济泡沫破灭，则有可能引发金融危机。由于金融产品的供给几乎不需要成本，而需求却由于人们的羊群效应和资本价格上升的正反馈效应快速增加，金融产品的需求可能在很短的时间内大于供给，资产价格快速上涨，逐步背离合理区间，产生经济泡沫。泡沫破灭会引发资本价格的大幅下跌，接着货币迅速贬值，金融机构资金链断裂，实体经济部门信贷资金不足导致投资需求减少，企业的生产经营活动难以为继，关门倒闭引发失业率上升，工人无法获得收入使得内需下滑，经济逐步趋冷。2008 年爆发于美国的次贷危机，就是典型的金融体系过度发展和膨胀，导致房地产市场泡沫破灭的结果。无论交易工具和手段多么发达，金融体系本身并不创造价值，金融体系脱离实体经济发展必然加大发生金融危机的可能性。

三、我国金融发展与实体经济发展的偏离度分析

任何国家的金融发展都必须和经济发展保持一个合理的比例关系，不能发生过大的偏离。本文主要运用经济货币化的理论来分析我国金融发展与实体经济发展的关联性。经济货币化的含义主要指：相对于自给自足的物物交换而言，货币的使用正在日益增加，也就是指交易过程中可以用货币来衡量的部分的比重越来越大。近年来国内外学者都把经济货币化作为研究重点，戈德史密斯（Raymond W. Goldsmith）、高斯（S. Ghosh）、弗里德曼（Milton Friedman）和施瓦茨（Anna J. Schwartz）等经济学家就 20 世纪 60 年代主要国家经济货币化的比重进行了分析，得出结论：经济货币化比率的差别基本上反映了不同国家的经济发展水平，货币化比率与一国的经济发达程度呈现明显的正相关关系。

经济的货币化指标等于广义货币量与国内生产总值之比 M2/GDP。麦金农（1988）在研究金融深化程度时提出了经济货币化的定义，他指出货币负债与国民生产总值的比率是经济中货币体系的重要性和实际规模的最简单标尺。经济货币化程度能反映出金融发展与实体经济的背离程度，如果比例过高则有可能出现经济泡沫甚至金融危机。用商品化衡量的商品经济发展程度是货币化的基础。商品经济越发达，商品交换、价值分配和价值管理就越复杂，货币的作用力也就越大。商品经济的发展程度决定了货币化程度，而货币化程度的提高又反过来对商品经济的发展具有重大的推动作用。经济的货币化程度高，意味着社会产品成为商品，其价值均通过货币来表现与衡量，商品和劳务均以货币为尺度进行分配。货币的作用范围大，推动力和调节功能强；反之亦然。

表2 我国经济货币化水平 单位：亿元

	M2	M1	M0	GDP	M0/GDP	M1/GDP	M2/GDP
2013	1106525	337291.1	58574.4	588019	0.0996	0.5736	1.8818
2012	974159.5	308673	54659.8	519470.1	0.1052	0.5942	1.8753
2011	851590.9	289847.7	50748.5	473104.1	0.1073	0.6127	1.8000
2010	725774.1	266621.3	44628.2	401202	0.1112	0.6646	1.8090
2009	606225	220001.5	38246	340902.8	0.1122	0.6453	1.7783
2008	475166.6	166217.1	34219	314045.4	0.1090	0.5293	1.5131
2007	403442.2	152560.1	30375.2	265810.3	0.1143	0.5739	1.5178
2006	345577.9	126028.1	27072.6	216314.4	0.1252	0.5826	1.5976
2005	298755.7	107278.8	24031.7	184937.4	0.1299	0.5801	1.6154
2004	254107	95969.7	21468.3	159878.3	0.1343	0.6003	1.5894
2003	221222.8	84118.6	19746	135822.8	0.1454	0.6193	1.6288
2002	185007	70881.8	17278	120332.7	0.1436	0.5890	1.5375
2001	158301.9	59871.6	15688.8	109655.2	0.1431	0.5460	1.4436
2000	134610.4	53147.2	14652.7	99214.55	0.1477	0.5357	1.3568
1999	119897.9	45837.3	13455.5	89677.1	0.1500	0.5111	1.3370
1998	104498.5	38953.7	11204.2	84402.3	0.1327	0.4615	1.2381
1997	90995.3	34826.3	10177.6	78973	0.1289	0.4410	1.1522
1996	76094.9	28514.8	8802	71176.6	0.1237	0.4006	1.0691
1995	60750.5	23987.1	7885.3	60793.7	0.1297	0.3946	0.9993
1994	46923.5	20540.7	7288.6	48197.9	0.1512	0.4262	0.9736
1993	34879.8	16280.4	5864.7	35333.9	0.1660	0.4608	0.9871
1992	25402.2	11731.5	4336	26923.5	0.1610	0.4357	0.9435
1991	19349.9	8633.3	3177.8	21781.5	0.1459	0.3964	0.8884
1990	15293.4	6950.7	2644.4	18667.8	0.1417	0.3723	0.8192

资料来源：根据历年《中国统计年鉴》整理得出

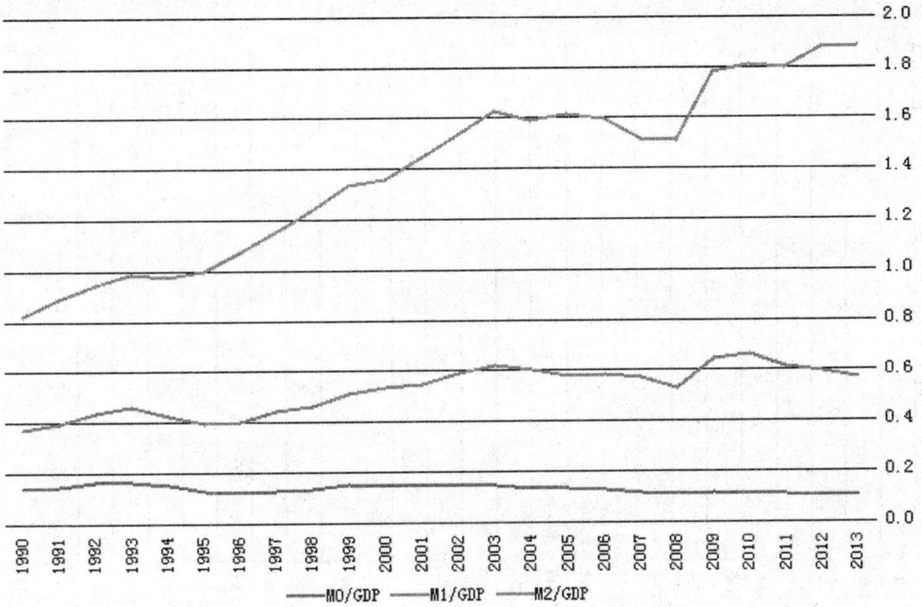

图 1　我国经济货币化水平趋势图

通过比较图 1 表示的我国经济货币化程度和图 2，可以得出以下三点结论。

（1）我国经济货币化程度整体增长较快。运用各层次衡量的货币供应量均于 1995 年开始呈现出快速上涨的趋势，特别是运用 M2 衡量的我国广义货币供应量从 1995 年到 2010 年增长了几乎一倍，这说明整个经济体系对于广义货币的依赖程度大幅提高，也反映出我国金融工具的不断创新带来了金融市场快速发展。

（2）定期存款和储蓄存款对实体经济的推动作用日益增加。通过对狭义货币化程度 M1/GDP 的分析，可以看出狭义货币供应量的增长要明显低于广义货币供应量，由于广义货币供应量除了包含狭义货币供应量的范畴，还包括定期存款和储蓄存款，所以说明广义货币中的定期存款与储蓄存款增长较快，意味着这两者对经济的推动作用越来越明显。

（3）非流动性货币是我国经济货币化的主要力量。狭义货币化程度与

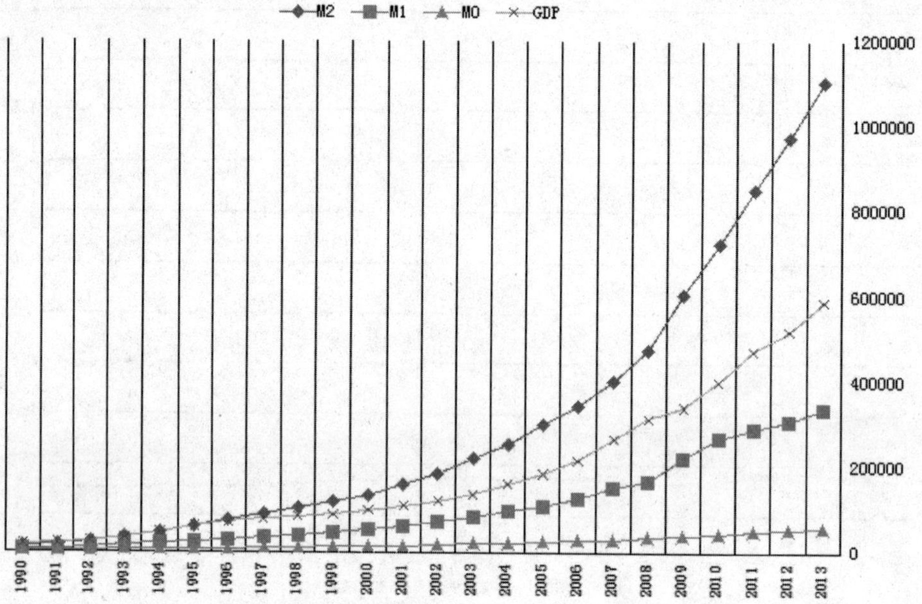

图 2　我国货币供应量与 GDP 趋势图

广义货币化程度的差距呈现出逐年增加的趋势，说明整个经济体系的货币化程度不断加深。而流通中的现金货币与产出的比值 M0/GDP 则保持在一个稳定的水平，这说明我国经济的货币化主要是由非流动性货币供给带动的，流动性货币对实体经济货币化产生的作用很小。广义货币 M2 的增长率明显高于狭义货币 M1 与 GDP 的增长率，说明经济的增长中广义货币的作用拉动较大，通过增加广义货币的供应量可以推动经济增长。同时广义货币与国内生产总值的距离逐渐扩大，说明广义货币的效率在逐渐降低，增加相同数量的广义货币所带动的经济增长程度逐渐减小。

（4）狭义货币供应量 M1 反映实体经济中的现实和最直接的购买力；广义货币 M2 不仅反映现实的购买力，还反映潜在的和未来的购买力。若 M1 增速较快，则消费和终端市场活跃；若 M2 增速较快，则投资和中间市场活跃。从图 2 可以看出，我国近年来货币供给量 M2 过高而 M1 过低，表明投资过热、需求不足，存在一定的经济货币化加深的趋势，经济风险逐步加大。

当前经济的货币化程度已经达到很高的水平，因为现代法定货币是以国家信用为基础的负债，货币的发行越大，国家的负债就越大，同时潜在的国家信用风险和通胀压力就越大，整个经济体系中的风险也越大，不利于宏观经济稳定运行。

四、加快推进金融发展服务实体经济的政策措施

（一）优化信贷结构，降低实体经济融资难度

我国目前主要的融资来源是银行，因此属于典型的银行主导型国家，银行贷款是当前实体经济融资的主要渠道，因此解决银行贷款难问题是实体经济融资发展的主要途径。因此，要着重优化银行信贷结构，使银行信贷向中小企业倾斜，确保其对中小企业的贷款占比。

1. 充分发挥银行的信贷融资作用。改善银行贷款授信体制，研究制定符合实体经济中的中小企业融资特点及要求的信用评级标准，以使其能够科学合理地反映出中小企业的偿债能力和资信状况等，为其贷款的发放提供可靠及充实的数据。特别是针对中小银行可适当在放贷政策以及监管政策上有所区别，由于中小银行往往处理“软信息”的能力要强于国有大型商业银行，更加了解当地政府或本地企业的融资需求和信用情况，在解决区域和个别行业中中小企业融资问题时能够发挥不可替代的作用，要充分发挥好中小银行服务中小企业的优势性和积极性。目前，我国中小商业银行存在实力还不够强，抗风险能力较弱，政府对其管制过多以及政策不平衡等问题，因而还需要国家在税收和利率等方面予以相关政策的扶持，适当放开管制，为其创造平等竞争的良好发展环境，只有这样才能很好地调动中小商业银行在解决中小企业融资中的积极性。

2. 加快创新银行贷款产品。由于中小企业融资的特殊性，即贷款周期短、资金需求快、金额小以及频率高等不同于大企业的特点，银行要按

照中小企业的融资特性，兼具自身资本的流动性、收益性和安全性等特点，尽可能地开发出适合中小企业使用的贷款产品。

3. 提升对中小企业的服务水平。采取分类别、分层次、分角度的方法针对不同中小企业制定与之相应的融资方案：对于信誉良好、规模较大的中小企业，尤其是高新技术企业，要对其简化审批程序，开辟绿色通道，提高授信额度；对于那些信誉较好的中小企业，要优先开办对其承兑和贴现等业务服务；对于那些负债率低、技术含量高、市场潜力大的企业，可灵活适当放宽其抵押或担保品的要求；对于那些长期经营稳定和高信誉度的中小企业，要灵活运用利率政策，实行差别化利率，其贷款利率可给予适当的下浮优惠，以便能更好地促进其发展。

(二) 调整利率关系，减少实体经济融资成本

加快推进利率市场化进程，倒逼银行业金融机构形成根据资金价格为企业提供贷款的内在激励机制，特别是针对中小企业形成有效的信贷支持体系。在过去计划经济体制下，资金利率、规模和使用去向都处于政府的严格管制当中，银行没有发放贷款的利率定价权和自主权，既没有服务中小企业的权力，更没有为其服务的动力。随着市场化进程的加快，利率市场化步伐也逐步加快，取得了一系列进展，有利于银行将有限的信贷资金配置到使用效率最高的企业当中，而不是更倾向于服务于地方政府和国有企业。一方面，在利率市场化过程中，通过不断放松利率管制，将使得各类所有制企业处于平等地位，银行根据企业的经济实力、经营管理状况及项目风险评估等客观因素来决定资金的配置，有利于银行和企业的良性互动；另一方面，虽然贷款利率上浮在一定程度上加重了中小企业的融资成本，但其可以获得的贷款数量得到增加，从而使得中小企业能够获得充足的资金用于扩大再生产，把握投资机遇，获得高收益的回报。因此，通过利率市场化，有利于改善中小企业的融资环境，有利于发挥银行信贷对实体经济的积极作用。

（三）深化金融改革，提高金融机构服务效率

从目前我国金融体系功能的发挥情况看，由于直接融资比例偏低，金融市场体系发展滞后，导致金融结构失衡，金融体系的各项具体功能未能有效发挥，需要政府致力于为实体经济发展营造良好的融资环境，进一步深化金融体制改革。

第一，放松银行业管制，增加竞争主体。全面和彻底地放开金融业，降低金融机构设立门槛，允许民间资本兴办金融机构，培育金融机构竞争主体，按照市场经济原则公平参与市场竞争，创造公平竞争环境，引导多元化的金融机构竞争，促进金融机构服务效率的提高。

第二，设立专为中小企业服务的政策性金融机构。大体来看，有两种模式可供选择，一种是从现有的政策性金融机构中设立专门支持中小企业发展的信贷部门，并且通过法律强制规定其贷款总额中必须持有一定的对于中小企业的贷款比例；另一种为由地方财政担保或出资的中小企业政策性金融机构。允许地方财政直接发债或担保发债来解决其资金来源，对中小企业提供购买设备和长期周转的一般贷款。政策性金融机构不以盈利为目的，主要是为贯彻和落实国家扶持中小企业发展的政策措施，从而体现国家发展意图。

第三，继续发展商业性中小金融机构。大力发展小额贷款公司、村镇银行及城商行等中小金融机构，充分允许民间资本进入正规性金融机构，降低中小金融机构的设立门槛，加快民营银行开放步伐，发挥区域性中小银行对本地经济发展的信息优势提供差异化的金融服务；采取有效措施，在资金来源、担保体系、结算体系及再贷款体系等方面扶持中小金融机构的发展；中小金融机构也应根据自身规模、业务领域找准市场定位，实施差异化的竞争策略，支持实体经济发展。

（四）强化财政政策，共促实体经济发展

除了通过制定和实施货币政策调节银行类金融机构的货币供应量进而控制信贷规模外，还应该充分重视财政政策支持实体经济发展的重要作用，特别是通过税收和补贴政策降低企业的经营成本。世界各国都将税收优惠和财政补贴政策视为保护与扶持企业发展，特别是解决中小企业融资难问题的重要手段。

首先，从税收优惠来看。税收优惠是对企业直接的资金支持方式，有助于企业的长期资本积累，通过税收优惠政策，可以有针对性地扶持某些特殊地区、产业、企业和产品的发展，促进产业结构的调整和社会经济的协调发展。目前，为了落实结构性减税，减轻企业经营负担，激发企业经营活力，具体措施应包括：（1）结构性减税的重点将是落实增值税转型。增值税转型不仅可以拉动投资，促进产业结构升级优化，解决企业创新不足的问题，更可以理顺税制关系、完善税制，符合国家财税体制改革的整体思路；（2）加快和加大出口退税进度和力度，国家支持出口的产品，出口退税率将明显提高，国家限制出口的产品，出口退税率不会再提高，甚至是降低。提高出口退税幅度也是结构性问题，对高能耗、高污染和资源性产品要降低甚至取消出口退税。

其次，从财政补贴来看。财政补贴是政府在一定时期内支持企业发展而给予的补偿。一般说来，财政补贴对促进产业结构调整，支持和引导实体经济发展具有重要作用。一是由支持传统产业为主向支持新兴产业加速培育和传统产业转型升级转变，进一步调整完善现行技术改造导向目录和补贴政策，加大新兴产业技术改造支持力度；二是对科技创新型企业的研发经费给予一定比例的财政补贴，鼓励科技成果向市场转化；三是加大对节能减排企业的财政补贴力度，将节能减排力度列为财政补贴考核体系的重要标准，促进实体经济和社会环境的协调发展。

（郭威：中央党校经济学部副教授）

6 深化国有企业改革

国有企业构成我国公有制经济运行中的关键和核心部分，而公有制经济为主体、多种所有制经济共同发展的基本经济制度，构成了中国特色社会主义制度的重要支柱，也是社会主义市场经济体制的根基。习近平总书记 2014 年 8 月 18 日在其主持召开的中央全面深化改革领导小组第四次会议上发表的重要讲话中特别强调，国有企业特别是中央管理企业，在关系国家安全和国民经济命脉的主要行业和关键领域占据支配地位，是国民经济的重要支柱，在我们党执政和我国社会主义国家政权的经济基础中也是起支柱作用的，必须搞好。从这个意义上说，发展和壮大国有企业，关系到我国社会主义市场经济体制的运行，也关系到我国社会主义经济制度的完善。基于此，我们党在十八届三中全会文件中明确重申："公有制经济和非公有制经济都是社会主义市场经济的重要组成部分，都是我国经济社会发展的重要基础。必须毫不动摇巩固和发展公有制经济，坚持公有制主体地位，发挥国有经济主导作用，不断增强国有经济活力、控制力、影响力。"

一、改革使国有企业成为我国推进国家现代化的重要力量

（一）我国国有企业的发展和改革历程

我国大规模的国有企业建设，是在新中国成立之初开始的，并在我国建国初期的经济发展中功绩卓著，在构建完整的国民经济发展体系、保障

国民的就业医疗养老、抗御外敌入侵等方面，都起到了极其巨大的作用，维护了国家的经济安全、社会安全和领土安全。但是，随着实践的发展，其体制机制上的弊端也不断显现出来，这就是人们所概括的著名的“三个一个样”，即干多干少一个样，干好干坏一个样，干与不干一个样。这就极大地制约了国有企业运行的效率，降低了这种经济形式的声誉和发展前景。

改革开放以后，随着“实践是检验真理的唯一标准”理念的深入人心，随着“实事求是”精神的重新确立，我国党和政府对国有企业相继进行了一系列改革，如承包制、两步利改税、转换企业经营机制等，但实践证明单纯借鉴以往的经验，包括我国农村改革的成功经验，是行不通的，我国国有企业改革必须要走出一条符合自己发展实际的新的道路。这条新的道路，在我们党的十四届三中全会文件中明确提出来了，这就是：“建立现代企业制度，是发展社会化大生产和市场经济的必然要求，是我国国有企业的改革方向”。从此我国国有企业改革进入到了一个崭新阶段，即建立现代企业制度的阶段。

需要说明的是，在探寻这条新的道路的过程中，中央党校的学者是做出了自己的独特贡献的。根据《王珏历史简集》中的记载，王珏“在学术界最早提出了建立现代企业制度是国有企业改革的目标模式”①、而股份制则是现代企业制度首选目标模式的主张。同时，“王珏与一些经济学同仁对以上观点进行了不懈的阐述与宣讲，终于在1993年中共十四届三中全会上得到认可，成为此后主导国企改革的基本战略方针”②。

(二) 我国国企改革成效

我国对国有企业的现代企业制度改革取得了巨大成功，实现了国有企

① 《王珏历史简集》第80页，此观点转自《中国百名经济学家理论贡献精要》一书。
② 《王珏历史简集》第61页。

业发展的凤凰涅槃。2003—2013年，我国千亿元资产的国资企业便由13家发展到68家。现已有102万亿国有资产（不含金融资产），改革开放以来年均增长13%。2013年全国国有企业上交税费3.8万亿元，而当年税收收入为11万亿元，占比达到3成。国家财政部发布的数据显示，2014年全国国有企业（含国有控股企业）营业总收入48万亿元，同比增长4%；实现利润总额2.48万亿元，同比增长3.4%；应交税金3.79万亿元，同比增长5.7%；年末资产总额102万亿元，同比增长12.1%；所有者权益合计35.56万亿元，同比增长11.8%。但利润总额和应交税金同比增幅均有所放缓。

从国际角度看，美国《财富》杂志每年以销售收入为依据发布全球企业排行榜，我国1989年才首次有企业进入这一世界500强榜单。但到了2014年，我国内港公司进入世界500强的企业便达到了95家，其中绝大多数是由国有企业改造而成的股份制企业，中石化在榜单中排名第三。有专家预测，中国如果保持现在的速度，上榜公司每年增长20%，到2015年，中国或将赶超美国，成为世界500强排行榜上的第一大国。这表明，经过改革开放以来对国有企业的不断改革创新，我国一部分国有企业已经具有了在当今国际舞台上与别人一较高低、叱咤风云的能力。

（三）国有企业仍构成中国特色社会主义制度的重要支柱

正因为如此，我国宪法中强调：国有经济……是国民经济中的主导力量。中共十五届四中全会发布的《关于国有企业改革和发展若干重大问题的决定》中强调指出：包括国有经济在内的公有制经济，是我国社会主义制度的经济基础，是实现广大人民群众根本利益和共同富裕的重要保证。中共十八届三中全会《决定》中也强调指出：公有制为主体、多种所有制经济共同发展的基本经济制度，是中国特色社会主义制度的重要支柱，也是社会主义市场经济体制的根基。可见，国有企业已成为我国推进国家现代化、保障人民共同利益的重要力量了。

二、深化国有企业改革是我国现时代的客观要求

(一) 我国国有企业发展中的深层次问题

习近平总书记在对中共十八届三中全会文件的说明中强调：改革开放以来，我国所有制结构逐步调整，公有制经济和非公有制经济在发展经济、促进就业等方面的比重不断变化，增强了经济社会发展活力。在这种情况下，如何更好体现和坚持公有制主体地位，进一步探索基本经济制度有效实现形式，是摆在我们面前的一个重大课题。正因为如此，中共十八届三中全会《决定》中就强调：必须毫不动摇巩固和发展公有制经济，坚持公有制主体地位，发挥国有经济主导作用，不断增强国有经济活力、控制力、影响力。

另一方面我们也要看到，正如我们党在十八届三中全会文件中所说，我国国有企业总体上已经同市场经济相融合了。在这种情况下，国有企业的发展有成绩、有经验，但也积累下来了一些问题、存在一些弊端，需要进一步推进改革。

1. 从美国《财富》榜单的情况看，一方面中国经济发展进步飞速，令人刮目相看，但另一方面，中国大陆上榜公司则存在结构失衡和杠杆率过高两大问题。

从结构角度观察，就已经上榜的中国大陆公司看，存在着严重的结构失衡问题。上榜公司主要分布在钢铁、汽车、资源、化工、金融等领域；上榜的 9 家商业银行就占据了所有上榜公司利润总额的一半以上；上榜公司的主体是国有控股企业，其中的多数处于受管制的行业，而完全市场化经营的民营企业则较少。这些说明中国经济通过改革开放提升效率的空间仍然很大。

从杠杆率角度观察，2013 年《财富》世界 500 强的总杠杆倍数为 8.35 倍（以总资产除以总股东权益），美国企业总体为 6.65 倍，中国大

陆企业总体为8.67倍。剔除掉金融企业，中国的非金融上榜企业的杠杆倍数为4.42倍，而美国同行则仅2.79倍。由此可见2008年金融危机之后，美国公司确实在去杠杆化，而中国大陆公司则仍然保持着高杠杆率，因而时时出现的“钱荒”，就透露出了决策者必须要去杠杆的信号，尽管这条去杠杆之路会充满艰辛。

2. 从我国国有企业现阶段情况看，影响国有企业发展的主要成因归纳起来可归为两类：一类是企业外部环境问题，如生产力布局和发达水平、交通运输条件、产业结构、居民购买力水平、市场行情、税收金融法律环境等。另一类是企业内部原因，如产品结构、销售网络构架、职工劳动态度和业务水平、资金周转速度、设备利用率、费用水平等。若从国有企业自身角度分析，影响其效益和发展的因素主要有以下几个方面：

一是体制机制仍相对僵化。尽管有了近四十年的改革开放，但我国的市场经济体制发展仍不够完善，国有企业监管模式也不够科学。一方面，虽经多轮改革，但国有资产监管体制中政资不分现象仍然明显，企业活力不足，国资监管机构、董事会和经营管理层之间的关系需要进一步理顺。另一方面，国有企业治理结构不完善，内部制衡机制尚未有效形成，内部管理和经济运行缺乏有效的监督和科学的考核激励机制以及高效合理的决策保障体系，内生动力不强，干部职工的主观能动性发挥不够。

二是创新能力仍然较差。人们常说，创新是企业的灵魂，因而这也是国有经济能否顺利转型的关键。但就我国国有企业的整体看，新型经济增长领域尚未取得实质性突破，从而未形成比较稳定的核心竞争力。同时也有不少国有企业缺乏足够的自主创新意识，研发投入严重不足，研发成果没有及时有效地转化为生产力，相对缺乏含金量高的行业，在国际上知名自主品牌不多。这也导致我国国有企业的经济增长方式还主要是粗放型的，产业结构缺乏合理性，战略性新兴产业比重较低，缺少与自身产业相关的有效链接，产业转型升级的难度很大。

三是管理水平还参差不齐。企业管理水平直接决定效率与效益。当前国有企业中不少的存在管理能力不足、组织结构不合理、管理制度不健全、信息化程度低、企业文化不和谐等问题，与现代企业管理的理念尚有很大差距。

正因为如此，我们就必须适应市场化、国际化新形势，以规范经营决策、资产保值增值、公平参与竞争、提高企业效率、增强企业活力、承担社会责任为重点，进一步深化国有企业改革。

（二）深化国有企业改革需要积极发展混合所有制经济

从理论上说，一个企业是否能够搞好，和这种企业的所有制属性并不产生必然联系。成立于1974年的新加坡淡马锡公司，其全部资产属于新加坡财政部，是完全的国有企业。但在实际运行中，淡马锡却如同高度市场化的嗅觉敏感的国际化公司，在通信传媒、金融服务、交通物流、能源等重要行业投资，控股和参股了40多家企业，包括掌控新加坡电信、星展银行、新能源、新加坡港务等龙头企业，从而掌控了新加坡的国民经济命脉。从效益角度看，新加坡电话公司（淡马锡持股68%）股本收益率高于英国电信，新加坡航空公司（淡马锡持股57%）高于英国航空公司。

淡马锡运作的成功经验在哪里？人们就认为，虽然其资本全部国有，但政府用市场化的办法来管理企业，依托董事会选聘市场化人才、进行市场化决策，一切运作模式和私营企业一样，这就避免了国企的官本位制、效率低下等弊端。这样，新加坡淡马锡集团的事例，就有力地驳斥了只有私有化才是国有企业改革出路的观念。

国有企业市场化运作的前提是要有明晰而科学的财产关系，因而进一步深化国有企业改革的最基础、最关键、最先要做的事情，就是要深化国有企业的产权制度改革，积极发展混合所有制经济。

现代经济学知识告诉我们，产权是所有制的核心。从国有企业改革的历程和现状看，虽然这一改革的过程就是国有企业产权的多元化和分散化的过程，但产权在公有制经济的范围内高度集中、一些翻牌公司的存在等，就使得我国这些股份制企业的整体效益，仍然没有达到它应有的高度，老百姓也难以感觉到这些企业的发展会给自己带来什么样的收益。另外，我国国有企业一股独大和一股过大状况，导致多元股东制衡的机制难以形成，腐败案件时有发生；产权非明晰条件下国有企业的行政化管理方式，导致了其经营效率低下，不少国有企业的净资产收益率甚至低于银行存款利率等。这表明，我们现有的国有企业改革特别是产权改革，仍是不彻底、不完善的，还需要进一步深入和完善。

国有企业产权制度的改革和完善，仍然需要朝着多元化和分散化的方向迈进。对此，我们党在十八届三中全会《决定》中，在阐述“发展和完善基本经济制度”问题时，明确强调要通过继续深化改革，建立“国有资本、集体资本、非公有资本等交叉持股、相互融合的混合所有制经济”，并把这提高到我国“基本经济制度的重要实现形式”来认识。这可以说是新形势下坚持公有制主体地位，增强国有经济活力、控制力、影响力的一个有效途径和必然选择，同时也描绘出了深化我国国有企业改革的方向。

（三）我国党和政府对混合所有制经济的探索

从历史角度看，20 多年前的 1993 年，中共十四届三中全会《决定》就提到了“混合所有”的概念，这是它首次出现在我们党的正式文献之中。此次全会在论及坚持以公有制为主体、多种经济成分共同发展的方针时，指出了“随着产权的流动和重组，财产混合所有的经济单位越来越多，将会形成新的财产所有结构”①。

我们党在当时做出这一论断，是建立在党对改革开放后国内所有制形式新变化的深刻认识基础之上的。中共十一届三中全会之后，我国逐渐允许多种所有制共同发展，并开始了计划经济—有计划的商品经济—市场经

① 中共中央文献研究室编：《中共十三届四中全会以来历次全国代表大会中央全会重要文献选编》，第 286 页，中央文献出版社 2002 年版。

济的体制转化；与此同时，国家为增强国营企业活力，实行了联合、合资、改转租等多种形式的承包经营。在这个过程中，从经济单位外部看，不同所有制并行发展；从经济单位内部看，不同所有制之间逐步发生联系、融合，形成了混合所有的财产所有结构。对于这种“新的财产所有权结构”与我国基本经济制度之间的关系问题，曾引起了很多争论。

1997年，党的十五大正式提出了“混合所有制经济”的概念，指出混合所有制经济中的国有成分和集体成分，也属于公有制经济。这一论断的提出，实际上肯定了混合所有制是公有制的实现形式，实现了社会主义所有制理论的重大突破。在这一基础上，党的十六大进一步提出要“积极推行股份制，发展混合所有制经济”[①]；党的十七大加以发展和完善，提出要“以现代产权制度为基础，发展混合所有制经济”[②]。

因此可以说，发展混合所有制经济，是我们党充分运用马克思主义经典理论，并结合改革开放以来中国发展的实际，经过实践、认识、再实践、再认识的反复循环，而得出的马克思主义中国化的伟大成果，是对马克思主义经典理论特别是社会主义经济理论的重大创新。

(四) 混合所有制经济的内涵与特征

混合所有制经济有着狭义和广义的概念之分。狭义的混合所有制经济，是指不同所有制成分的资本在经济单位内部相互渗透、相互融合的经济形式，反映的是发生在经济单位内部的所有制结构状态。广义的混合所有制经济，则突破了单个企业的范围，在整个社会经济中表现为不同所有制成分交叉持股、相互融合的所有制结构。从《决定》中的提法看，我国推行的混合所有制经济是在广义层面上的。

① 中共中央文献研究室编：《十六大以来重要文献选编（上）》，第20页，中央文献出版社2005年版。

② 中共中央文献研究室编：《十七大以来重要文献选编（上）》，第20页，中央文献出版社2009年版。

要深入理解混合所有制经济的内涵，首先需要区分“混合所有制经济”与资本主义社会的“混合经济”。西方资本主义国家的经济，在凯恩斯以后逐渐发展成为“混合经济”。这种混合经济起初是企业内部国有部门与私有部门的合作，发展到后来逐渐超出微观的范围，以致于“在大多数发达国家，整个国民经济都变成了混合经济”[①]。此外，萨缪尔森和林德伯格等人也对“混合经济”进行了阐述。在他们的论述中资本主义的“混合”主要指的是，资本主义经济中私有资本与国家资本、市场机制与国家干预的结合。

然而，两种社会制度中“混合经济”表面上的相似，却有着本质上的不同：资本主义“混合”的实质是不同形式私有资本的结合，目的在于缓和、消除资本主义基本矛盾引发的危机；社会主义的“混合所有制经济”则是处于主体地位的公有制经济联合、利用非公有制经济发展社会主义生产力。

（五）我国混合所有制经济的理论创新与实践创新

在社会主义条件下，混合所有制经济对马克思主义经典理论而言无疑是巨大的理论和实践创新。这主要体现在以下方面：

1. 混合所有制经济的开放性和多元性，消除了社会主义与私有制经济二元对立的教条观念，实现了人们认识上的突破与创新。

在马克思主义经典理论中，所有制是生产关系的基础，所有制关系决定着人们在生产中的关系，决定着交换关系和分配关系，进而决定了人们的阶级属性和社会属性。资本主义私有制是社会主义的对立面，社会主义公有制也与资本主义对立。基于对这一理论教条式的理解，社会主义国家长期认为，要建设社会主义，首先必须彻底消灭私有制。

---

① 让－多米尼克·拉费，雅克·勒卡荣著：《混合经济》，第 2 页，商务印书馆 1995 年版。

苏联在其建国初期，迅速建立了单一的公有制和高度计划的经济。随着经济体制弊端的显露，苏联在1950年代中期开始经济体制改革。然而由于上述教条式观念的影响，其改革始终停留在对计划经济体制的调节，即仅引入市场调节成分，从未深入到所有制改革这一根本层面，使得改革最终失败，苏联社会主义体制崩溃。相对于苏联的失败，我国在改革开放后进行了所有制改革，允许多种所有制共同发展，创造性地推动了混合所有制经济发展，从而使改革取得成功，生产力实现了飞跃。

社会主义实践的经验教训说明，对于马克思主义经典理论，必须辩证地看待、运用，并且结合实际进行发展。经典理论中社会主义与私有制对立，是就其本质层面而言；在具体实践层面，两者不仅不“水火不容”，相反还需要把两者创造性地结合起来。混合所有制经济就实现了这一点。正因为如此，混合所有制是对社会主义所有制认识的深化。正确区分社会主义所有制的本质与具体实现形式，实现社会主义与私有制从“二元对立”到“以私促社”的跨越，是对马克思主义经典理论的重大创新。

2. 发展出次生形态的混合所有制，消除了公有制与私有制绝然对立的片面认识，丰富和发展了马克思主义经典理论中的所有制理论。

在马克思那里，直接阐述的所有制形态只有公有和私有两种原生形态。我们知道，马克思理论的核心目的，在于揭示资本主义的基本矛盾，论述资产阶级必将灭亡和无产阶级必将胜利的历史规律。这一研究目的，直接运用两种原生形态的矛盾运动来分析即可达到。然而现实生活中，人们教条式理解上述理论，导致了公有制与私有制截然对立的片面认识长期占统治地位。这种错误认识，一方面导致了所有制结构的单一、封闭与盲目，另一方面则完全忽略了处于中间、次生形态的所有制形式。

根据经济社会发展规律，生产社会化在发展的不同阶段，对所有制结构的要求并不相同。在生产社会化水平较低的阶段，需要多种所有制并存，通过互相交换、渗透、融合等方式，提高社会化生产水平，促进生产力水平提高。然而由于人们的思维定式和认识偏差，导致任何与私有制相关的所有制形式都被视为“资本主义”“敌对势力”“异己力量”，被不遗余力地消灭。“一种所有权对另一种所有权的排斥必然闲置经济要素”[①]，结果只能是，有益于社会主义生产力发展的所有制结构长期不被采用。

事实上，马克思主义所有制理论并非只是公有和私有对立的体系。马克思在晚年提到，小农经济国家建设社会主义需要中间、次生的所有制形态，“恩格斯同意并坚持了马克思的这个观点，在《法德农民问题》中具体指出在这个过渡阶段中，还存在多种所有制及其实现形式并存的‘混合经济’局面”[②]。所以，混合所有制应当是马克思主义经典理论的题中应有之意，只是出于时代、论述体系等方面因素，经典理论中并未详细展开分析。现在，我国提出、推行混合所有制经济，是在继承马克思主义经典理论的基础上，进一步弥补了经典理论中的缺憾和不足，推进了马克思主义所有制理论的丰富和完善，是具有重大理论和实践意义的创新。

3. 混合所有制作为温和过渡的所有制形态，创造了私有制向公有制、非社会主义向社会主义、社会主义初级阶段向高级阶段过渡的新方式，为马克思主义经典理论中的社会主义理论部分增添了新内容。

如前所述，混合所有制成功消除了关于所有制的各种教条主义观念，私有制得以与公有制渗透、融合。这一创造性的方式可能产生两个方面的影响。

第一个方面，混合所有制横跨公有制和私有制，并且拥有社会化的所有制结构，本身就孕育了社会主义性质的经济关系。混合所有制的发展，直接推动了公有制因素的增长，以及各种类型的私有制与社会主义公有制深度融合，这可能成为资本主义向社会主义过渡的新途径。这种新途径的优点在于，相比于暴力革命的激烈方式，这种过渡由于温和而能减少对生

① 王祖强：《社会主义所有制理论的创新与发展》，第200页，中国经济出版社2005年版。

② 曹立：《“混合经济”：一个不容忽视的经典作家的重要思想》，载于《当代经济研究》2009年第11期。

产力的破坏。

第二个方面，所有制结构对于社会主义初级阶段向高级阶段——共产主义的过渡至关重要，“共产主义革命就是同传统的所有制关系实行最彻底的决裂”①。内在机理主要在于所有制关系基本等同于生产关系，因而破除阻碍新生产力发展的传统生产关系，生产力自然得到极大提升，正如恩格斯所说：“社会制度中的任何变化，所有制关系中的每一次变革，都是产生了同旧的所有制关系不再适应的新生产力的必然结果。”② 根据经典理论，进入社会主义后，与生产力相适应的所有制形式是单一公有制，实行自觉社会劳动、消灭商品生产和交换、完全按劳分配。

各社会主义国家在建立之初，建立了经典理论设想的所有制。然而，现实中社会主义初级阶段不是在资本主义高度发展的基础上建立起来的，一些其他条件也和经典理论中所设想的有很大不同，经典理论中的具体构想早已被现有生产力水平下的社会主义实践证明行不通，正如马克思所说，“新的更高的生产关系，在它的物质存在条件在旧社会的胞胎里成熟以前，是决不会出现的。”③ 现实中的初级阶段要提高物质生产力，就需要发展商品市场和交换关系，需要市场机制调节生产和分配。归结起来就是需要多种所有制，这就必须对单一公有制进行改革。然而，激烈的所有制结构更迭，必然造成摩擦、动荡和破坏，苏联走极端的“休克疗法”就是例子。温和过渡是最优选择，混合所有制实现了这一目标，我国的成功经验是最好的证明。这样，混合所有制以温和过渡的方式，在如何发展、壮大社会主义方面，为马克思主义经典理论增加了创新的成分。

4. 以混合所有制经济为基础建立收入分配制度，契合现实社会主义初级阶段特征，填补了马克思主义经典理论在此处的空白。

---

① 马克思、恩格斯：《共产党宣言》，第 48 页，人民出版社 1997 年版。

② 恩格斯：《共产主义原理》，见《马克思恩格斯选集》第 1 卷，第 238 页，人民出版社 1995 年版。

③ 《马克思恩格斯选集》第 2 卷，第 33 页，人民出版社 1995 年版。

对于社会主义的分配制度，马克思在《哥达纲领批判》中提出了“按劳分配”的构想，认为劳动者“从社会领得一张凭证，证明他提供了多少劳动（扣除他为公共基金而进行的劳动），他根据这张凭证从社会储存中领得一份耗费同等劳动量的消费资料。”① 收入分配制度总是以所有制为主要依据的。上述构想，是与单一公有制相适应的。此外，按劳分配一方面需要劳动者在思想道德素质极大提升基础上自觉劳动，另一方面需要物质产品极大丰富。

马克思这一理论在现实社会主义初级阶段无法实施，已被我国人民公社化运动的失败所证明。我国在公有制为主、多种所有制经济共同发展的所有制改革、实行混合所有制经济后，相应实施按劳分配为主、多种分配方式并存的分配制度，这是我国经济具有创造性的举措。

混合所有制经济进一步推动了收入分配合理化。这是因为各种类型的资本通过股份制、股份合作制、联合经营等方式，可以共同更多更公平地分享发展带来的成果。另一方面，合理的收入分配制度能够起到激励作用。基于混合所有制经济的收入分配制度，可以促进劳动、知识、技术、管理、资本等的活力竞相迸发，推动创造社会财富的源泉充分涌流。可以看出，对于当下现实社会主义初级阶段的分配方式，马克思主义经典理论没有论述，而混合所有制经济填补了这一空白。

5. 混合所有制经济创新地从所有制层面，解释了社会主义生产力发展落后于资本主义的疑问，增强了马克思主义经典理论的解释力，提升了马克思主义经典理论的当代性。

二战以后，整个世界分为社会主义和资本主义两大阵营。两种社会制度在竞争过程中，出现了一个与马克思主义经典理论预测相矛盾的现象。那就是，资本主义私有制国家纷纷实现了经济腾飞，生产力水平极大提

① 马克思：《哥达纲领批判》，《马克思恩格斯选集》第 3 卷，第 304 页，人民出版社 1995 年版。

升。但形成鲜明对照的是，实行公有制经济的东方社会主义国家，经济发展频繁而持续地遇到挫折，生产力进步缓慢。

为何“腐朽落后”的私有制能促进生产力发展，符合社会化大生产的公有制反而抑制了生产力进步？东欧剧变与苏联解体，更是直接把疑问推向对社会主义前途的质疑。是马克思主义经典理论错了吗？混合所有制的出现，以及我国由此创造的经济奇迹，有力地证明了经典理论没有错。

现实实践中所有制结构对生产力有着巨大的影响。事实上，早在凯恩斯以后，西方资本主义国家就已经开始对所有制结构进行调整。国家资本与私有资本融合，搭配以国家干预经济与市场经济的结合。这不仅缓和了由基本矛盾所导致的经济危机，同时也使资本主义的生产关系更适应了生产力发展的要求，这也正符合马克思关于资本主义灭亡的论述——“无论哪一个社会形态，在它所能容纳的全部生产力发挥出来以前，是决不会灭亡的。”①

三、积极促进国有企业的混合所有制改革

上面我们对混合所有制经济进行了一些理论性阐述。在我国当前实践中，把国有企业改造为产权多元化的混合所有制经济，允许更多国有经济和其他所有制经济发展成为混合所有制经济，国有资本投资项目也允许非国有资本参股，并不会削弱或者取消了国有经济的作用或者它在国民经济发展中的主体作用。恰恰相反，对国有企业的这种混合所有制经济的改造，却有利于国有资本放大功能、保值增值、提高竞争力，有利于各种所有制资本取长补短、相互促进、共同发展。在这个意义上，这种改造本身就是国有经济转换经营机制、发展壮大自己的积极有效的途径。

---

① 《马克思恩格斯选集》第2卷，第33页，人民出版社1995年版。

（一）要建立和完善国有经济的现代产权制度

深化国有企业改革首先必须对国有企业本身进行分类并进行不同方式的管理。中共十八届三中全会就明确强调：要“准确界定不同国有企业功能。国有资本加大对公益性企业的投入，在提供公共服务方面做出更大贡献。国有资本继续控股经营的自然垄断行业，实行以政企分开、政资分开、特许经营、政府监管为主要内容的改革，根据不同行业特点实行网运分开、放开竞争性业务，推进公共资源配置市场化。进一步破除各种形式的行政垄断”。

把竞争性国有企业改造成为产权多元化的混合所有制经济，把混合所有制经济改造成为员工能够持股的利益共同体，这些工作都离不开建立和完善国有经济运行中的现代产权制度。正如中共十八届三中全会所说的，产权是所有制的核心。

中共十八届三中全会在产权制度建设方面的明确要求是：要健全归属清晰、权责明确、保护严格、流转顺畅的现代产权制度；公有制经济财产权不可侵犯，非公有制经济财产权同样不可侵犯；国家保护各种所有制经济产权和合法利益，保证各种所有制经济依法平等使用生产要素、公开公平公正参与市场竞争、同等受到法律保护，依法监管各种所有制经济。

完善国有经济的现代产权制度，也包括完善国有企业中的法人治理结构。中共十八届三中全会就明确强调，要“健全协调运转、有效制衡的公司法人治理结构。建立职业经理人制度，更好发挥企业家作用。深化企业内部管理人员能上能下、员工能进能出、收入能增能减的制度改革。建立长效激励约束机制，强化国有企业经营投资责任追究。探索推进国有企业财务预算等重大信息公开。”

完善国有经济的现代产权制度，更要求实现产权结构的多元化。中共十八届三中全会就强调：“鼓励非公有制企业参与国有企业改革，鼓励发展非公有资本控股的混合所有制企业，鼓励有条件的私营企业建立现代企业制度。”2014 年 11 月 7 日中央财经领导小组第八次会议上的讲话中也强调，我国“一带一路”建设是一项长期工程，要鼓励国有企业、民营企业等各类企业参与。

然而，我国混合所有制经济中的多元化产权建设仍有许多亟需解决的问题。重庆民营资本参与混合所有制调研中的问题是：市场改革不配套，垄断性行业不开放，拿两手三手项目现象普遍；对现有的混合清单望而生畏；国企也不主动、热情。从陕西调研的情况看，一是思想认识上不统一，国有和民营双方的持股比例问题，谁混合谁，两种企业的文化上也会有差异。二是混合的层级比较低，是二级或三级公司。这样民企进门难、实力难、改革难。三是企业管理不够规范，三会成了形式，或者民营企业没有决策权。另外，笔者在社会调研中还了解到有一些关键问题需要解决：一是大家对混合所有制理解不一致，尤其是国企和民企的期望值和出发落脚点都不一致，这使操作变得困难；二是现在地方上和中央积极，但企业则普遍不积极，如果强行推行是否成为了政府手段而不是市场行为?这需要在理论上解释清楚。

(二) 要完善国有资产管理体制

国有企业向混合所有制经济的改革，还离不开一个重要方面，这就是要完善国有资产管理体制，以管资本为主来加强国有资产监管。

我国现行国有资产管理体制是 2003 年形成的，它对于解决过去长期存在的国有资产的多头管理而又无人负责的问题起到了积极的作用，但实践至今，也存在一些需要解决的问题，如没有形成与国有资本功能定位相适应的国有资本布局、优化调整的体制机制；对企业仍实行的是行政化的管理模式，强调管人管事管资产相结合，从而导致企业活力不足，难以适应国内外市场形势快速变化。

我国党和政府对完善国有资产管理体制改革的基本思路是：改革国有资本授权经营体制，组建若干国有资本运营公司，支持有条件的国有企业改组为国有资本投资公司；国有资本投资运营要服务于国家战略目标，更多投向关系国家安全、国民经济命脉的重要行业和关键领域，重点提供公共服务、发展重要前瞻性战略性产业、保护生态环境、支持科技进步、保障国家安全；划转部分国有资本充实社会保障基金；提高国有资本收益上缴公共财政比例，更多用于保障和改善民生。

在完善国有资产管理体制建设中，必须做好国有企业管理人员的选拔、激励和约束机制建设。中共十八届三中全会强调："国有企业要合理增加市场化选聘比例，合理确定并严格规范国有企业管理人员薪酬水平、职务待遇、职务消费、业务消费。"

习近平总书记在2014年8月18日主持召开的中央全面深化改革领导小组第四次会议上发表的重要讲话中也强调，改革开放以来，中央管理企业负责人薪酬制度改革取得积极成效，对促进企业改革发展发挥了重要作用，同时也存在薪酬结构不尽合理、薪酬监管体制不够健全等问题。要从我国社会主义初级阶段基本国情出发，适应国有资产管理体制和国有企业改革进程，逐步规范国有企业收入分配秩序，实现薪酬水平适当、结构合理、管理规范、监督有效，对不合理的高收入进行调整。中央企业负责同志肩负着搞好国有企业、壮大国有经济的使命，要强化担当意识、责任意识、奉献意识，正确对待、积极支持这项改革。

习近平总书记还强调，合理确定并严格规范中央企业负责人履职待遇、业务支出，是改作风的深化，也是反"四风"的深化，国有企业要做贯彻落实中央八项规定精神、厉行节约反对浪费的表率。要合理确定并严格规范中央企业负责人履职待遇、业务支出，除了国家规定的履职待遇和符合财务制度规定标准的业务支出外，国有企业负责人没有其他的"职务消费"，按照职务设置消费定额并量化到个人的做法必须坚决根除。

（三）要形成资本所有者和劳动者利益共同体

我们党明确强调，在国有企业的混合所有制经济改革中，"允许混合所有制经济实行企业员工持股，形成资本所有者和劳动者利益共同体”。这应该说，是具有理论上和实践上的一个突破。

从我国现实生活看，20 世纪 80 年代我国许多国企在改制过程中，就出现了一定程度的职工持股，地方上也纷纷出台了一些针对本地股份制企业发展的法律法规，如《上海股份企业暂行办法》《深圳市股份有限公司暂行规定》等，职工持股取得了较好效果。进入 90 年代后，国家体改委印发了《股份制企业试点办法》《股份有限公司规范意见》等文件，对定向募股、社会募股两种类型公司的购股认购者、股份总额进行统一规定。1993 年国家体改委颁布了《定向募集股份有限公司内部职工持股管理规定》、《关于清理定向募集股份有限公司内部职工持股不规范做法的通知》，对职工股持有时间、转让方式做了要求，明确规定定向募集职工股不得上市交易。统一规则的出台，短时间内促进了职工持股的发展，据统计在此之后“职工持股企业占股份制试点企业的 47%左右”[①]。

然而，各地在实际操作中，也出现了持股不规范、违规操作现象，出现了大量炒作职工股、非法套利，以及一些地方违规审批、发行内部职工股，利用募集资金盲目投资等问题，冲击了国家金融秩序。1994 年 6 月，国家体改委发出了《国家体改委关于立即停止审批定向募集股份有限公司并重申停止审批和发行内部职工股的通知》，要求立即停止审批定向募集股份有限公司，停止审批和发行内部职工股。1998 年，上市公司（社会募集公司）内部职工股的发行也被证监会叫停。尽管如此，此前发行的内部职工股并未随之消失，职工持股在很多企业仍然存在，而且在实践中的探索完善工作也一直在进行着。

2008 年我国有关部门出台了《关于规范国有企业职工持股、投资的意见》，就国有企业改制中的职工持股、职工投资开设新公司进行了规范。2013 年党的十八届三中全会，更进一步提出了“允许混合所有制经济实

① 李伯侨、林碧艳：《股份公司职工持股制度立法研究》，《法学研究》1999 年第 3 期。

行企业员工持股，形成资本所有者和劳动者利益共同体”。我们有理由相信，通过混合所有制经济中的员工持股，会使股份制经济中的产权制度更加完善规范，会使企业员工和企业发展之间形成真正的利益共同体。

（四）要坚决打击国有企业中的腐败现象

和其他领域一样，我国国有企业发展中也存在很多的腐败现象。据报刊公开披露，中央专项巡视发现，华电集团存在违规支付并购款、违规向民营企业让利等问题，造成国有资产流失；中国海运一些领导人员以较低甚至低于成本价价格，将运输业务交由自己或亲友的公司经营，损公肥私；神华集团煤炭灭火工程存在利益输送黑洞，一些私人老板得到权力庇佑，打着灭火工程旗号大肆开采和销售煤炭，甚至故意制造煤田火点，谎报灭火项目……这表明一些国企内外勾结围猎国有资产，已经到了明火执仗的地步！

更值得强调的是，上述现象并非个案。在中央巡视组反馈的情况中，利益输送一词反复出现，靠山吃山、靠船吃船、靠油吃油问题普遍存在、花样百出。向谁输送利益？有国企领导干部本人及其子女亲属，也有他们的关联企业、利益共同体。怎么输送利益？有在采购中抬价的，也有在销售中压价的。这些“蛀虫”得到了什么？有直接以权换钱、换色的，也有退休后拿期权的。这一切的代价，就是国有资产的流失。

正因为这样，习近平总书记 2014 年 3 月 9 日两会期间，在参加安徽代表团审议时的讲话中强调指出：发展混合所有制经济，基本政策已明确，关键是细则，成败也在细则。要吸取过去国企改革经验和教训，不能在一片改革声浪中把国有资产变成谋取暴利的机会。改革关键是公开透明。

我国党和政府的态度也十分明确：坚持从严治党，国有企业不能例外。2015 年，巡视这柄反腐利剑就已指向国企。中央决定，加大对国企巡视力度，实现对中管国有重要骨干企业巡视全覆盖。通过巡视等有效措施，一定要清除这些“国企蛀虫”，依据党纪国法严肃处理，公之于世，给人民群众一个交代。同时，要通过改革堵塞制度漏洞，加强监管，从体制机制上减少“蛀虫”，从根本上维护国有资产不受损失。

总之，国有企业的混合所有制改革，是当今国际社会主义运动中的一件新生事物，是对国内外社会主义建设实践经验和教训的总结，是对马克思主义经典理论的继承、发展和创造，是党和人民宝贵的财富。我国混合所有制经济的创新历程，为人们提供了指导和启示，就是要不断地推动理论创新和实践创新，通过持续创新来不断消除阻碍生产力发展的因素。马克思主义理论品质是与时俱进，而不是固守成规；马克思主义理论体系是包容开放，而不是保守封闭。在今后建设社会主义的实践中，我们仍要避免对经典理论教条化理解；相反，要坚持一切从实际出发，以现实为出发点和落脚点运用、改造、发展经典理论。从实际中总结经验，发现规律，并努力上升为理论，推进马克思主义中国化进程，以更好地指导社会主义发展。这正如习近平总书记所说，马克思主义必定随着时代、实践和科学的发展而不断发展，不可能一成不变，社会主义从来都是在开拓中前进的。

（贾华强，中央党校经济学部教授）

7 推进“一带一路”建设

2013年9月7日，习近平主席在哈萨克斯坦发表重要演讲，首次提出了加强“政策沟通、道路联通、贸易畅通、货币流通、民心相通”，共同建设“丝绸之路经济带”的战略倡议；同年10月3日，习近平主席在印度尼西亚国会发表重要演讲时明确提出，中国致力于加强同东盟国家的互联互通建设，愿同东盟国家发展好海洋合作伙伴关系，共同建设“21世纪海上丝绸之路”。这表明我国的一个重大的战略决议正渐渐浮现。而在党的十八届三中全会决定中提出，建立开发性金融机构，加快同周边国家和区域基础设施互联互通建设，推进丝绸之路经济带、海上丝绸之路建设，形成全方位开放新格局。这就明确了我国新时期形成全方位开放新格局的指导意义与主要任务，丝绸之路经济带建设就成为新时期我国形成全方位开放新格局的战略支点。

一、“一带一路”的由来及内涵

丝绸之路原指西汉时，由张骞出使西域开辟的以长安（今西安）和洛阳为东起点，经甘肃、新疆，到中亚、西亚，并联结地中海各国的陆上通道。因为由这条路西运的货物中以丝绸制品的影响最大，故得此名。而广义的丝绸之路指从上古开始陆续形成的，遍及欧亚大陆甚至包括北非和东非在内的长途商业贸易和文化交流线路的总称。海上丝绸之路，又名陶瓷之路，是陆上丝绸之路的延伸，它是古代中国与外国交通贸易和文化交往的海上通道，它主要有东海起航线和南海起航线，形成于秦汉时期，发展于三国隋朝时期，繁荣于唐宋时期，转变于明清时期，是已知的最为古老的海上航线。这两条路线都促进了古代中国和当时亚非欧各国之间的政治、经济、文化的交流和发展，加强了不同国家、不同民族之间的联系和友好往来。

现在我国推动建设“丝绸之路经济带”和“21世纪海上丝绸之路”战略规划，并不是要简单地恢复历史上的商业通道，而是要以“丝绸之路”的互利交往精神，建设新的合作交流的经济发展区，把中国同各国互利共赢这个主线紧密连接起来，构建经济、政治、文化等各方面全面联系的新关系，建立基于共同利益的命运共同体。

当前全球经济格局深刻变化，金融危机爆发后，欧美等国虽然表现复苏迹象，但总体仍无法实现经济稳定有效的发展。若要完成经济结构的调整，解决现存的经济问题和矛盾，实现长足发展，可能还需要较长的时间。与此同时，新兴经济体的群体性崛起，已经推动世界经济格局发生了深刻的变化，成为世界经济最活跃的力量。发达国家经济实力虽日渐衰落，但在短期内其主导和影响世界经济的能力仍未发生根本的变化，仍是控制国际贸易规则制定及全球治理的主要力量。而且欧美日正在不断强化其在新一轮贸易规则中的话语权，美国推动的TPP和TTIP谈判，以高端开放为契机，企图掌控和影响下一轮国际贸易规则主导权，这些对我国都将构成新的挑战和威胁。国际间和大国间的竞争和矛盾日趋激烈，并不断产生新的变化，我们要有长期与之和平共处的理念，不断提高我国在应对国际市场方面的周旋能力。

十八届三中全会以后，我国新一轮改革开放措施已进行了全面部署。随着改革政策的陆续推出，生产力将进一步解放，中国经济的内生增长动能及各种经济主体的生产积极性将得到有效释放，中国对世界经济的影响力将进一步扩大。我们应当清楚地看到，虽然我国沿海地区经过几十年的积累和发展，成为中国的经济中心，但西部地区发展水平却相对落后：基础设施不完善、产业结构不完整、人均收入水平远低于东部地区。中国经济的全面振兴及中国梦的实现离不开中西部整体发展水平和竞争力的提升。而向西开放通过共建丝绸之路经济带，可以有力促进内陆和沿边的对外开放，加快推进中西部的经济发展进程。

“一带一路”倡议虽然由中国提出，但它实质上是惠及各个参与国经济社会发展的共建项目，既涉及相关国家之间的双边合作，更关乎区域协调与全球治理。要以弘扬和平合作、开放包容、互学互鉴、互利共赢的古丝绸之路精神为基础，深刻把握并突出彰显现代丝绸之路“开放信任、合作包容、互利共赢”的核心内涵。

第一，开放信任。现代丝绸之路建设，应对世界上所有国家或经济体、国际组织、区域合作机制和民间机构开放，不能搞封闭小圈子，更不能有排他性。尤其要求推动各参与方努力提高投资与贸易便利化水平，降低贸易和投资成本，在相互开放中培育可持续增长的市场。同时也要相互信任相互支持，各国都在共同的利益基础上进行合作，只有相互信任，才能有利于“一带一路”建设的顺利进行，实现优势互补、资源有效流动从而实现各国的共同发展。

第二，合作包容。这是区别于其他合作组织或机制的典型特征。一方面，它意味着现代丝绸之路参与方的多元化，即有别于其他合作机制，不针对第三方，不搞封闭性集团，只要是有意愿参与的国家或地区均没有门槛要求，皆可自愿成为参与者、建设者和受益者；另一方面，合作方式的多样化，现代丝绸之路建设没有严格统一的参与规则，各方围绕扩大经贸合作、促进共同发展的需要，可采用双边或多边、本区域或跨区域、金融或贸易等多样化、多领域、多层次的合作方式。在具体项目建设中，可广泛吸纳沿线各国当地企业、西方国家企业以及相关国际机构合作开发，构建多方利益共同体。现代丝绸之路建设的包容性决定了其具有兼容并蓄的优势，不仅不会主动挑战现有的区域合作机制，反而能与现有各类机制实现良好对接。

第三，互利共赢。在全球化时代，任何一项区域合作构想，只有真正实现互利共赢才能具有持久活力和广阔前景，互利性是一切合作得以出现和延续的动力。“一带一路”是由我国提出的倡议，显然对我国自身发展有着重要战略意义，不仅有利于我国充分利用“两种资源、两个市场”，尤其是保障我国的能源资源安全、化解富余产能和经济转型升级，而且还有利于加强我国与周边国家尤其是新兴市场国家的经济和文化交流，建立长期合作伙伴关系。因此推进现代丝绸之路建设，要求包括中国在内的各参与方之间，不搞零和博弈，不搞利益攫取、殖民扩张，更不能打着开放、自由贸易的幌子，搞与邻为壑的重商主义、产品倾销。要立足于各参与方优势互补，实现利益共享、共同发展。

二、“一带一路”路线图

自2013年习近平总书记提出“一带一路”这一概念，已经有60个国家和国际组织积极响应，这些国家的总人口约44亿，经济总量约21万亿美元，分别占全世界的63%和29%。“一带一路”将成为世界上最长的经济走廊。

据统计，中国已经在50个国家建设118个合作区，其中有77个处在“一带一路”沿线23个国家，其中35个合作区处在丝绸之路经济带的沿线国家，42个处在21世纪海上丝绸之路的沿线国家。

“一带一路”中“一带”指的是“丝绸之路经济带”，是在陆地。它有三个走向，从中国出发，一是经中亚、俄罗斯到达欧洲；二是经中亚、西亚至波斯湾、地中海；三是中国到东南亚、南亚、印度洋。“一路”，指的是“21世纪海上丝绸之路”，重点方向是两条，一是从中国沿海港口过南海到印度洋，延伸至欧洲；二是从中国沿海港口过南海到南太平洋。

沿线地区既有发达国家也有发展中国家，各国资源禀赋各异，优势不同，经济互补性较强，彼此合作潜力和空间很大。许多发展中国家自然资源较为丰富，多以资源出口作为经济增长的重要因素，但经济发展的整体结构存在许多问题，经济总量、人均收入偏低。因此虽然发展经济、改善民生的愿望强烈，却苦于资金短缺、融资困难。而许多发达国家目前虽然拥有相对较多的可用资金，但由于受次贷和欧债的影响，经济增速缓慢，甚至衰退，同时面临人口老龄化，社会高福利，劳动力短缺，资源匮乏等问题。

2015 年 4 月国家发改委、外交部和商务部联合发布的《推动共建丝绸之路经济带和 21 世纪海上丝绸之路的愿景与行动》，文件系统勾勒出“一带一路”路线图，标志着“一带一路”步入全面推进阶段。

三、“一带一路”的重大意义

“一带一路”战略给古老的丝绸之路赋予了新的时代内涵，在中国全面深化改革开放、经济繁荣以及各国共同合作发展过程中具有重大意义。

(一)“一带一路”建设有利于沿线各国实现优势互补共同发展

我国市场规模居全球第二，外汇储备居全球第一，具备技术优势的产业越来越多，交通运输装备制造业快速发展，基础设施建设经验丰富，对外投资合作进入快速发展阶段。未来 5 年，我国将进口超过 10 万亿美元的商品，对外直接投资将超过 5000 亿美元，出境游客将超过 5 亿人次。而沿线各国要素禀赋差异明显，经济发展水平不一，发展经济、改善民生的愿望强烈。对于许多发展中国家来说，经济建设，特别是基础设施建设，长期项目工程建设的资源调配整合非常困难。因此，基础设施的发展滞后，综合环境的改善缓慢。对于许多发达国家来说，它们拥有大量可用资金，但他们却面临着社会福利负担重、劳动力价格过高、资源相对短缺等问题。若各个国家能够加强联系交流，实现要素合理流动，则能够有效地缓解这类问题。“一带一路”发端于中国，贯通中亚、东南亚、南亚、西亚乃至欧洲部分区域，东牵亚太经济圈，西系欧洲经济圈，覆盖约44亿人口，经济总量约21万亿美元，分别占全球的63%和29%，是世界上跨度最大、最具有发展前景的经济带。通过“一带一路”建设，将我国自身规划与沿线国家的发展规划结合起来，可以推动各自市场、产业有效对接，形成更高效完整的产业链，创造新的比较优势和竞争优势，促进区域内资源高效配置、要素合理流动、市场深度融合，充分利用经济互补性，将其转化为发展推动力，培育合作新支柱，打造合作新亮点，实现优势互补、互利共赢、共同发展。

(二)“一带一路”建设有利于中国构建全方位开放新格局

习近平主席在和平共处五项原则发表60周年纪念大会上的讲话中指出：“中国正在推动落实丝绸之路经济带、21世纪海上丝绸之路、孟中印缅经济走廊、中国—东盟命运共同体等重大合作倡议，中国将以此为契机全面推进新一轮对外开放，发展开放型经济体系，为亚洲和世界发展带来新的机遇和空间。”我国中西部地区改革开放起步较晚，尽管在实施西部大开发以来，西部地区积极实施赶超战略，发展步伐明显加快，但受地理区位、资源禀赋、发展基础等因素影响，与东部地区相比仍有很大差距。西部地区拥有中国72%的国土面积、27%的人口，与13个国家接壤，陆路边境线长达1.85万公里，但对外贸易的总量只占中国的6%，利用外资和对外投资所占的比重不足10%。因此，中国要扩大对外开放，加强对外贸易以及外部资本对中国经济发展的促进作用，西部地区具有极大的发展潜力。

中国经济的全面振兴及中国梦的实现离不开中西部整体发展水平和竞争力的提升。“‘一带一路’将构筑新一轮对外开放的‘一体两翼’，在提升向东开放水平的同时加快向西开放步伐，助推内陆沿边地区由对外开放的边缘迈向前沿。”“一带一路”建设，有助于西部地区统筹利用国际国内两个市场、两种资源，将形成中西部地区与中亚、东欧、西亚的新商贸通道和经贸合作网络，带动内陆沿边扩大向西开放，既有助于拓展中国经济发展的腹地，也可以激活内陆和沿边地区的经济发展活力，推进中西部的开放型经济发展进程，形成中国经济的新增长极。

(三)“一带一路”建设有利于加强各国各民族之间交流和信任

“一带一路”沿途是世界上典型的多类型国家、多民族、多宗教聚集区域，古代“四大文明古国”诞生于此，佛教、基督教、伊斯兰教、犹太教等也发源于此并流传至世界各个角落。各国历史文化宗教不同，发展水平各异。任何民族、宗教要想保持旺盛的生命力，就要在保护、传承好自身独特文化的同时，积极吸取其他民族、宗教文化中的合理部分和优秀成果。

未来发展需要发挥多样化优势，走多样化道路，因此人员沟通、文化交流和文明对话至关重要。“丝绸之路”作为中国最早实行对外开放的标志，开启了中国与西方文明的交流通道，彰显了中华民族的开放精神，具有深刻的历史文化底蕴。而现代的中国在进行“一带一路”建设过程中将发掘古代丝绸之路深厚的文明和文化底蕴，为加强不同国家、民族、宗教间的人文交流和相互理解、消除彼此的隔阂与误解、增强尊重互信、共创人类文明繁荣局面创造了有利条件。通过经贸合作带动人文交流，可以向国际社会宣示中国“和谐包容、互利共赢、合作诚信”的开放理念，必将在各民族、宗教文化相互碰撞、融合中扮演非常重要的角色。

四、“一带一路”的机遇

“新丝绸之路经济带”和“21世纪海上丝绸之路”的战略构想的提出，已经引起了国内和相关国家、地区乃至全世界的高度关注和强烈共鸣。之所以可以产生如此巨大的效果，就在于“一带一路”开放有了新的

特点：[1]

第一，由以往的注重对外贸易，转向贸易、投资、经济技术合作多元化并举；

第二，由注重边境经济区建设，向建设边境经济合作区、跨境经济合作区、境外经济合作区和经济走廊建设并举转变；

第三，由注重实体经济，向实体经济与金融等非实体经济并举转变；

第四，由注重引进来，向引进来与走出去并举转变；

第五，由注重合作机制论坛形式，向论坛与推动区域、次区域开展务实合作并举转变等。

开放的重点也从过去单纯的贸易、招商引资、经济技术合作，扩大为全面的政策沟通、道路联通、贸易畅通、货币流通和民心相通“五通”。

“一带一路”这一宏伟构想不仅有着极其深远的意义，而且蕴藏了很多机遇。

（一）“一带一路”建设将为我国调整产业结构转型和促进产业转型升级带来新的机遇

改革开放以来，我国经济取得快速发展，持续增长更是史无前例，但国民经济运行到今天，也积累了许多不利因素，尤其是产业结构的不平衡、不协调与不可持续性等矛盾的日渐突出。当前，国民经济要想继续维持健康、稳定、快速的发展，就需要加快产业结构的转型升级。统计数据显示，目前中国30％的制造业产能利用率仅为75％甚至更低。过剩产能对经济的运行造成了很大的问题，在国内消费加速启动难以推进的情况下，国内产能过剩企业急需“走出去”。中国传统的出口国较为单一和狭窄，美欧日占据出口的核心国位置，但这些传统的出口市场已经开拓得较

① 参考中央党校进修部“经济建设与体制改革”厅局级研修班课题“‘一带一路’背景下的沿边沿路开放”，课题组成员：王兴明、袁克力、马立新和牛向阳。

为充分，增量空间已经不大，国内的过剩产能很难通过他们进行消化，通过“一带一路”来开辟新的出口市场是很好的抓手。与此同时，新兴经济体与中亚国家的基础设施建设却仍然十分欠缺，所以“一带一路”的建设和推进，正是国内产业结构转型升级的最好机遇。

随着“一带一路”战略的实施，中国的一些优质过剩产业将能够转移到其他一些发展较慢、工业基础较为薄弱的国家和地区。在国内，近年来重工业的迅猛发展，导致许多产业中产品过剩现象严重，“一带一路”的提出和推进正好为这些问题的解决提供了机遇。由于周边的较为落后的国家基础设施薄弱，需要大量的基础建设投入，这种情况下，市场供求变化，一些在我们国内过剩的产业，也许就可以在其他国家能恰好被合理估值；在国内，因为要素成本的上升而使一些产业、产品失去了价格竞争力，也许在其他国家，较低的要素成本会使这些产业重现生机。在国内，因为产品出口一些发达国家受限而影响整个产业的发展，也许在其他国家就能绕开这些壁垒，等等。此外，由于产业转移引致的产业转型升级更是机遇无限，比如技术改造、研发投入、品牌树造等都会给投资者带来无限机遇。

（二）“一带一路”建设将为企业“走出去”创造出更多的机遇

党的十八大报告明确指出：企业要“加快走出去步伐，增强企业国际化经营能力……”。“走出去”主要是以中国的公司为主导，服务于中国公司战略的一种跨国整合模式，而“一带一路”的提出和建设推进过程，为我国企业“走出去”创造了良好的机遇和契机，我们可以从这一过程中获得巨大的利益。

近年来，企业在国内经营发展面临着诸如劳动力价格上升、资源环境压力等多方面因素影响，只有通过“走出去”开拓市场、寻求更廉价劳动力、争取技术资源、突破贸易壁垒，作为我国新一轮对外开放和“走出去”的战略重点，“一带一路”战略的推进实施为我国民营企业的“走出去”提供了一个平台，将大大改善民营企业在“一带一路”沿线国家和地区的经营环境，降低跨国经营风险，获取更大的成长空间。随着“一带一路”建设进入务实合作阶段，必定会有更多的中国企业走出国门到境外投资，更多的中国品牌、中国创造将要走出去，为正在寻求转型的中国企业打开了一扇通往世界的大门。同时，我国企业也需要建立系统的“走出去”风险防范机制，建立突发事件或风险的应急管理预案。抓住“一带一路”的新契机，沿着“一带一路”走出去，将是我国企业未来发展的新气象和新局面。

（三）“一带一路”建设将对推进人民币国际化的进程起到积极作用，并为我国金融业的创新发展带来新的机遇

中国是一个发展中国家，经济发展尤其依赖于资金财富。因此，一旦实现了人民币国际化，不仅可以减少中国因使用外币引起的财富流失，而且将为中国利用资金开辟一条新的渠道。但在人民币国际化过程中的障碍和困难也是显而易见的。伴随着“一带一路”建设，人民币在沿路国际贸易和国际投融资领域使用范围和使用规模将不断扩大，中国作为“一带一路”建设的主要发起国、出资国和“一带一路”上最重要的经济大国与贸易大国，由中国为沿路各国提供公共产品服务，为沿路各国专业分工与区域合作提供人民币交易和投融资工具与平台，依托于“一带一路”的人民币贸易圈和人民币货币区的构建和形成指日可待，这都将有力地推动人民币国际化的进程。可见，推进“一带一路”的建设，将为人民币国际化创造难得的投融资机遇和市场条件，

“一带一路”战略的顺利实施无疑需要有充足的资金流作为保证，如此巨大的资金流的需求只能通过金融创新的方式来解决。中国相继推出的一系列国际金融体系举措，包括成立金砖国家开发银行、亚洲基础设施投资银行，设立“丝绸之路基金”，已经明确分别向金砖国家以及其他发展中国家，包括“一带一路”沿线国的基础设施、资源开发、产业合作等有

关项目提供投融资支持。其中，“亚投行”的建立，更是得到了越来越多的国家的加入，随着许多欧洲国家和澳大利亚的加入，“亚投行”的影响力也更加壮大。随着“一带一路”建设的不断推进，沿着“一路一带”发展的国家和地区一定会进行各种金融创新，包括发行各种类型的证券、设立各种类型的基金和创新金融机制等，这其间的红利和机遇之多甚至是不可想象的。

（四）“一带一路”建设将为区域经济一体化的发展带来更多的机遇

“一带一路”本质上本身就是一个国际性区域经济的范畴，随着“一带一路”战略的实施，必将为中国和“一带一路”沿线周边国家的区域一体化带来千载难逢的机遇。作为世界经济增长的重要引擎，亚洲已日渐成为经济全球化的中坚力量，但也面临不少新老问题。比如，区域一体化水平与欧洲、北美洲相比仍有不小的差距，特别是亚洲各区域间发展不平衡，联系不紧密，交通基础设施不联不通、联而不通、通而不畅等问题相对比较突出，对深化区域合作构成了不少的障碍。“一带一路”战略的提出，将成为亚洲整体振兴的“两翼”，有助于连接中亚、南亚、东南亚、西亚乃至欧洲的部分区域，更好地促进亚洲区域一体化进程。

“一带一路”建设的推进，也必将不断激发出新的亚洲区域化发展的创新模式，包括区域发展模式、区域产业战略选择、区域经济的技术路径、区域间的合作方式等，这其间的每个创新都蕴含着无限的机遇。在优势互补与互利共赢的理念下，“一带一路”带来的区域经济整合新机遇与发展空间，磁吸效应将会越来越强，将不断释放新活力，随着地区交通、经贸等整合加快，各个市场链接将更为紧密，都将进一步推动亚洲乃至全球经济繁荣与开放。

五、“一带一路”的挑战

“一带一路”建设的实施和推进必然会给我国的经济建设和区域发展带来无限的机遇，创造更多的可能并且为经济发展注入新的活力；但是，“一带一路”的建设是一个庞大的工程，是一个跨越多个国家和地区，途经不同文化和传统的碰撞，还有不同政府和执政党之间的利益权衡，所以这些都注定“一带一路”的建设必然不会轻而易举一气呵成。我们要清醒地认识到“一带一路”建设的艰巨性和长期性，做好充足的思想准备，并在实际建设推进过程中全面考虑分析可能存在的不确定因素和突发变故，做好应急预案和相应的防患措施，做到未雨绸缪，才能处变不惊。所以，我们有必要对“一带一路”建设过程中可能遇到的风险挑战和困难做一个比较全面的分析和阐释，来更好地为“一带一路”战略的顺利实施做准备。

(一)“一带一路”建设可能无法解决我国长期增长的问题，长期而言甚至有拖延中国向消费型社会转型的风险

“一带一路”的建设对基础建设的需求和潜力都是无比巨大的，这对我国过剩产能的利用和企业“走出去”都有着非比寻常的意义，但我们也应该清醒地看到“一带一路”主要是通过出口中国的储蓄并进口外需，因此其仍然是中国旧增长模式的延续。以前中国主要靠出口欧美等发达国家来创造出口需求，完成对外贸易，随着欧美市场遇冷，我国实体经济也遇到寒冬，“一带一路”的提出有助于我国过剩产能找到新的需求点，但是我们在看到这一机遇的同时，也应该警惕旧有的增长模式的局限性。因为要维持中国经济持续稳定增长的最强动力，还是要依靠我国国内消费需求的增长。

在推进“一带一路”建设的过程中，我们要时刻警惕过度投资，避免

地方政府可能利用“一带一路”计划，掀起新一轮过度的基建热潮，这或许对短期投资有利，但长期而言将拖延中国向消费型社会转型的进程。所以，在推进“一带一路”的过程中我们要警惕企业盲目扩大产能，我们要首先注重对过剩产能的消化，避免某些企业恶性竞争，不顾长远利益的行为。各地方政府也要做好统筹规划，把“一带一路”建设的机遇真正转换成企业发展的动力，提高人民收入，人民收入的提高将进一步推进国内消费需求的增长，进而推动我国经济的持续增长。

（二）“一带一路”建设的推进过程中在某些地区投资过程中可能会面临着经济效益不突出，企业回报率低的问题

“一带一路”建设是一个浩大的工程，工程投入量大，资金需求量大，资金的回收期长，对于企业来说面临各种不确定风险，使得收益的回收和回报率的标准都有较高的要求。丝绸之路沿路各国的资源禀赋、经济发展水平、产业及市场结构存在着显著差异，我国企业进入这些国家从事基础设施建设和其他经济活动时，如果不能够适应当地的市场环境，有可能面临经营风险。

从投入方面来看，“一带一路”沿途很多地区地理条件恶劣，沿路许多国家人民生活水平低下，国内基础设施极端落后，市场规模很小，至少在短期内，通过发展经济带能够产生的经济效益也会非常有限。由于沿途国家大多为发展中国家，其中不少国家行政效率低下，会直接影响通关效率与营运成本。即使是一些较发达的国家如俄罗斯，由于与我国铁路轨距不同，列车行驶到边界需要换车，这势必增加运输时间，提高营运成本。所有这些不利的因素都是我们应该提前考虑和防患的，作为“一带一路”建设中“走出去”的企业，应该充分地分析项目的风险收益比例，尽力降低成本，提高效益。而在政府的层面上，作为一个战略性的伟大构想，不能把眼光只停留在短时的利益上，随着“一带一路”的发展，更多沿线国家会加快工业化的脚步，工业产品的需求量和耐用品消费量也会不断攀升，市场容量蕴含无限可能和潜力，所以政府在分析风险收益的过程中也要充分考虑到这些未来潜在需求因素和增长潜能，做到面面俱到，才能有的放矢。

（三）“一带一路”建设的推进过程，我国在对外借贷和融资过程中将面临一系列的潜在违约风险和金融风险

在“一带一路”建设的推进过程中，我国要与很多中亚不发达国家进行一系列的基础建设合作和金融借贷，由于参与“一带一路”计划的部分国家经常账户赤字巨大，经济基本面也较差，是高风险借贷方，这意味着中国给这些国家提供资本和融资项目将承担更大的违约风险，一旦这些国家不能按时偿还贷款，导致企业无法收回投资，都将给中国经济带来挑战和压力。

我们要通过“一带一路”的进程来促进人民币的国际化，这就更需要我们推进人民币的海外结算，需要我们把大量的人民币以现在的汇率换出去，部分国家利用换来的人民币购买中国铁路设备，但中国并不立即使用他们的货币从这些国家进口，那么一旦这些国家货币贬值，中国就将遭遇部分违约风险。作为“走出去”的企业，面对汇率变动的风险，更应该做好风险管控，通过购买保险以及一些创新性的金融工具等来防止和规避风险，做到有备无患。

总体来说，“一带一路”的建设过程中的道路是崎岖的，我们要充分地认识到这一点，做好充分的准备。不管是政治违约方面的风险，还是其他经济金融风险，对于一个横跨欧亚大陆和东亚东海的大工程来说，都是不应该太过大惊小怪的，我们应该充分地认识到“一带一路”建设推进过程中的大机遇和大潜力。道路是曲折的，前途是光明的，只要我们做好应对困难和挑战的准备，相信“一带一路”建设必将成功，并载入史册。

六、“一带一路”建设的战略构想

（一）战略目标

“一带一路”沿线国家经济发展水平相对较低，发展潜力巨大，据测算“一带一路”沿线国家覆盖44亿人口，经济总量约为21万亿美元，分别占世界总量的63%和29%。[①] 共建“一带一路”，能够使我国经济发展在新的领域寻求巨大发展空间，也能够让沿线国家从中国的发展中受益，实现区域经济发展利益最大化。

“一带一路”战略由习近平总书记提出，正是为了解决和平发展、共同发展的问题，目的在于通过全方位的区域合作以促进共同发展、实现共同繁荣，打造政治互信、经济融合、文化包容的利益共同体、命运共同体和责任共同体。深层次的战略目的在于在后危机时代谋求“一带一路”沿线国家以及其他相关国家的经济社会的发展共识，推进沿线国家发展战略相互对接，激发沿线国家发展活力，以新的形势使亚非欧各国家联系更加紧密，以实现区域经济社会发展利益最大化。

“一带一路”战略是我国开放发展战略在更大时空范围内的延续，旨在实现亚欧非大陆及附近海洋的互联互通，建立和加强沿线各国互联互通伙伴关系，构建全方位、多层次、复合型的互联互通网络，实现沿线各国多元、自主、平衡、可持续的发展。其中最重要的目标在于在经济领域实现区域合作。《推动共建丝绸之路经济带和21世纪海上丝绸之路的愿景与行动》指出，“共建‘一带一路’旨在促进经济要素有序自由流动、资源高效配置和市场深度融合，推动沿线各国实现经济政策协调，开展更大范围、更高水平、更深层次的区域合作，共同打造开放、包容、均衡、普惠

① 龚雯，田俊荣，王珂．新丝路：通向共同繁荣［N］。人民日报，2014－06－30（1）.

的区域经济合作架构。”具体而言，当前阶段要力争“实现区域基础设施更加完善，安全高效的陆海空通道网络基本形成，互联互通达到新水平；投资贸易便利化水平进一步提升，高标准自由贸易区网络基本形成，经济联系更加紧密，政治互信更加深入；人文交流更加广泛深入，不同文明互鉴共荣，各国人民相知相交、和平友好”。

（二）基本原则

全方位的区域合作，实现共同发展是“一带一路”战略的“最大公约数”，因此推进“一带一路”建设最基本的原则就是合作共建。沿线国家经济发展状况不同，文化差异显著，为了更好地推进“一带一路”建设，我们要恪守以下几个原则。

第一，互相尊重，谋求共识。中国倡导共建“一带一路”，不是为了谋求地区事务主导权，承诺不经营势力范围，而是要在互相尊重的基础上开展合作，实现共赢。我们倡导沿线国家严格恪守联合国宪章的宗旨和原则，遵守和平共处五项原则，尊重各国主权和领土完整、互不侵犯、互不干涉内政、和平共处、平等互利。只有互相尊重才能凝聚最大的发展共识、汇聚最大的发展合力，抓住新的发展机遇、共同应对发展挑战，最大限度激发各自发展活力，实现沿线国家经济社会大发展。

第二，开放包容，合作共赢。“一带一路”战略展示了我国的大国胸怀，要让共建成果惠及更广泛的区域、惠及更广泛的人群，因此“一带一路”相关的国家基于但不限于古代丝绸之路的范围，各国和国际、地区组织均可参与。我们要汲取多方智慧、汇聚多种力量，争取在最大的范围内进行全面而广泛的合作。合作过程中，我们倡导不同文明之间要和谐包容，我们尊重各国的发展道路和模式的选择，通过不同文明之间的交流与对话，加强彼此之间理解与信任，减少合作阻力，求同存异、共建共荣，通力合作、实现共赢。

第三，市场运作，政策对接。市场化原则是各国之间进行经济领域内合作最基本的原则，我们倡导要遵守基本的市场规律和同行的国际规则，充分发挥市场在资源配置中的决定性作用，要让经济要素在沿线国家范围内自由流动，让一切创造财富的源泉争相涌流。为了更好实现市场化原则，各国要充分发挥政府的作用，处理好政府与市场的关系，不同国家之间通过全方位的交流合作，实现共建政策的对接。

（三）实现途径

“一带一路”建设是一项系统工程，涉及多个国家和地区，其实现途径唯有在谋求共识的基础上，开展广泛而富有实效的合作，共建共荣。“一带一路”沿线国家要凝聚共识、团结协作，将政治关系优势、地缘毗邻优势、经济互补优势转化为区域发展优势，努力打造利益共同体、命运共同体和责任共同体，增进沿线国家人民福祉，共创丝绸之路新辉煌。

首先，要凝聚共识。通过外交途径，开展政府之间的交流与对话，宣扬“一带一路”的共建理念，消除误解、打消疑虑，进一步谋求中亚、南亚、东南亚、非洲、欧洲国家的合作共识，共谋合作共建大计。加强民间文化交流，增进信任、争取民心，要让当地民众悉知我们是在互相尊重的基础上开展合作，以期实现区域共同发展，是在为他们谋福利、做好事，而不是谋求地区霸权，我们愿意承担更多的责任与义务，愿意与世界人民一道营造和平稳定的发展环境，共同建设美好家园。

其次，要合作共建。“一带一路”建设是沿线各国开放合作的宏大经济愿景，需各国携手努力才能实现。当前阶段要积极利用现有双边和多边合作机制，同时注重发挥国际论坛的作用，来实现多国之间的合作，今后要逐步建立“一带一路”建设政府间、企业之间、民间的专门合作协调机构，让各个国家的合作更加顺畅、更加充分。

七、推进“一带一路”建设的政策建议

建设“一带一路”需要沿线各国谋求共识、务实合作，秉持求同存异、互利共赢的发展理念，共同为“一带一路”建设贡献力量。而我国作为“一带一路”战略倡议发起国，应该承担更多责任与义务，积极为“一带一路”建设破除困难、开辟道路，为共建“一带一路”注入活力、提升动力。

（一）优化顶层设计，科学合理规划

当前我国尚未出台国家层面的指导意见、相关产业的发展规划、相应扶持政策细则等，顶层设计还有待完善与优化。2015 年 3 月 28 日，经国务院授权，国家发展改革委、外交部、商务部联合发布了《推动共建丝绸之路经济带和 21 世纪海上丝绸之路的愿景与行动》，对“一带一路”建设的时代背景、共建原则、框架思路、合作重点与机制、中国各地方开放态势与行动做了简明的阐述，向世界发出了共建“一带一路”的愿景，阐述了“一带一路”的主张与内涵，提出了共建“一带一路”的方向和任务等，但相关的细则仍然有待补充。“一带一路”建设是一项宏大的系统工程，国家要对其概念、内涵与外延加以界定，明确涉及的领域，弄清相关经济状况、地理情况等，分析其经济效益，研究其国际环境等，在认真调研的基础之上做出科学、合理并且详尽的规划，出台相关产业发展规划以及扶持政策细则等，以更好地指导中央政府相关部门进行部门协作，明确地方政府自身定位和重点任务，吸引国内企业进行投资。

（二）加强人文交流，夯实民心基础

“一带一路”沿线各国文化各异，民族宗教复杂，经济发展水平差异显著，各国人民利益诉求不一，要采取多种方式加强文化交流、青年交

流、学者交流等，增进文化认同感，争取民心，力争通过人文桥梁，促进“一带一路”沿线国家间紧密联系，顺利合作。加强文化教育交流活动，如沿线国家大学之间举办国际性学科论坛、学生交换学习合作、留学生互相培养等，以培养青年人彼此间的文化认同感；城市之间可以建立友好城市关系，共同举办“一带一路”文化展览、文艺展出等交流活动，增进友谊、加强合作；政府间多方合作，建立人文交流长效机制，搭建文化交流综合平台，如设立“‘一带一路’巅峰论坛”，每年由一个沿线国家举办相关活动，组建国际性文化交流委员会，对活动进行评估，用标准化推行，市场化运作，切实加强人文交流，夯实民心基础。

（三）基础设施联通，提高便利程度

基础设施互联互通是“一带一路”建设的重点领域，是区域经济发展的血脉和经络，当前阶段重点任务是与“一带一路”沿线国家一道，力争在交通基础设施、能源基础设施和信息基础设施三大领域实现联通，建立起完善周密的联通网络，构建起“一带一路”经济发展大动脉，使得物资、人员、能源、信息等要素在亚非欧大陆自由流通。在交通设施领域，要重点打通薄弱环节，与相关国家合作共同解决资金、技术难题，以城市、港口为支点，分别搭建公路、铁路、航空、水运运输网络。在能源基础设施领域，通过外交途径与毗邻国家化解矛盾、搁置争议，共同建设油气运输管线、维护油气管道安全；推进跨境电力与输电通道建设，积极开展区域电网升级改造合作。在信息基础设施领域，要与多方达成共识，共同推进跨境光缆光纤通信设施铺设、共同予以维护；开拓空中信息通道，在卫星通信方面开展合作；与其他国家进行合作，加强新一代信息技术设备的研发与生产、信息安全研究等，保障信息通畅与安全。

（四）加强金融合作，提高经济活力

金融是经济发展的血脉。“一带一路”共建项目，尤其是基础设施建

设资金缺口大，急需大量项目启动资金，因此我国要与其他国家在金融领域展开合作，化解资金融通难题。加快亚洲基础设施投资银行（Asian Infrastructure Investment Bank，AIIB）组建步伐，承担起区域内部担保融资、货币合作、金融监管等职能，共同应对经济波动，切实保障发展中国家各项发展权益，为亚洲地区乃至“一带一路”沿线各国的经济发展注入活力。我国应该抓住共建“一带一路”的历史契机，努力实现人民币迈向区域化乃至实现国际化，一方面可以提高“一带一路”区域国家贸易自由度，另一方面也能进一步扩大人民币国际化程度。

（五）开展反恐合作，保障和平稳定

恐怖主义是全世界人民共同的敌人，严重影响着区域和平稳定，给世界各国人民带来沉重的灾难。尤其是“一带一路”所覆盖的中亚、西亚地区长期以来深受恐怖主义、极端主义困扰，严重威胁该区域和平稳定的发展环境和人民的生命安全，给当地经济社会发展带来极大阻碍。我国政府应该与沿线国家一道，共同应对恐怖主义难题，开展反恐合作，加强反恐演练，建立反恐信息共享机制，严厉打击各种形式恐怖主义，为“一带一路”建设提供和平稳定的外界环境。

共建“一带一路”是由习近平总书记提出的宏大的发展战略，与亚非欧相关国家和平发展的愿景高度契合，相信在沿线各国政府和人民的共同努力下，我们谋求共识、务实合作，大胆创新、开拓进取，“一带一路”建设一定会取得丰硕的成果。

（孙小兰：中央党校经济学部教授）

8 转变农业发展方式

2015年中央1号文件把围绕建设现代农业加快转变农业发展方式作为农村工作的首要任务加以部署，要求努力在转变农业发展方式上寻求新突破："中国要强，农业必须强。做强农业，必须尽快从主要追求产量和依赖资源消耗的粗放经营转到数量质量效益并重、注重提高竞争力、注重农业科技创新、注重可持续的集约发展上来，走产出高效、产品安全、资源节约、环境友好的现代农业发展道路。"我们应该如何理解农业发展方式转变的理论和现实含义，如何认识我国农业发展方式转变的机遇与挑战，如何把握农业发展方式转变的着力点？这些问题的答案对顺利推动农业发展方式转变，实现农业现代化和国家现代化的发展有着至关重要的意义。

一、农业发展方式转变的理论基础

（一）从农业发展阶段的演进看发展方式的转变

发展中国家的农业发展一般要经历三个阶段。在第一阶段，农业除了保证农产品的基本供应之外，更重要的任务是为工业化提供原始积累。在新中国成立之初，工业化程度很低，面对严峻的国内外形势，迅速建立起一套完整的工业体系是迫切的需要。一方面，通过粮食统购统销制度，以低价从农民手中收购农产品，保证了城市非农人口的低价粮食供应，从而维持了较低的工资和工业成本，为取得较高的资本积累创造了条件；另一方面，通过集体化运动和户籍制度，将农业生产组织化并将农民限制在土地上，人为改变小农经济排斥资本的特征，使城市工业产品能够下乡，完成工农业剪刀差的循环。1978年以前，我国工农产品的比价大体在2.4∶1，按保守计算，我国农业在这一时期，为工业发展提供了约一万亿元的资金积累，农业为推进我国工业化进程做出了巨大的贡献。

在第二阶段，随着工业化的发展，农业为工业提供的积累逐步减少，农业进入了自我积累、自我发展的阶段。1978年，党的十一届三中全会针对我国经济发展的现实，决定调整城乡利益关系，给农民以休养生息的机会，以此作为推动农业发展，丰富农产品供应的重要举措。国家大幅度提高了粮食等农产品收购价格，缩小了工农产品价格剪刀差。利益关系的调整，为农村经济体制改革提供了客观物质基础。家庭承包制的推行，极大地调动了农民生产积极性，短短几年，农产品供给迅速增长，初步改变了农业生产长期落后的被动局面。农业生产的快速增长，农产品供给的日益丰富，为整个国民经济发展和改革开放的深入进行，提供了坚实的基础。

在第三阶段，农业自我积累和发展的能力下降，农业发展逐步进入到需要工业反哺的新阶段。从1990年代末期开始，我国农业发展逐渐进入到了第三阶段：农业增加值占国内生产总值的比重逐年降低，但农业在国民经济中的基础地位日益强化，成为安天下、稳民心的战略产业。传统的农业经营方式制约了农业劳动生产率的提高，制度改革的滞后阻碍了农业劳动力向城市非农产业转移就业，使农民收入水平提高缓慢，城乡居民收入差距不断拉大。随着对外开放的不断扩大，农业生产面临愈发激烈的国际竞争，稻谷、小麦、玉米、大豆等大宗农产品面临国内较高生产成本和国际较低价格水平的“地板”与“天花板”的双重挤压。粗放的农业发展方式和过大的资源消耗，使农业生态环境整体恶化的势头明显，可持续发展面临挑战。

在这样的背景下，适应农业发展新阶段的特征，实现以工促农、工农互惠，加快推进农业发展方式转变，尤为重要和迫切。

首先，转变农业发展方式是巩固农业基础地位、推进农业现代化的必由之路。经济越发展，工业化、城镇化水平越高，越要转变农业发展方式，强化农业的基础地位。在我国工业化、城镇化加速推进期，只有加快农业发展方式转变，才能有效地保障国家粮食安全和经济安全，从而扩大发展回旋余地，实现经济社会又好又快发展。其次，转变农业发展方式是扩大国内需求、缩小城乡差距的重要举措。扩大国内需求特别是消费需求，是实现我国未来经济发展目标的战略举措。扩大消费需求，潜力在于扩大农村消费需求，关键在于使农民有消费能力，核心在于增加农民收入。而无论是提高农业劳动生产率，增加农民的农业收入，还是促进农村劳动力稳定转移就业，拓展农民的非农收入来源，都迫切需要加快农业发展方式转变。再次，转变农业发展方式是应对国际市场挑战、增强农业竞争力的必然要求。面对国际竞争的压力，只有加快转变农业发展方式，充分利用“两种资源、两个市场”改善要素结构，提高资源配置效率，大力提高农业科技自主创新能力，推动产业结构优化升级，才能增强我国农业的核心竞争力，在激烈的国际竞争中赢得主动。最后，转变农业发展方式是突破资源环境约束、实现可持续发展的根本出路。农业是高度依赖资源条件、直接影响自然环境的产业，农业的资源利用方式对实现可持续发展具有重要影响。农业发展方式如果不转变，资源环境约束不突破，农业发展就没有前途，国民经济发展也将受到影响。因此，只有加快转变农业发展方式，提高资源和投入品使用效率，发挥农业的多功能性，才能突破资源环境约束，实现可持续发展。

（二）农业发展方式转变的本质是引入新的生产函数

农业发展的第三阶段中的一个重要特征是农业剩余劳动力的逐渐转移完毕，这伴随着刘易斯第一转折点的到来。当一国经济跨越了刘易斯第一转折点后，农业的边际生产力就不再为零，资本和劳动的相对稀缺性以及相对价格关系则会发生根本变化。这种变化表现在农业生产中，就是出现了资本替代劳动的经济现象，从而导致资本边际回报率开始下降。在不变的生产函数中，资本回报率下降，意味着经济增长的衰退。但是，如果生产函数发生改变，则仍可以保持较高的经济增长率，而改变生产函数的途径就是转变发展方式。在资本回报率下降的条件下，提高劳动生产力是保持投资回报率的关键。一般说来，提高劳动生产力的做法有多种，其中包括用机器代替劳动力、提高劳动者的熟练程度、采用更有效率的技术与工艺，以及提高生产要素的配置效率等。

随着劳动力大量流出农业领域，农业生产的资源禀赋结构发生了改变，从而导致农业生产中要素之间的相互替代发生逆转，传统农业生产中劳动替代资本的组织方式逐步被资本替代劳动所取代，从而形成了农业生产中的诱致性技术进步。但是，在农业生产过程中，如果资金流入没有伴随相应的生产规模扩大，资本对劳动的替代将会导致生产过程中的资源浪费。在我国农业的基本经营制度下，农户是基本的生产单位，并支撑起整个农业生产体系。而随着工业化和城镇化的发展，劳动力不断从具有生产能力的农户中流出，导致农户的生产能力逐步退化；同时进入非农领域的劳动力通过分享工业化的成果，获得了比农业生产更高的劳动报酬，并通过汇款和城市工业的反哺等方式使资金流入农村和农业领域。一方面是劳动力从农业基本生产经营单位中流出，另一方面是资金从非农领域流入农业。劳动力外出务工带来的劳动力流失与非农收入水平提高会刺激农户对农业生产进行粗放经营，汇款会使农户更多地使用农药、化肥等资本要素，从而增加了农业生产污染的可能性。

在我国的劳动力非农转移过程中，扩大农业生产规模受到现有农地产权制度的约束，导致农地流转的成本高昂，不确定性大，农业的比较效率低下，导致农业领域中有能力、有知识以及年轻的劳动力逐步流出了农业领域，使得农业中的劳动力呈现老年化与女性化。农业生产中的这种劳动力结构不利于农业的发展，特别是不利于农产品市场的开拓与农业生产的新技术、新品种以及新的生产资料等要素的使用。所以，维持逐步衰退的农户作为农业生产的基本单位，农业的粗放经营与农业的生产效率就不能提高，农业的衰败与农村的凋敝将不可避免。转变农业发展方式，首先就必须改变农业的生产组织，培育发展家庭农场、专业大户、合作社和龙头企业等新型农业生产组织，形成新的农业生产服务体系。通过规模化的农业生产，降低农业的面源污染与点污染，并提高农产品的可溯源性。

实现适度规模经营、促进农业科技采用、提升农地资源配置效率是改变农业生产函数的题中之义，也是转变农业发展方式的必然选择。通过将细碎化的农地集中，不仅能够增加农民收入，而且可以提高农地使用效率。在实施土地流转和规模经营后，社会分工和专业化生产自然而然得到扩展，形成了一系列专业化生产基地，从而为增加科技投入、标准化生产、生态化生产以及农业市场化奠定了基础。而随着农业经营规模的增大，农户对施肥技术、良种配套、栽培技术以及农机使用技术的需求增加，对农业技术信息的需求程度提高，化肥、农药、塑料薄膜等污染源控制加强，从而使农业发展具备资源集约和环境友好特征。

二、中国农业发展现状及其面临的挑战和机遇

（一）中国农业发展现状

1. 中国现代农业生产的基本特征

从农业资源角度来说，我国无法与美国、加拿大、巴西等新大陆国家相比；从科技水平角度来说，我国无法与日韩、欧洲等经历了绿色革命的国家相比。人口多、人均农业资源量少、科技含量较低是中国农业的客观现实基础，也决定了农业生产主要特征。

（1）目标要求多重化

中国现代农业的目标要求是多重化的，既要保证粮食的自身供给，保证增加收入，同时还要保证环境不受污染。美国、日本、韩国等的目标是

单一的。如，美国只要保持粮食、棉花、大豆几个重要产品的全球竞争力即可，而日韩保持大米100%能够自给，其他农产品依靠进口可解决问题。荷兰全世界花卉生产能力最好，只要保持花卉在全球的竞争力，其他可以通过欧洲内部协调解决问题。而中国无法与这些国家相比。一是13亿人靠农业提供农产品解决吃饭问题，二是数以亿计的农民需要通过农业来提高收入，三是在经济发展的过程中农业做出正面贡献的同时，要讲究可持续发展。

（2）产业类型多样化

中国的现代农业从产业角度来看，不能与发达国家和农业资源丰富的国家相比。产业类型需要多样化，需要农、林、牧、渔产业以及更多样化的农产品。农业、林业、畜牧业、渔业对我们13亿人口的这么一个大国来说，哪种产业都不能少。而多样化的产品靠贫瘠的农业资源来生产，压力很大。

（3）发展模式多元化

正因为中国的产品要求、产业要求与目标要求如此之大，在中国的资源环境状态之下，决定了中国农业发展的模式显著地区别于美国、日本和欧洲国家。中国的地形、地貌、经济社会的发展阶段在南方和北方、东部和西部是完全不同的，农业生产经营模式是多元化的。这种多元化主要体现为：东北规模化农业、江浙集约化农业、城市都市化农业等。第一，以东北地区为代表的规模化农业。黑龙江、吉林、内蒙古等地的现代农业模式与新大陆国家十分相似，规模化、专业化程度较高。第二，江浙地区为代表的集约化农业。与此对应的广东、浙江、上海这些城市郊区的农业，包括沿海城市，注重土地产出率与农业资本投入。第三，城市都市化农业。北京、上海、广州郊区的农民则与东北地区的农民不一样，不仅仅注重农产品的生产数量，除了提供普通的农产品之外，还特别强调农产品本身的生态观光效益和生态环境效益。

2. 中国粮食安全基本情况

(1) 粮食需求

城乡居民食品消费结构发生转折性变化，进入“以高附加值农产品替代口粮或主食”的新阶段。自1990年代以来，大米和小麦等谷物人均消费持续稳定下降，而蔬菜、水果、植物油、肉、蛋、奶等高附加值农产品人均消费量从稳定增长转变为较快增长。随着居民食物需求结构的显著改变，工业需求和饲料粮需求快速增长。其中，饲料粮需求由1980年的0.4亿吨增长为2010年的1.5亿吨，增长2.8倍，年均增幅为4.5%；工业需求在2000年之前增长较为平缓，但在之后增速显著提高，由2000年的0.3亿吨增长到2010年的0.85亿吨，在10年间增长了2倍，年均增幅达到11.8%。相应地，粮食需求结构发生显著改变，从1980年到2010年，饲料粮需求和工业需求所占份额不断提高，从20%增长到50%，口粮需求所占份额持续下降，从68%下降到43%。尽管口粮消费下降，但由于饲料粮消费快速增长，粮食消费总量保持持续增长。

(2) 粮食供给

从1980年到2014年，中国粮食产量从32056万吨增加到60710万吨，增长了89%。2014年，三大主粮稻谷、小麦、玉米产量分别为20643万吨、12617万吨和21567万吨。这是自2004年以来，中国粮食实现的“十一连增”，并且从2007年以来产量连续超过1万亿斤，粮食保障能力上升到一个新台阶。过去30年间，中国粮食产量的增长主要是靠单产的增加，从1980年到2010年，大米、小麦、玉米和大豆的年均产量增长率分别为0.6%、1.5%、3.5%、2.1%。而同期，四种主要粮食作物的种植面积变化率分别为−0.6%、−0.9%、1.7%、0.8%，单产年均增长率分别为1.2%、2.4%、1.7%、1.3%，单产的增长是粮食产量增长的主要来源。制度创新、技术进步、市场改革和农业投入增长是单产提高的主要原因，除此之外，灌溉等农业基础设施的建设、化肥、农药和机械等生产资料投入增加以及国内农业生产支持政策都对农业发展发挥了重要的促进作用。

(3) 粮食生产消费格局的变化

不同地区工业化和城镇化的差异，使得各地在农业生产方面的比较优势差异日益明显。从粮食生产来看，生产有逐步从东南部发达地区向北部地区转移的趋势。水稻在东北的比重不断上升，而在东南沿海地区的产量比重持续下降；小麦在其主产区华北的播种面积进一步扩大，而在其他地区的播种面积有所缩小；玉米在我国北方的播种面积和产量均有所增长，在东北和西部地区增长得更快；大豆的播种面积和产量均在加入WTO之后受到了冲击，除了黑龙江和内蒙古两省区，其他地区的产量都呈下降趋势。从畜牧业生产来看，生产也逐步由南方向北方地区转移，但不同畜禽的转移方向略有不同。生猪在华北、北方和华中地区的产量比重不断增加，而传统的主产区西南和东南地区产量比重出现下降；肉牛和肉羊在华北地区的产量比重不断提高，而在北方和西南地区则不断下降；禽肉生产的地区分布也发生了巨大变化，华北和北方地区在全国的产量比重从不到20%增加到一半以上，而其他地区的产量比重均有所减少，其中东南地区的下降幅度最大，从占全国禽肉产量的50%以上下降到30%以下。从食品消费来看，城镇人口粮食消费总量占比上升，并且在向三大城市群地区集中。尽管城镇人均口粮消费量下降，但随着城镇人口数量的增加，以及城镇家庭对高附加值食品消费量的增长，城镇人口在我国粮食消费中比重不断上升，已超过50%。其中，长三角、珠三角、环渤海三大城市群城镇人口占比提高，人均收入水平也较高，使得城市粮食消费向这三大城市群地区集中。

(4) 粮食进出口

我国粮食贸易呈波动上升趋势，在新世纪之后，进口增长较快，增速超过出口，使得净进口规模不断扩大。2013年，中国农产品出口额678.3亿美元，进口额1188.7亿美元，贸易逆差510.4亿美元，同比分别增长7.2%、5.7%和3.7%，农产品贸易总体上延续了近年来逆差不断增大的趋势，农产品进口国地位进一步固化。不同农产品进出口贸易对贸易逆差的贡献差异明显，其中谷物类粮食贸易逆差对贸易逆差贡献相对较小；食用油籽、食用植物油、畜产品贸易逆差对贸易逆差的贡献较大，而蔬菜、水果和水产品则呈贸易顺差态势。在农产品对外贸易中，一些粮油品种进口增长较快并具有不可逆性，目前大豆进口依存度已超过80%，包括大豆在内的粮食进口依存度超过10%，食用油进口依存度也已超过50%。对外贸易的发展，提高了中国利用“两个市场、两种资源”实现国内粮油供求平衡的水平，节约了国内的土地和淡水资源，但同时也提高了中国对国际市场和资源的依赖程度。在2003年以前，我国粮食自给率一直比较高，保持在95%的安全线以上，部分年份甚至超过100%。但在2003年之后持续下降，到2014年已下降到87%，比2002年下降13.2个百分点。粮食自给率的下降，主要是由于大豆自给率大幅下降导致的。如果不算大豆，谷物的自给率还是较高的，基本维持在99%左右的水平。

（二）中国农业发展面临的挑战和机遇

1. 面临的挑战

（1）从农产品需求角度看，随着城乡居民由中等收入向高收入阶段迈进过程中，必然伴随着粮食消费的持续增长和消费结构的快速转变。预计到2020年，中国人口总量将超过14亿，城镇化率将超过60%，人均GDP将达到7000美元以上。2030年到2035年，中国人口和城镇化率都将达到峰值，并进入高收入国家行列。一方面，农村人口将持续向城市转移，人均食物消费量会提高；另一方面，随着收入水平的提高，城市人口自身的食物消费量也会增长。与此同时，食品消费结构也将发生持续转变，肉禽蛋奶鱼等动物性食品消费将有很大增长空间，城乡居民口粮需求总量将会逐渐减少，饲料粮和工业用粮则会增长。

（2）从农产品供给的角度看，家庭联产承包责任制的改革红利以及化肥农药投入品的大量使用对农业生产增长的效应已显著减低甚至发挥殆尽，受城镇化和生态环境保护的影响，耕地面积的刚性下降将成为不可逆的趋势，气候变化、自然灾害、水资源短缺对农业生产形成的威胁也越来越严峻，农业劳动力成本提高的同时，农业科技的推广还未能很好地适应市场的发展和农民的需要。国内粮食生产的约束条件增强，粮食增产潜力向现实转化的难度进一步增大。与此同时，作为发展中的开放型大国经济体，中国对全球粮食市场的影响以及国际社会对中国的责任要求都在不断增加。不断增长的资源约束、环境压力以及更高的生产成本均对全球粮食生产形成制约，新兴经济体的发展，发达国家对粮食需求领域的拓展，将使得全球粮食消费持续增长，全球粮食供需矛盾将会长期存在，中国保障国内粮食安全的外部条件不容乐观。

(3) 从农产品价格的角度看，则面临着“天花板”与“地板”的双重压力。一方面是国际国内价格的倒挂：国内农产品价格已经高于国际市场农产品价格，而农民对现在的农产品价格还不满意，而若再提高国内农产品的价格，意味着我国将进一步向国际市场敞开大门，形成对国内农业发展的新的压力。在这种情况下，国内粮食等大宗农产品加工经营企业一旦使用国内原料，就必然会亏损，面临倒闭，无奈只能进口粮食等原料。这就是为什么近年来我国粮食等连续增产而进口规模却迅速扩大的经济原因。另一方面，农产品生产还面临着农业生产成本上升的挑战。当前我国农业生产成本在快速上升，特别是生产性服务费用支出的年均增幅达到8%—9%，这对农产品成本的上涨推动力很大。

(4) 农业生态环境难以承受当前的农业生产方式。就粮食产量的增长而言，中国农业发展确实取得了巨大成就，但也面临着农业资源日益偏紧的制约，付出了巨大的生态环境代价。一方面，人多地少水缺的矛盾日益突出，农业发展的资源约束进一步增强；另一方面，化肥、农药、塑料薄膜等农业面源污染严重，耕地质量下降、地下水超采等问题日益凸显，加上工业的污染、大气的污染等，农业生态环境所面临的挑战和压力前所未有。

（5）农村劳动力就业结构变化的挑战日益突出。随着农村劳动力的大量转移就业，务农劳动力的素质结构性下降，农业兼业化、农民老龄化、农村空心化的问题突出，“谁来种地”、“如何种地”已成为迫切需要解决的重大课题。

（6）农业生产结构性失衡的问题日益突出。区域布局与资源禀赋条件不相匹配，北粮南运与南水北调并存；粮经饲结构不尽合理，一些农产品库存增加与部分农产品进口增加并存；种养业结合不够紧密，地力下降与养殖业粪便未能有效利用并存。

2. 存在的机遇

（1）居民农产品消费结构转型升级，为加快转变农业发展方式增添了动力。我国目前已进入食品消费结构加快转型升级的阶段，人们不仅要吃饱、吃好，而且要吃得安全、营养和健康。挑战的另一面就是机遇，城乡居民收入水平的提高对食品结构升级提出了要求，也为优质、安全、生态农产品的生产提供了广阔的市场空间，为提升农产品质量和食品安全水平提供了强劲的动力。

（2）当前我国主要农产品供应充足，为加快转变农业发展方式提供了保障。我国农业连年丰收之后，主要农产品库存充裕，有的产品已达到了历史最高点，经济增速放缓，使农产品出口、消费和加工的需求增长有所减弱，农业生产保数量的压力有所缓解，为推动农业发展由主要追求产量和数量，向注重数量、质量、效益、生态、安全并重的方向转变，打开了时间窗口。

（3）国家粮食安全新战略的全面实施，为加快转变农业发展方式留出了余地。确保谷物基本自给、口粮绝对安全，是新形势下国家粮食安全战略的基本目标。农业生产由过去的保全部、保所有向保重点、保口粮转变，为深入推进农业结构调整提供了更为宽松的政策环境和资源空间。

（4）农业机械化的快速发展，对农业生产起到了促进作用。当前，我国的农业机械总动力比世纪之初增长了约一倍，农业机械总动力的增长同劳动力工资的增长基本同步，未来这一趋势势必将继续延续并将加快发展。机械化在粮食作物、油料作物和规模化禽畜养殖当中应用相对容易，因而农业机械化程度的提高将十分有助于增加粮食作物和油料作物面积，以及规模化禽畜生产的发展。

(5) 农户耕地经营规模的提高，为农业专业化、规模化生产提供了条件。随着农村劳动力持续转移，农村土地流转规模不断扩大，农业生产正在向专业大户和大规模趋势发展。据农业部统计，2012年底，全国土地流转面积约2.6亿亩左右，占全部承包地面积的20%。2公顷以上的农户已达880万户，试点家庭农场已达到6710家。

(6) 农业科技进步迅速，将成为我国未来农业生产增长的主要驱动力。传统的动植物育种技术将继续在农业生产中发挥重要作用，杂交水稻和玉米杂交增产能力还将不断提升，高抗和高产的杂交小麦也将得到应用。以节地、节水、节肥、节能和资源循环增效利用为重点的资源节约型农业科技将在生产中发挥重要作用，以提高我国应对农业资源短缺和可持续发展等挑战。信息化将有力推动着农业信息化变革，物联网技术正在向农业领域扩展，促进农产品电子商务化发展，强化农业资源的有效管理和农业资源的数字化，为农业高技术的产业化提供机遇。

三、转变农业发展方式的政策措施

推进我国农业发展方式转变，要坚持以改革为动力，以科技为引领，以法治为保障。重点是推动农业发展由数量增长为主向数量、质量效益并重转变，由依靠资源和物质投入为主向依靠科技进步、经营方式创新和提高劳动者素质转变。要根据市场需求变化和资源禀赋特点，科学确定主要农产品自给水平、生产优先序和区域布局，在确保“谷物基本自给、口粮绝对安全”的前提下，不断优化种养结构、产品结构、区域结构。要更加注重农业资源环境保护，实现可持续发展，同时要合理利用国际资源和市场，提高农业的市场竞争力。

（一）提高粮食产能，挖掘粮食生产潜力

2014年中央农村工作会议明确提出，推进农业现代化，要坚持把保障国家粮食安全作为首要任务。无论方式怎样转、无论结构怎样调，都不能把粮食生产能力调低了、耕地调少了，这是必须要坚守的底线，也是确保产能的要求。当前关键是要稳产量、提产能。一方面，稳定粮食产量是前提。要守住粮食安全的底线，把饭碗牢牢端在自己手里。要保住最基本最重要的谷物、口粮，在这个前提下，还要统筹兼顾棉油糖、“菜篮子”等重要农产品生产。要坚持数量、质量效益并重，实现更均衡更全面的发展。另一方面，提升粮食产能是根本。只有不断增强粮食生产能力，确保国家粮食安全才有底气。要坚持“一稳、两保”的基本要求，要稳定粮食播种面积特别是谷物播种面积，要保护调动好农民务农种粮和主产区政府重农抓粮两个积极性。从长远来看，要加快划定和保护好永久基本农田。首先要从大中城市周边等重点地区抓起，先把好地和最容易被占用的耕地保护起来。同时，要加快推进高标准农田建设，实施耕地质量保护与提升行动，推动建设粮食生产功能区；加大科技创新推广力度，提升种业发展水平，做到藏粮于地、藏粮于技。

（二）保障农产品质量安全，提升食品质量安全水平

现代农业首先是质量安全的农业，要让消费者吃饱吃好、吃得安全放心，要坚持“产出来”与“管出来”两手抓。一方面，大力推进标准化生产。这是提高农产品质量安全水平的治本之道，是优化农业结构、促进农业转型升级的重要内容。要继续推进园艺作物标准化生产、畜禽标准化规模养殖和水产健康养殖，加强源头治理，规范生产过程，着力打造一大批农业标准化生产基地和农产品知名品牌。另一方面，不断强化食品安全监管。要按照中央农村工作会议和一号文件的部署和要求，抓紧健全农产品

质量安全标准体系和监测评估体系，启动追溯管理信息平台建设，完善监管机构和监管机制，加大综合执法与专项整治力度，全面提升农产品质量安全水平。

（三）注重农业科技的创新和推广，强化科技对粮食增产的支撑作用

要强化粮食领域的基础和高新技术的研究和开发应用，提升国家粮食科技创新能力。要完善农业科研和技术推广体制和运行机制的改革。健全激励机制，提高科研人员和技术推广人员的积极性和科技创新能力；建立新的农业科研和推广投入机制，强化公共科研和推广单位的公益职能和主体地位，加快培育现代农业科研单位；继续增大农业科研和技术推广的投资力度。要注重先进适用技术的集成推广，依托农业科技示范区，强化密植技术、节水灌溉技术、测土配方施肥等技术的集成应用和推广。此外，还要注重农民培训，提升农民素质，培养新型农民。

（四）促进农业发展由主要依靠资源消耗向资源节约型、环境友好型转变

缓解我国农业面临的资源环境约束，从根本上改善农业生态环境，必须转变粗放的农业发展方式，走内涵式发展道路。一方面，要切实加大耕地、水、草原、水域滩涂等保护力度，坚决执行最严格的耕地保护制度和集约节约用地制度，发展生态循环农业，提高资源利用效率。另一方面，要强化农业环境突出问题治理，加大治土治水治环境力度，降低农地开发利用强度，推广农业节本增效技术，严格管制滥用乱用农业投入品，净化、修复农产品产地生产环境。

（五）促进农业经营方式由一家一户分散经营向提高组织化程度转变

我国农户经营规模小、组织化程度低，特殊的国情又决定了不能简单地通过土地的集中来解决小生产与大市场的矛盾，这就需要不断提高农业的组织化程度。要在坚持农村基本经营制度基础上，加快推进农业经营体制机制创新。要大力发展各类产业化经营组织特别是农民专业合作社，进一步健全农业社会化服务体系，促进农户分散经营向适度规模经营转变，形成多元化、多层次、多形式的经营方式，切实提高农业组织化程度，把农户引领到农业商品化、专业化、社会化的发展轨道上来。

（六）适应市场需求和资源条件，深入推进农业结构调整

发展现代农业必须适应市场变化、满足市场需求，必须立足资源禀赋条件、充分发挥比较优势。一是进一步优化农业区域布局。优先发展比较优势突出的产业或产品，逐步形成具有区域特色的农业主导产品、支柱产业和特色品牌，着力打造大宗农产品优势产业带，加快培育一批特色明显、类型多样、竞争力强的专业村镇，引导鼓励构建兼顾农牧结合、粮豆结合和粮饲结合等能够促进生态文明建设的农业生产结构。二是进一步优化种养业结构。引导农民以市场为导向，发展市场紧缺、适销对路的优质特色农产品。重点是大力发展草食畜牧业，统筹布局北方牧区、传统农区、农牧交错带、南方草山草地四大片区，打通种养业协调发展的通道，形成粮饲兼顾、农牧结合的新型农业结构。三是进一步开发农业多种功能。大力发展休闲农业和一村一品，提升农业的生态价值、休闲价值和文化价值，着力实现一二三产业融合发展。

（七）利用“两个市场、两种资源”，提高农业市场竞争能力

我国农业已经处于全面开放的国际大环境和大市场中，转变农业发展方式要在全球化背景下谋划农业发展战略。一是要扩大农业对外开放。要优化粮棉油糖等大宗农产品进口调控政策，适当进口国内紧缺的资源性农产品，支持有比较优势的农产品出口，实现国内外资源有效配置、国内外市场统筹利用，既保障农产品供给，又保护农业产业发展，既促进农民增收，又维护农民权益。二是要着力构建农业对外开放政策体系。要抓住

“一带一路”建设的重大战略机遇，扩大农业对外投资和农产品贸易，培育一批跨国经营的大型农业企业，积极参与农业国际竞争与合作，以国内涉农企业为主体，以加工业、贸易渠道和基础设施为重点领域，立足周边，深耕南美，巩固非洲，放眼全球，逐步构建全球供应链、产业链和服务链。三是要努力推动全球粮食安全治理改革。加强与发展中国家、粮食消费大国的协调，积极参与世界粮食安全委员会、全球粮食安全问题高级别工作组、20国集团农产品市场信息系统等国际组织，以及联合国粮食安全高级别会议、八国峰会、世界粮农组织大会特别会议、APEC峰会等重要国际和地区会议，推动各项粮食援助承诺得以落实，推动统筹运用金融、贸易、援助、环境保护等各项措施系统应对全球粮食危机。

（邹一南：中央党校经济学部讲师、经济学博士）

9 “互联网＋”行动计划

互联网应用催生了新模式、新产业、新业态，改变了传统产业的运行和竞争模式，给传统产业带来巨大挑战。在新一轮产业革命的驱动下，西方发达国家再工业化、工业互联网、工业 4.0 等战略布局相继提出，中国也凭借实力站在了此次产业革命的前沿。在 2015 年 3 月 5 日上午举行的十二届全国人大三次会议上，李克强总理在政府工作报告中首次提出制订“互联网＋”行动计划。这一计划，有助于“中国制造 2025”目标实现、有助于工业化和信息化实现“两化深度融合”、有助于中国从制造业大国向制造业强国迈进，也是推动“中国制造向中国创造转变、中国速度向中国质量转变、中国产品向中国品牌转变”[①] 的有力武器。本文就“互联网＋”行动计划的时代背景、“互联网＋”的内涵及其要解决的问题、“互联网＋”冲击与产业重构、“互联网＋”背景下中国产业发展机遇、“互联网＋”需解决的关键问题和政策支持体系进行分析、判断和解读。

一、“互联网＋”行动计划：时代背景与深刻内涵

（一）科技革命与中国机遇

从工业技术发展史来看，人类已经经历了蒸汽机时代（工业 1.0）、电气化时代（工业 2.0）和信息化时代（工业 3.0）。当前，随着以互联网

① 2013 年 5 月，习近平总书记在河南考察时提出这“三个转变”的重要指示。

应用为依托的、基于信息物理融合系统的智能化来促进产业变革的工业4.0时代正在来临。如果近距离观察几次工业革命背景下的中国与世界发展，不难发现：工业1.0时代，中国正处于封建社会的晚期，经济上闭关锁国，错失良机；工业2.0时代，中国成为西方列强争相殖民的中心，一度陷入战乱，因洋务运动对西方技术的引进，一定程度上工业革命成果也惠及中国；工业3.0时代，新中国建国后经济实行封闭式发展，在建立独立工业体系过程中，技术落后于西方发达国家，一穷二白的国情也使得中国无法跨越式应用第三次科技革命的成果。

如今，互联网及信息化正在带来新一轮科技革命。与历史上其他几次重大科技革命相比，中国当前处在抓住和引领产业革命前沿的最佳机遇期。从世界发展趋势来看，和平、发展、互利、共赢成为主流，在这种包容性的环境下，中国此次完全有机会与其他发达国家共同抓住产业革命的前沿；从世界发展格局来看，中国已经成为继美国之后的世界第二大经济体[①]，也有实力能够在引领新技术方面与世界先进国家齐头并进；从中国发展的现实来看，中国拥有庞大的互联网人口、完备的工业体系、宽松的政策环境、积极的大众创业、热情的万众创新，这为中国抓住和引领产业革命提供了坚实的物质基础、驱动力量和政策支持，也是近现代以来中国距离产业和科技革命最近的一次。抓住这次机遇，对于中国经济的长远发展和创新体制建设，具有深远的意义。

（二）如何认识“互联网+”及其本质

1. 市场规模是互联网发展的重要因素

互联网产业，从产业属性上来看具有平台型产业的特征，增加额外一位用户带来的边际成本上升几乎可以忽略不计，接入用户越多整个网络平

① 根据IMF的报告，按照购买力平价来计算，中国已经超过美国成为世界第一大经济体。

台的价值也就越高。因此，除技术因素外，市场规模是决定互联网产业发展的重要因素。1987年中国向世界发出第一封电子邮件、1994年中国接入国际互联网，从时间上来看，中国互联网产业的发展时间仍相对较短，只有短短二十几年。但因为中国巨大的市场容量，互联网产业发展十分迅速。中国互联网中心（CNNIC）的报告显示：目前中国网民已经达到6.49亿之多，移动互联网用户是互联网用户的主体：5.57亿用户来自移动端，占比高达86％[①]。

应当注意的是，大规模的用户群体优势可能并非由中国排外性地独享。同其他实体产业跨国经营相比，互联网产业发展跨越国界的成本要低的多，甚至人们用"互联网无国界"来说明互联网的广泛影响。在开放的市场体系下，中国的大规模用户群优势，同样可能被外资互联网企业获得。当前中国的网络审查制度下，许多外国互联网企业无法进入中国市场[②]，一定程度上保护了国内互联网产业的迅速发展。毫无疑问，随着市场的扩展、内外资企业市场主体地位的平等化，市场规模优势将很难成为中国互联网公司的比较优势。因而，必须培育基于互联网的独特竞争优势，这种竞争优势应当具有排外性、竞争性、模仿成本高等特征。培育这种竞争优势，就需要在互联网的应用领域和应用方式上进行深度挖掘，而不是专注于市场规模。于是，以互联网应用为主要内容的"互联网＋"便成为培育竞争优势的天然土壤。

2. **"互联网＋"内涵及其本质**

"互联网＋"首先是互联网的全方位应用。互联网归根到底是一种工具，就像前几次技术革命中的蒸汽机、电力一样，从被发明后就得到各行

---

① 见中国互联网中心（CNNIC）发布的《第35次中国互联网络发展状况统计报告》。

② 2010年3月23日，世界上最大的搜索引擎Google公司宣布停止对谷歌中国搜索服务的"过滤审查"，并将搜索服务由中国内地转至香港。

各业广泛应用。从这个意义上来看，“互联网＋”就是指[1]，以互联网为主的一整套信息技术（包括移动互联网、云计算、大数据技术等）在经济、社会生活各部门的扩散应用过程。单纯从互联网的应用角度来理解“互联网＋”，读者一定会产生疑问：既然“互联网＋”是国民经济各行业和全社会对互联网的应用，市场经济体制下，因竞争压力而借助互联网进行成本缩减必然成为市场主体的理性选择，那么，互联网的应用不是水到渠成的事情吗？为什么各个国家都以不同的形式将类似于“互联网＋”的内容（如美国的工业互联网）列为国家级战略布局？秘密在于互联网与哪些产业“相加”。

“互联网＋”是产业应用，更是产业重塑。从中国近20年来互联网的短暂发展史来看，中国当前正经历互联网商业向互联网工业过渡时期。互联网与商业的结合，极大地改变了我们的日常生活方式，中国电子商务的快速发展印证了这一点。互联网对商业的改写，毫无疑问降低了市场的运行成本、弥补了中国非统一市场的缺陷。但本质上并未改变其商业属性，解决的仍是生产与消费的低成本匹配问题；基于互联网的零售新业态，从本质上只是缩短了零售环节、节省了交易成本。经济史研究表明，商业经济时期社会的创新能力并没有显著提升，其互通有无的本质注定不会产生“生产什么以及如何生产”这样的经济知识（Know－how）。因此，基于商业贸易的互联网应用，虽然可以改变产业形态，但理论上来说并不会大规模产生新的经济知识以及技术创新。但互联网与工业的结合，却在改写工业生产方式、经济知识供给方式以及技术创新的模式。美国的互联网发展及其战略规划恰恰是这个判断的一个脚注：美国互联网产业发展较早、市场规模也较大，但因为其线下商业体系发达，因此互联网商业发展并没有中国式的爆发增长态势。这从侧面证明互联网商业在本质上仍是传统商

---

① 关于“互联网＋”的进一步讨论可以参见：阿里研究院“互联网＋”研究报告，2015年3月。

业的有益补充；但工业互联网发展却成为美国的国家战略，原因就在于在工业领域，互联网并不仅仅是一种工具。基于互联网的工业并不是传统工业的补充，而是对传统工业的升级或替代。发达国家虽然服务业占比超过工业占比，但发达国家均具有对工业技术的核心掌控能力，制造业发展对于国家创新体系仍起到非常重要的作用。

有研究认为，"互联网+"的本质是传统产业的在线化、数据化[①]。本文认为，"互联网+"的本质是传统产业对互联网的深层次、全方位应用，以及互联网对传统产业的改造和重塑，而非简单的在线化和数据化传统产业。互联网的应用可以解决现有市场机制下许多解决不了的问题，如缓解信息不对称、降低交易成本；也可以通过改变生产流程，促进竞争力的提高。我国互联网在商业领域的应用已经处于世界领先水平，而互联网在工业领域的应用却大大滞后。从互联网商业到互联网工业，是从互联网应用到"互联网+"的最好诠释。

二、"互联网+"冲击与产业重构

(一)"互联网+"与传统产业融合方式

互联网与传统产业的结合，从传统产业自身发展角度来看，至少有三重融合方式，这三种方式对产业发展具有不同的功效：第一种是传统产业将互联网应用作为一种工具，互联网服务于生产各个环节而不改变原有的生产实质，从而全面降低传统产业生产及流通各环节的成本。在这种情况下，全产业价值链将发生变化，原本附加值较低的生产环节也因此变得有利可图。这有利于中国走出制造业低端环节锁定的困局，延缓加工制造环节的外向转移，为中国产业升级提供政策实施的缓冲空间；第二种是用互联网升级传统产业，对产业链关键环节进行流程优化和再造。研究表明，

① 阿里研究院"互联网+"研究报告，2015年3月。

当前生产各环节对互联网的应用是存在差异的。消费者互联网化率高达47%，广告营销的互联网化率为228%，零售环节为10.6%，而批发和分销环节只有1%－2%[1]。在互联网应用较广泛的环节形成新的流程，在一定程度上会倒逼其他生产环节的改进。比如，互联网可以根据消费者的消费数据判断消费者的类型，同时将此信息反馈给生产者，客观上就要求生产者调整生产方式以适应多样化消费者的不同需求；第三种是互联网对传统产业的改造和重塑。传统产业生产模式下的批量化生产方式正在因为互联网的介入而改写，柔性、小批量、多样化生产越来越成为主流模式，这种生产方式要求互联网将生产与需求信息对接、将工厂中的机器和生产环节进行互联互通。在互联网时代，传统产业如果不进行改造，就会在竞争中失利。在一些行业中，互联网进行了划时代的重塑。比如通信行业，互联网正在重新定义人们的沟通方式，通信行业也因互联网的引用受到巨大挑战，文字信息通信逐渐从传统电信营运商转向互联网。

（二）“互联网＋”拓展、模糊了产业和区域边界

从产业边界角度来看，互联网正在不断拓展产业的边界，同时产业的边界也逐渐变得模糊。互联网以及其提供的信息、数据，正在逐步成为重要的生产要素，正在逐步改变要素禀赋并转化为比较优势。掌握了具有比较优势的要素，就在生产中有相对比较优势。当下，互联网巨头凭借其掌握的数据信息优势、云计算能力、市场挖掘潜力，打破产业边界，跨界产业正逐步发展。于是，互联网企业进入汽车行业、零售行业、现代农业，成为互联网时代的潮流。从产业区域发展边界来看，生产的空间限制被大大缩短。工厂的生产档期以及其产能可以借助互联网实现远程交易，生产的空间距离正在被重新定义。互联网就像黏合剂，使得跨区域的企业合作变得更加便利、成本更低。区域市场分割程度越大，互联网作用的空间就

---

① 数据来源：阿里研究院“互联网＋”研究报告，2015年3月。

越宽广，从这个意义上来说，互联网的快速发展有助于中国统一市场的建立。

(三)“互联网+”催生新产品、新模式、新业态、新产业

互联网改变了传统产业的运行模式，“互联网+”可以与很多领域相结合，新产品、新模式、新业态和新产业不断出现。互联网催生新产品：信息与数据是重要的生产参数，之前只有大企业能够负担得起信息及数据费用，互联网可以为中小企业提供数据分析服务；互联网带来新模式：如互联网与金融结合产生的互联网金融及其在线衍生品市场，改变了人们参与财富创造的模式；互联网带来新业态：电子商务的发展是绝佳的例证；互联网还促进新产业发展：大数据、云计算、在线存储产业，以及基于信息处理的产业，都借互联网东风得到了快速发展。互联网与零售、批发、制造、外贸、农业等方面，都有许多成功的案例。在这样的发展情况下，互联网几乎无孔不入，互联网思维已经成为产业发展的一种有效工具。

(四)“互联网+”改变产业竞争模式

从产业链的价值分布来看，加工制造环节的重要性越来越弱，谁掌握了产业链的两端，谁就掌握了产业链的主导权。如前所述，不同产业链环节的互联网化率不同，工业互联网落后于商业互联网，这使得产业链两端的利润增速快于加工制造环节的利润增速，互联网应用更加强化了产业链控制权的集中趋势。从产业竞争角度来看，大数据成为企业竞争的重要砝码。拥有数据的企业，可以更好地了解市场需求、更准确地控制生产过程、更有针对性地提供售后服务。可以说，谁掌握了数据，谁就掌握了竞争的主导权。在很多情况下，数据本身的价值可能超越商品自身的价值，很多生产型企业在生产利润下降的压力下，逐步转向生产性服务行业。根据我们在西门子的调研发现，这样的转型正在借助互联网大规模发生：西门子用大数据采集生产线上的运营数据，为自动化生产线生产企业的线上

维护和售后管理提供分析，优化了生产企业的成本结构。同时，工程师与数据分析师等众多角色在这一过程中充分交流，大大缩短了创新周期。

三、“互联网+”与中国产业发展机遇

“互联网+”行动计划对中国未来产业发展和产业调整的方向，具有重要而深远的影响，同“中国制造2025”、“两化深度融合”以及新兴产业发展是相辅相成的产业发展体系。

(一)“互联网+”与“中国制造2025”

1.“中国制造2025”战略规划及地位

中国快速的工业化进程，使得中国成为世界上工业基础最完善的国家。在全球500多个主要工业品中，我国已有220多个工业品产量位居全球首位[①]，煤炭、水泥、电解铝、生铁、精炼铜、化肥、家电等产量均居世界首位。但科技含量低、产能过剩等问题严重制约我国制造业的发展，制造业大而不强。在2015年3月25日李克强总理主持召开的国务院常务会议上，部署了加快推进实施“中国制造2025”。这一部署是着眼于解决中国工业领域的关键问题而出台的整个工业、制造业领域的顶层设计，与美国工业互联网、德国工业4.0类似，都是制造业发展的国家级战略规划。

2.“中国制造2025”战略规划是制造业强国战略的开端

尽管从全国范围来看第三产业产值占比已经超过第二产业，但制造业仍是我们的优势产业[②]。中国制造业发展的总体规划可以概括为“三十

---

① 苗圩：《中国220多种工业品产量居全球第一位》，数据来源：新华网，http://news.xinhuanet.com/fortune/2013—03/25/c_115145563.htm，2013年3月25日。

② 李克强：《2015政府工作报告》。

年，三步走”[①]：2025 年中国制造业可进入世界第二方阵，迈入制造强国行列；2035 年中国制造业将位居第二方阵前列，成为名副其实的制造强国；2045 年中国制造业可望进入第一方阵，成为具有全球引领影响力的制造强国。其中，“中国制造 2025”是三步走的第一个十年行动纲领，也是一个路线图和时间表。

3. “互联网＋”趋势下中国制造业的重点发展领域

从理论与实践上来看，互联网可以而且已经渗透到各个行业中去，现在任何一个产业的发展都不可避免地有互联网的影子。但如前所述，互联网与不同产业融合对经济长期增长的影响是不一样的。2015 年 3 月 25 日召开的国务院常务会议上强调，要顺应“互联网＋”的发展趋势，重点发展新一代信息技术、高档数控机床和机器人、航空航天装备、海洋工程装备及高技术船舶、先进轨道交通装备、节能与新能源汽车、电力装备、新材料、生物医药及高性能医疗器械、农业机械装备十大领域。通过产业发展的十大重点领域来看，“互联网＋”与制造业发展，将是“互联网＋”重点的发展领域，也是未来制造业发展的突出特点。“互联网＋”与制造业的结合产生的智能制造，构成了新一轮科技革命的主要技术支撑。“互联网＋”也将成为实现“中国制造业 2025”任务和目标的技术路径之一。

4. 落实“中国制造 2025”战略规划的五大工程建设

为了保障规划的实施，“中国制造 2025”战略性规划提出了五大工程建设[②]：第一，实施国家制造业创新中心建设工程。以产学研用相结合来建设创新中心，以科研院所、高等院校和企业为基础，以产业联盟形式来承担制造业强国建设的核心任务，然后市场化地组建，阶段性地形成成果。第二，大力推进智能制造。智能制造是新一轮科技革命的核心，也是制造业数字化、网络化、智能化的主攻方向。第三，工业强基工程。主要

① 可参见中国工程院“制造强国战略研究”项目的研究。

② 2015 年 3 月 27 日，国务院新闻办举行国务院政策例行吹风会，请工业和信息化部副部长苏波介绍了《中国制造 2025》有关情况，对五大工程建设进行了说明。

为了解决基础零部件、基础工艺、基础材料的落后问题。第四，绿色发展工程。打破环境和资源的约束，降低能源消耗和污染排放，提高资源的使用效率。第五，高端装备创新工程。当前“核高基”、互联网、数控机床、大飞机等专项已经在做，今后还要推进一些新的专项来启动，来提高整个装备制造业的水平。

（二）“互联网+”与两化深度融合

1. 工业化与信息化：认识升级

工业化与信息化这一对概念，是中国特色新型工业化道路中的重要内容。党的十六大报告中就提出“以信息化带动工业化，以工业化促进信息化”的新型工业化道路的指导思想；十七大继续完善了“发展现代产业体系，大力推进信息化与工业化融合”的新科学发展的观念，被表述为“促进信息化与工业化融合，走新型工业化道路”，两化融合的概念就此形成。党的十八大报告指出，要坚持“四化同步发展，两化深度融合”，明确了两化深度融合成为我国工业经济转型和发展的重要举措之一。两化融合到两化深度融合，表明信息化与工业化的结合更加紧密。“深度”体现在信息技术对工业化的全方位渗透：从两化深度融合的主要内容上来看，侧重于将信息技术应用到技术、产品、业务以及产业等各个方面。

我国的两化深度融合，与德国的工业 4.0、美国的工业互联网，在本质上的要求是类似的，都旨在促进互联网为代表的信息化与工业生产的深层次融合。但我国面临着更复杂的生产现实，中国的工业发展及其对信息化的应用非常不均衡，在发达国家全面探索由工业 3.0 向工业 4.0 转变的时候，我国许多工业部门的自动化程度还没有完全实现，部分工业仍处在 2.0 时代或 3.0 时代。这就意味着，我国两化深度融合的任务更艰巨，不仅要紧随发达国家赶上互联网工业 4.0 的发展，还要弥补不足，补上工业 2.0、3.0 的短板，这将是一个重要的挑战。

2. “互联网+”是两化深度融合的升级版

两化深度融合虽然比两化融合拓展了融合的广度和深度，但其主要内容还是针对信息化与工业化两个方面，可以理解为互联网在工业中的应用。而“互联网+”除了将互联网运用到工业领域外，还可以将互联网应用到其他行业，因而“互联网+”是两化融合的升级版。同时，“互联网+”的“+”，并不意味着互联网的简单应用，而是借助互联网对传统产业进行升级和改造，其核心和关键在于创新。如果说两化深度融合的主要作用在于降低工业化的成本，那么“互联网+”与工业化融合的作用则主要在于提高工业创新能力。两化深度融合，也必定借助互联网的发展，“互联网+”的思维模式，也是促进两化深度融合的重要路径。在大数据、智能化、移动互联网和云计算等新技术带动下，两化深度融合将步入新阶段。

（三）“互联网+”与新兴产业发展

1. 新兴产业和新兴业态是竞争高地[①]

世界范围内的新兴产业正在随着新技术的突破不断涌现，在发达国家，新兴产业开始替代传统产业成为促进经济发展的主导产业。即便是发达国家普遍回归制造业，也绝不是简单的生产制造环节的回归，而是利用制造业这一躯壳，借助互联网这一有效工具，广泛开发和应用新技术。互联网将给制造业带来新的活力，改写工业生产的方式和组织模式，生产小型化、智能化、专业化将成产业组织新特征[②]。而互联网催生的新兴产业和新兴业态，将成为未来产业竞争的重要砝码。新的政府工作报告提出，要“实施高端装备、信息网络、集成电路、新能源、新材料、生物医药、航空发动机、燃气轮机等重大项目，把一批新兴产业培育成主导产业”。

① 李克强：《2015政府工作报告》。

② 习近平2014年11月9日在亚太经合组织（APEC）工商领导人峰会上首次系统阐述了“新常态”，提到了这个生产组织特征。

2.“互联网+”促进新兴基础设施产业发展

传统产业发展依赖的基础设施，主要在于交通、水电管网、通信等有形和无形的网络。而“互联网+”是一种以信息或数据为生产要素的生产模式，其依赖的基础设施要解决三个关键问题：如何收集信息及数据？从哪里收集信息及数据以及如何处理信息与数据使之服务于其他产业？这三个问题分别对应三类基础设施建设。

一是收集信息与数据的智能终端产业的发展。人类的各种生产和生活都会产生海量数据，但如何收集这些数据，却是最近这些年才被重点关注的问题。当前数据的产生速度快于之前任何一个历史阶段，随着个人电脑的普及、移动设备的快速发展、可穿戴设备的兴起，越来越多的数据被收集起来。“互联网+”作用的发挥，必须依赖智能终端设备产业的发展。

二是物联网相关产业的发展。从当前数据来源的渠道中可以看到，工业领域的数据收集落后于生活领域的数据收集。当前针对消费领域尤其是电子商务交易的数据，数据化程度已经非常高；但工业领域的数据化程度相对滞后，如加工制造业的生产环节，很多生产设备产生的数据并未被有效记录。随着各类传感器的发明和物联网的兴起，越来越多的工业设备产生的数据被收集起来，极大地扩展了数据收集的范围。

三是处理信息与数据的大数据、云计算等产业的发展。收集数据本身并不重要，重要的是如何处理大数据。云计算等相关产业的发展，极大地降低了信息与数据的处理成本。在互联网简单应用时代，掌握了信息数据的处理能力就在竞争中具有优势；而“互联网+”时代，数据分析处理能力将成为不可或缺的重要生产要素。

四、“互联网+”需解决的关键问题及政策支持

中国自加入国际互联网以来，已经发展了二十余年。互联网基础设施相对完善，用户规模已经十分庞大。按照英国演化经济学家卡萝塔·佩蕾

丝的判断，重大的技术革命都会形成与之相适应的新的技术一经济范式。这个过程的第一阶段就是基础设施的广泛安装，而这个阶段大约要持续近20年。中国当前就处在第一阶段向以“各行业广泛应用新技术”为特征的第二阶段转换。在这个至关重要的转换阶段，应当思考如下问题：在基础设施广泛安装阶段，如何解决互联网产业自身发展问题？在互联网广泛应用阶段，如何应用互联网促进传统产业改造？如何应用互联网引导新兴产业发展？如何应用互联网构建自主创新体系？

（一）“互联网+”自身发展政策重心

1. 强化基础性：加快互联网基础设施的建设

根据全球CDN服务提供商Akamai发布的《2014年第一季互联网发展状况报告》显示，中国宽带的平均网络速度在全球排名中为第79位，平均速度为3.2Mbps；而排名第一的韩国平均速度为23.6Mbps。“万维网基金会”2013年发布的基于互联网普及水平、透明度的万维网指数显示，中国在81个国家中排名第57位[①]。同世界相比，中国的硬件建设和软环境建设均需加快步伐，互联网基础设施建设是促进互联网经济发展的基础。

探索加快互联网基础设施建设的有效模式。互联网基础设施，不仅具有公共产品属性，还具有正外部效应。具体来看，互联网产业链条又可以进一步被分解为纯公共产品（如基础网络）、半公共物品（如通信服务）和私人物品（如移动终端），产业链不同环节的基础设施建设需要的模式也不同。上游基础网络的建设，应当更多地依靠政府规制来解决普遍服务，监管运行效率、运营投入可能需要政府主导；而中游的通信服务应当侧重于利用市场竞争来提高效率，但同时政府对授权运营商进行费率监

① 资料来源：中国日报网，“2013年全球网络环境排名出炉 中国列第57”，2013年11月22日。

管，因而宜采取政府与社会合作的方式；下游的移动终端则可以采取市场主导的模式，充分利用市场竞争机制，给予宽松的发展环境。

2. **争夺话语权：参与和主导互联网规则制定**

从全球互联网竞争格局来看，中国的互联网企业在全球互联网企业中的确有竞争优势。在大规模用户基础之上，中国的互联网公司已经跻身世界前列：截至2014年9月，世界十大市值最高的互联网公司中，中国和美国几乎平分秋色，中国有4家①、美国有6家。但在过去近50年中，作为互联网的诞生地，美国引领了全球互联网的规则制定。

中国已经具备了影响世界互联网格局的先决条件：大规模用户基础、互联网商业蓬勃发展、移动支付具有较强的竞争力等，在许多方面中国的互联网已经走在世界前列。中国应当借助互联网规模优势及其影响力，参与并逐步主导国际互联网规则的制定。

3. **占领制高点：突破核心技术的封锁与限制**

互联网经济条件下，软实力的影响要远大于硬实力，软件建设的重要性也远大于硬件建设。在互联网的关键核心技术上，中国还面临着西方发达国家的技术封锁与限制。比如快速发展的中国高铁行业，虽然在硬件建设方面中国已经处于国际领先水平，但控制高铁运行的牵引系统软件，中国至今没有源代码，成为制约行业发展的关键因素。中国应当加强在关键核心技术方面的自主研发投入，比如通信行业的5G标准、移动互联网的操作系统等一系列代表未来互联网产业发展方向、控制互联网发展基础的软基础设施，占领未来互联网竞争的制高点。

（二）“互联网＋”促进传统产业改造的政策设计

促进“互联网＋”与实体经济各行业的融合发展，推动实体经济全面互联网化，利用互联网思维改造传统产业。2015年政府工作报告指出，

① 这四家分别是阿里巴巴、腾讯、百度、京东，数据来源：S&P Capital IQ。

"推动移动互联网、云计算、大数据、物联网等与现代制造业结合"，为制造业互联指明了方向。如何才能够更好地促进结合？这样的结合方式如何能够在产业中快速传播，进而成为产业运行的标准范式？

营造公平竞争性市场环境，有利于互联网与传统产业融合方式的快速传播。对大多数行业来说，初期运用互联网的目的是优化交易流程，只有少数的企业才有能力利用互联网改造整个产业发展和运营模式。只有多数企业能够广泛运用互联网，传统产业整体才有升级与改造的空间。那么，互联网的应用方式如何在产业内不同企业间进行快速传播就显得非常重要，这是政策设计应当关注的着眼点。在竞争性市场环境下，应用互联网的传统产业，其生产成本必然会降低，在公平的竞争环境下就会胜出。若互联网的应用门槛和模仿成本比较低，那么同行业内的竞争者必然会采取类似的方式将互联网引入企业中来。反观我国企业的信息化建设历史，就是这样的一种发展方式，如今一家企业如果没有电脑等设备作为辅助，是无法在竞争中生存的。互联网在传统产业中的应用，事实上门槛并不高、模仿成本也比较低。只要有公平竞争性的环境，互联网与传统产业的融合，将会因竞争而兴盛。

因此，利用互联网促进传统产业改造的政策设计，应当在以下几方面展开：一是应当进一步降低企业的互联网接入成本。鼓励专业化信息、数据提供与处理产业的发展，为中小企业应用互联网提供低成本支持；二是鼓励生产性服务产业的发展，引导传统生产性企业转向服务型企业，走出"微笑曲线"的底端；三是优化制度环境和竞争环境，加强互联网企业的监管。当前互联网企业的设立和运行还存在一些制度性障碍：在设立方面，应逐步放宽互联网企业的设立门槛；在运营方面，应当为互联网企业发展与资本市场牵线搭桥，放松互联网企业进入资本市场的制度限制，有序引导互联网企业利用中国资本市场。同时，也应当加强非经济性监管，保护创新、保障互联网产业健康可持续发展。

(三)“互联网+”引导新兴产业发展的政策导向

“互联网+”不仅正在全面应用到第三产业，形成了诸如互联网金融、互联网交通、互联网医疗、互联网教育等新生态，而且正在向第一和第二产业渗透。2015年政府工作报告指出，“促进电子商务、工业互联网和互联网金融健康发展，引导互联网企业拓展国际市场。”互联网正在不断催生新兴产业，从原三次产业分类来看，每类产业都有互联网作用的巨大空间，关键在于需要合理的政策体系进行引导。

第一，鼓励发展智慧农业。农业的比较收益将会随着互联网应用而发生改变，农业生产的地域限制也将因互联网而打破，农业的弱质性特征也会因互联网而减弱。一方面，应支持农业互联网传感设备产业的发展，不断地利用土地生产的参数进行生产管理、过程管理和质量管理。借助于互联网，农产品质量安全将更加有保障；农业受自然因素制约较大，但借助于互联网和各种传感设备，农业抵抗自然灾害的能力增强，农业经营的不确定性可能转换为可控的风险，有利于农业可持续发展。另一方面，应引导互联网从农产品零售服务向农产品生产服务转型。互联网与零售的结合，解决了全国范围内统一市场的问题，对于区域性的农业生产来说更是扩展了其销售的市场规模。但互联网对农业生产服务的支持仍然不够，农业生产的要素投入成本仍然居高不下。在农村金融方面，规模农业生产需要的资本投入成本仍然较高。而现有金融服务对农业的支持力度仍然不够，利用互联网组织资本进行农业投入应当是政策设计考虑的内容之一；在农业社会化服务方面，互联网也能够组织分散的力量，在农业生产中发挥重要作用。可以预计，农业互联网将会使得农业生产更加智慧。

第二，重点发展智能制造。制造业是新的科学技术的“试验田”，因而制造业的发展通常代表国家的科学技术水平。“互联网+”也是“中国制造2025”的主要路径，智能制造将成为未来制造业发展的方向。一是鼓励智能工厂建设，生产设施实现网络化，利用互联网优化生产系统；二是鼓励智能生产研发。现在很多企业都已经实施了物资的联网管理和动态监测（如ERP系统的应用），而互联网可以将生产过程中的人、财、物等充分连接，加强人机互动；三是促进智能物流发展。企业内物流和企业外部物流，在互联网的帮助下各环节可以更加协同，配送效率更高。

第三，优化发展智联服务。第三产业与服务业的结合，将实现资源的整合，使得服务更加智慧和联动。金融服务业的互联网化，对传统金融服务行业带来很大冲击。互联网金融弱化了传统金融行业的信息不对称问题，但同时带来信息安全问题。在鼓励互联网金融发展的同时，也要对其进行有效的监管。医疗服务的互联网化，可以将散落在各地的医疗资源统一放到网络上，也能够实现个人医疗数据的全方位跟踪，更好地服务于病情诊断。

未来新兴产业发展的方向在哪里？恐怕只有市场才会告诉我们未来产业发展方向的调整。新兴产业发展的政策导向，就是改变过去产业政策偏向于补贴“会哭的孩子”，而是让“市场说话”，奖励市场的胜出者。在这样的思路下，我国的新兴产业发展政策也出现了调整。在国家政策方面，对新兴产业也采取了各种支持措施。比如，国家已设立400亿元新兴产业创业投资引导基金。该引导基金不是直接补贴行业，而是采取市场化的运作方式，引导基金服务于“让市场发现新兴产业动向”这一目标。同时，最新的政府工作报告也指出，要整合筹措更多资金，为产业创新加油助力。

（杨振：中央党校经济学部讲师、经济学博士）

10 以体制创新推动科技创新

2015年政府工作报告中指出："以体制创新推动科技创新"。这对于推动创新驱动发展意义重大。实施创新驱动发展战略，必须深化体制创新，建立健全科学合理、富有活力和效率的国家创新体系。通过体制创新，解决制约科技创新的突出问题，以促进科技与经济社会发展紧密结合与无缝对接；通过对科技管理体制、决策体制、评价体系以及组织结构、人事管理制度等进行有步骤地系统改革，建立与社会主义市场经济体制相适应、符合科技发展规律的现代科技体制。体制创新旨在充分发挥市场配置科技资源的决定性作用，最大限度调动和激发广大科技工作者和全社会的创新活力和动力，营造大众创业、万众创新的氛围，为全面建成小康社会，建设创新型国家奠定坚实基础。

一、影响我国科技创新的体制因素分析

2012年9月23日，中共中央、国务院印发了《关于深化科技体制改革加快国家创新体系建设的意见》。意见指出，当前，我国正处在全面建设小康社会的关键时期和深化改革开放、加快转变经济发展方式的攻坚时期。国际金融危机深层次影响仍在持续，科技在经济社会发展中的作用日益凸显，国际科技竞争与合作不断加强，新科技革命和全球产业变革步伐加快，我国科技发展既面临重要战略机遇，也面临严峻挑战。面对新形势新要求，我国自主创新能力还不够强，科技体制机制与经济社会发展和国

际竞争的要求不相适应，突出表现为：企业技术创新主体地位没有真正确立，产学研结合不够紧密，科技与经济结合问题没有从根本上解决，原创性科技成果较少，关键技术自给率较低；一些科技资源配置过度行政化，分散、重复、封闭、低效等问题突出，科技项目及经费管理不尽合理，研发和成果转移转化效率不高；科技评价导向不够合理，科研诚信和创新文化建设薄弱，科技人员的积极性、创造性还没有得到充分发挥。这些问题已成为制约科技创新的重要因素，影响我国综合实力和国际竞争力的提升。因此，抓住机遇大幅提升自主创新能力，激发全社会创造活力，真正实现创新驱动发展，迫切需要进一步深化科技体制改革，加快国家创新体系建设。[①]

（一）科技战略决策机制亟待强化

我国一些重大科技计划组织方式与国家整体战略目标不尽一致，亟待强化国家层面的科技战略决策机制，建立有效的宏观调控机制，推动创新型国家建设，落实创新驱动发展战略。1983年以来，我国推出国家科技攻关计划，随后有高技术研究发展计划（“863”计划）、国家火炬计划、国家攀登计划、国家重点基础研究发展计划（“973”计划），以及包括大飞机在内的16项国家科技重大专项。各种国家科技计划取得了很大成效，但仍存在一些问题。

首先，各种重大科技计划定位不清，研究领域和方向交叉重叠，存在资源分散、目标泛化等问题。例如国家“863”计划、“973”计划、国家科技攻关计划、国际自然科学基金重大研究计划等科技计划，都在向全能化方向发展，缺乏明确战略定位，一定程度上造成重复配置和资源浪费问题。国家自然科学基金和“973”计划都是支持基础研究的，但两个技术

---

① 中共中央、国务院《关于深化科技体制改革加快国家创新体系建设的意见》，人民出版社2012年版，第3页。

的实施主体性质不同：前者的实施主体国家自然科学基金会是事业单位，后者的实施主体科技部是政府部门。两个计划实行不同的管理模式：[①] 前者是依靠专家、发挥民主、择优支持、平等竞争和公正合理；后者是专家咨询、政府决策、首席科学家执行管理和经费全额预算。两个技术有不同的发展目标：前者以鼓励科学界自由探索和兴趣为导向，后者注重国家战略需求和服务于解决经济社会发展的重大问题。两个计划都由国家财政拨款。从目前两个基础研究主体计划的规模结构来看，“973”计划在资金强度和实施规模上远远高于国家自然科学基金（除重大课题之外）。然而，作为基础研究计划而不是科学工程，如果实施规模过大，就有可能导致研究内容偏离基础研究，向研发中下游移动，与“863”计划重合。另外，单项资助的规模过大，会导致相同专业研究人员大幅度集中，项目选择的竞争性会大打折扣，资源封闭性会大大增强，从而不利于创新。

其次，缺乏宏观组织协调机制。例如在科技重大专项管理方面，由于缺乏宏观组织协调机制，使得责权利不是十分清晰，审批层次多，协调难度大。遇到科技难题只能临时召集专家研究，难以从体制机制上解决问题。由于缺乏相关对接战略的执行体系，在市场配置资源的领域，缺乏对科技创新活动进行必要的宏观调控。比如政府相关部门对事关经济社会发展的基础性、战略性与公益性科技研究尚未形成统一战略和规划，对基础研究、科普事业等支持不足，对支持产业技术创新的政策缺乏系统部署等。我国一些重大科技计划组织方式与国家整体战略目标不尽一致，亟待强化国家层面的科技战略决策机制，建立有效的宏观调控机制，推动创新型国家建设，落实创新型国家战略。我国虽然对前端给予了大力扶持，但是在整个国家计划安排当中，包括资源配置当中，比较偏重于单向技术的研发，对产业系统性的技术改进则关注不够。以汽车行业为例，我们通常关注于发动机系统或某一个系统的研发，也有了一些独到的技术，但是整

① 陈劲等编著：《科学、技术与创新政策》，科学出版社 2013 年版，第 110 页。

车的设计和开发仍处于较低水平。汽车行业的现象不是个案，可以看到我国很多产业都面临先进企业和使用落后装备的企业并存的现象。整个国民经济技术含量仍比较低的现实要求我们，在对整个创新链条进行政策扶持的时候，不仅要从前端转向后端，还要进一步调整、优化国家计划安排。

第三，重大科技计划绩效评估机制缺失。对重大科技计划的管理往往止步于验收，缺乏全面深入的绩效评估。目前我国还缺乏独立、权威的科技绩效评估机构。当前我国国家层面的科技战略决策调控不够得力，各个部门的工作安排难以统一到国家整体科技规划和目标上来。由于缺乏有效的重大科技决策咨询机构，《国家中长期科学和技术发展规划纲要》自2006年颁布以来，实际执行成效缺乏全面评估，也没有根据科技领域的新变化及时进行优化调整。

第四，科技资源共享不够。应当说，让科研资源共享已不是什么新话题，近些年来一些有识之士一直在呼吁。我国是一个大国，十分需要有跨地区、跨部门能为用户提供技术支持和质量保障的、基于网络的科研资源共享平台。2004年通过上海科技服务导航网，上海研发公共服务平台正式启用。这样做的目的非常明显，就是要实现上海科研资源全社会共享。作为提高科技创新能力、提高科技资源共享水平的一项重大措施，上海率先填补了一个空白，其意义和作用不言而喻。科研资源包括科学仪器设备资源、科技文献资源、科学数据资源、专业技术资源等。我国科研资源丰富，但科研资源利用率低下，浪费现象司空见惯。比如科研仪器设备，我国拥有的数量比欧盟15国的总量还多，但大多数“闲得发慌”，有的甚至成了“聋子的耳朵——摆设”，一些发达国家科研仪器设备利用率高达170％至200％，而我国还不到25％。这种现象的原因就在于各单位“门户”意识强，各自为阵，封闭使用。由于不能共享，导致了重复购置行为比比皆是。一方面，我们科研经费不足，另一方面，许多科研资源闲置。科研仪器设施及科研资料、数据等资源的巨大浪费，已成为制约我国科技人员参与国际竞争的主要障碍之一。

（二）科技法律法规不健全

1993年我国颁布实施了《中华人民共和国科技进步法》，之后出台了一系列推动科技进步的法律法规，各地推出相应的法规和实施细则等，我国科技创新法律制度体系初步形成。但仍存在一些突出问题：部分法律法规操作性不强，概括性、原则性规定太多，有不少法律条款仅停留在文字、纲领、政策层面上，造成了法律适用上的困难，有的则只是行为模式表述，没有法律后果，这种缺乏操作性的法律法规与社会实际脱节，影响了法律制度重要功能的发挥，削弱了其对科学技术创新活动的激励作用。我国科研院所也存在法律地位不明问题，导致管理体制不清，资源分散化、项目小型化、科技储备萎缩等问题，本应属于公共资源的一些大型科研设备不能为社会共享。科研单位的重大仪器数据库尚未建立，同一机构或课题申请购买仪器时，无法查询其购置状况、使用效率、开放服务等情况，造成一些科研仪器重复购置、使用效率低。需要出台相关法律法规，实现科技资源共享。国家科技投入产生的大量科技信息和数据，目前基本处于分散、搁置甚至流失状态，没有充分利用起来。欧美等国家都有系统的科技报告制度，把国家支持的科研活动产生的资料，包括研究目的、方法、过程、技术内容、中间数据以至经验教训，尽可能向公众开放共享。例如美国现有的国防部AD报告、商务部PB报告、航空航天局NASA报告和能源部DOE报告四大体系每年公开科技报告60多万份。美国航空航天局向社会公开的科技报告累计已达93万份，每月公众点击超过2.3万次。[①]

（三）政府越位、错位与缺位并存

现行的科研管理体制、管理方式还不能完全符合创新的规律。目前，国家层面制定科技政策及掌握和配置科技资源的部门和单位众多，职能交

① 温家宝："关于科技工作的几个问题"，《求是》，2011年第14期，第10页。

叉，沟通不畅，对创新政策的理解和执行往往难以统一，相互掣肘，难以形成协同创新的合力。

一是科技资源配置过度行政化，分散、重复、封闭、低效等问题突出。我国科技资源配置的计划色彩仍然较浓，行政部门在科技资源配置上的影响较大，一定程度上影响了科技资源的有效配置和管理效率的提高。目前掌握科技经费预算的单位分散在国务院20多个部门，科技投入管理与调控缺乏有效的资源整合机制，科技投入资金管理较为粗放。科技管理行政化倾向一直没有发生根本性改变。从重大科技规划，到课题经费开支、时间节点，政府管理部门都有相当大的决定权和影响力。当前从科研计划制订、科研资金管理到科研项目评审、实施和验收，很大一部分是由相关政府部门自主组织实施，既是“决策人”、“发包人”，又是“监理人”，多种角色于一体，存在越位和错位。这种越位和错位使得科研监督手段难以真正奏效，滋生了权学勾结、弄虚作假、贪污腐败等现象。但是在服务、监管和制度设计方面又存在着严重“缺位”。在科技计划的安排上，比较偏重于以单个环节、单项技术指标立项，对技术集成关注不够，按照产业链整体要求和工程化的方式来组织技术的集成化应用开发不够。目前我国还没有真正做到管评分开，评审结果受行政影响比较大。当前科技奖励设置、申报机制和评选机制仍不够科学，重项目轻人员，行政主导分量较重，加剧了重复和过度包装，严重挫伤技术人员积极性。科研诚信和创新文化建设薄弱，学术造假、抄袭等不诚信行为，一方面与“指挥棒”有关，现行评价标准普遍存在重数量不重质量、重经费不重水平、重产出不重应用、重短期不重长远、重成果不重人才等问题，助长了急功近利、心浮气躁的不良风气。另一方面也与整个社会的创新文化氛围有关，整个社会崇尚创新、宽容失败的创新文化建设还很薄弱。

二是科技评价体系简单。我国科研机构众多，科研队伍庞大，在科技体制改革过程中，引入了论文、专利等刚性考核指标，虽然便于行政化管理，但是在导向上重数量、轻质量，导致一些科技人员的科研活动低水平重复。科技评价导向不够合理，科技人员的积极性和创造性还没有得到充分发挥。不管是从事基础研究还是应用研究，目前对科技人才的评价大多与论文、项目、经费数量、获奖情况等挂钩，造成了评价不足和评价“过度”并存。

三是经费分配制度不合理，竞争性经费投入过多。科技资源配置结构失衡，突出表现为对科研机构的稳定支持经费增长过慢。中长期科技发展规划实施以来，2007 年至 2010 年 4 年间，竞争性经费增长了 183%，而同期稳定性经费仅增长 24%，竞争性经费与稳定性经费的比例从 0.97∶1 变为 2.22∶1。[①] 无论是在科研单位还是高校几乎都是唯有争取到项目才能在单位“体面地生存”，这促使科研人员每年疲于拼命争项目、争经费。有科研人员统计其一年时间的分配：1/3 的工作时间写项目申请，1/3 时间跑项目，1/3 时间做项目，项目做完了，结项目还得花 1/3 时间，事务性工作占用了大量时间，做项目时间显然是不够的，就只能从业余时间和休息时间里往外挤。

二、近年来我国科技体制改革进程

科技体制是有关科学与技术的组织和制度安排，包含组织方式、组织体系、管理形式和运行机制等要素，是国家创新体系的基础和重要组成部分。

2012 年 9 月 23 日中共中央、国务院印发了《中共中央国务院关于深化科技体制改革加快国家创新体系建设的意见》，在继承国家中长期科技发展规划纲要的基础上，提出了新时期科技改革发展的总体思路、目标任务和政策措施。

① 黄宁燕、王培德：“实施创新驱动发展战略的制度设计思考”，《中国软科学》2013 年第 4 期，第 64 页。

党的十八大提出了实施创新驱动发展战略，把科技创新摆在国家发展全局的核心位置。2013 年 1 月国务院印发了《关于强化企业技术创新主体地位全面提升企业创新能力的意见》，明确提出以深入实施国家技术创新工程为重要抓手推进企业技术创新的 12 项重点任务及相应的政策措施。

2013 年 6 月，科技部、发改委、财政部等 15 个部门和单位建立了跨部门的联合推进机制，重点落实“加大政府对企业研发投入的引导力度”等五个方面的重点工作。为调动企业创新的内生动力，相关部委出台了一系列完善激励企业创新的普惠政策，如加大研发费用加计扣除、高新技术企业税收优惠等政策落实力度，扩大中关村试点政策范围，加大对中小企业创新的财政金融支持等。

2013 年 9 月 30 日，习近平总书记在主持中央政治局第九次集体学习发表讲话时强调，实施创新驱动发展战略是一项系统工程，涉及方方面面的工作，需要做的事情很多，最为紧迫的是要进一步解放思想，加快科技体制改革步伐，破除一切束缚创新驱动发展的观念和体制机制障碍。

2013 年 11 月十八届三中全会《中共中央关于全面深化改革若干重大问题的决定》对深化科技体制改革的方向和内容做了明确部署。

2014 年 3 月，国家科技报告服务系统正式上线，国家科技重大专项、973 计划、863 计划等 1 万份科技报告向社会公开，公众只要登录相关网站，就可以了解国家科技计划项目相关信息。随后，作为深化科技体制改革的突破口，国务院印发了《关于改进加强中央财政科研项目和资金管理的若干意见》，通过深化改革，加快建立适应科技创新规律、统筹协调、职责清晰、科学规范、公开透明、监管有力的科研项目和资金管理机制，使科研项目和资金配置更加聚焦国家经济社会发展重大需求，基础前沿研究、战略高技术研究、社会公益研究和重大共性关键技术研究显著加强，财政资金使用效益明显提升，科研人员的积极性和创造性充分发挥，科技对经济社会发展的支撑引领作用不断增强，为实施创新驱动发展战略提供有力保障。

2014年4月，为促进中小企业特别是小型微型企业健康发展，规范和加强中小企业发展专项资金的使用和管理，财政部会同工业和信息化部、科技部、商务部制定了《中小企业发展专项资金管理暂行办法》。根据此方法，专项资金综合运用无偿资助、股权投资、业务补助或奖励、代偿补偿、购买服务等支持方式，采取市场化手段，引入竞争性分配办法，鼓励创业投资机构、担保机构、公共服务机构等支持中小企业，充分发挥财政资金的引导和促进作用。

2014年12月，国务院印发了《关于深化中央财政科技计划（专项、基金等）管理改革的方案》。该方案将原来分散在约40个部门的近百项竞争性科技计划优化整合为国家自然科学基金、国家科技重大专项、国家重点研发计划、技术创新引导专项（基金）和基地与人才专项五大类。政府管理仅限于宏观层面，微观层面的项目评审与管理交给专业机构。这有望解决政府在科研项目管理中政事不分、监管不力以及科研人员忙于多头申报项目、“跑部钱进”等多方面的问题。方案明确，按照整体设计、试点先行、逐步推进的原则，经过三年的改革过渡期，到2017年全面完成改革，按照优化整合后的五类科技计划（专项、基金等）运行，并建成公开统一的国家科技管理平台。现有的各类科技计划（专项、基金等）经费渠道不再保留。

三、进一步深化体制创新，促进科技创新

体制创新，就是要使市场在资源配置中起决定性作用和更好发挥政府作用，破除制约科技创新的制度障碍，激发全社会的创新活力和创新潜能。

（一）从科技管理体制到科技创新治理体制转变

治理（governance）一词的原意是控制、引导和操纵，长期以来它与统治（government）一词交叉使用，主要用于与国家的公共事务相关的

管理活动和政治活动中。20 世纪 90 年代以来，治理理论在西方学术界日渐兴起，不再只局限于政治学领域，而被广泛应用于社会经济领域。“治理”不断被赋予新的含义。在众多关于治理的定义中，联合国全球治理委员会的定义具有很大的代表性和权威性。该委员会 1995 年发表了题为“我们的全球伙伴关系”的报告，报告对治理做出了如下界定：“治理是个人和公共或私人机构管理其共同事务的诸多方式的总和。它是使相互冲突的或不同的利益得以调和并且采取联合行动的持续的过程。它既包括有权迫使人们服从的正式制度和规则，也包括人民和机构同意的或以为符合其利益的各种非正式的制度安排。”它认为治理有四个特征：治理不是一整套规则，也不是一种活动，而是一个过程；治理过程的基础不是控制，而是协调；治理既涉及公共部门，也包括私人部门；治理不是一种正式的制度，而是持续的互动。因此，治理有多个主体，强调多元主体的互动、协作，进而实现共同目标。

从本质上讲，传统的科技宏观管理机制更多地强调政府职能部门的资源配置和行政管理，科技主管部门始终局限在特定的科学技术政策领域，科技政策、产业政策、经济政策等在横向层面没有形成统筹协调的创新政策，没有形成由科技部门主导，产业部门、经济部门和地方政府等多元主体参与的创新治理格局。①

从国际经验来看，20 世纪以来，发达国家和部分新兴工业化国家都相继设立了为国家最高决策层服务的科技政策咨询机构。20 世纪 50 年代，美国设立了总统科学顾问委员会；20 世纪 90 年代，韩国成立了科学技术咨询委员会。英国、法国和德国等科技强国也有类似的机构。为了统筹安排创新链条的各个要素和环节，世界各国也在不断进行机构变革，以促进本国创新，提高创新能力和效率。1993 年，法国将原来的教育部与

① 杨继明、冯俊文：“从创新治理视角看我国科技宏观管理体制改革走向”，《科技进步与对策》2013 年第 2 期，第 3 页。

研究部合并在一起，建立了教育、研究和技术部。该部的主要任务是协调科研和教育两方面的工作，以战略眼光进行科学与教育的宏观管理和运行调控，赋予高等教育部门和科研机构更大的自主权；对高等教育和科技工作进行审查和评价；保证全国科技政策的及时制定和协调。教研部下设部长办公厅、科技高级顾问委员会、研究与技术司、技术创新司、科技情报司、国际事务司和研究财务司。2009 年，为了更好统筹协调管理技术创新和经济发展，英国将商业、企业和制度改革部和创新、大学和技能部重组为商业、创新和技能部，该部的主要职能包括加强科技创新，促进科技成果产业化，进而提高英国的核心竞争力。2011 年，澳大利亚将其原来的创新、工业与科研部与教育、就业和劳动关系部的高校教育部分进行合并，成立了创新、工业、科研与高校部。

（二）转变政府职能推进体制创新

加快政府职能转变，是科技体制改革的关键。我国以往科技体制改革主要围绕科研机构和研发人员开展，系统性不够、整体性不强，导致宏观科技管理体制改革相对滞后。在新一轮科技体制改革中，政府应加快职能转变，消除“越位”，弥补“缺位”，优化宏观科技管理组织结构和协调机制，推动科技工作管办分离，尽快理顺宏观科技管理体制，营造良好的创新环境。

1. 转变政绩考核体系。我国当前的政绩考核体系对科技创新的驱动不足。在目前的政绩考核体系下，政府官员比较注重能够拉动 GDP 增长的资源、资金等要素的投入，而不会将科技创新驱动发展放在重要位置，这种考核导向与建设创新型国家战略目标是不尽一致的。节能减排、环境保护等指标虽然越来越受到重视，但在考核体系中所占权重依然偏小，使得各级领导干部推动科技创新的动力不足。因此，应加大创新能力在政绩考核体系中的比重。

2. 弥补缺位。除了加强对科技创新宏观调控之外，要改革中央财政科技计划管理方式，建立公开统一的国家科技管理平台。重点支持基础研究、前沿技术和重大关键共性技术研究，鼓励原始创新，加快实施国家科技重大项目，向社会全面开放重大科研基础设施和大型科研仪器；加强科技创新平台建设，优化科技创新条件。

3. 进一步优化科技宏观管理组织结构和协调机制，打破条块分割，统筹配置资源。可以进一步强化全国科教领导小组的作用，对科技创新实施跨部门领导协调。加快实施政府部门组织体系和运行机制改革，将决策、执行、监督相分离，部门之间相互协作又相互制约，实施官员和专家问责制度。

4. 营造良好的创新环境。营造公平的科技创新环境，是政府在公共管理和服务中的重要职责。当前在科技创新项目分配、税收优惠、行业准入等许多政策方面，还存在不少壁垒，影响了市场配置科技创新资源的成效。企业、科技类民办非企业机构与事业类科研单位在获得项目分配、税收、人才引进等政策支持上，存在不公平问题；民营企业与国有企业在行业准入、信贷支持等政策享受上存在不平等问题；大企业与中小企业在政府采购等政策享受上存在不平等现象，应尽快予以解决。2014 年企业研发支出占全社会研发支出比重达 76%，企业研发人员占我国研发人员总量达 77%，企业发明专利超过国内有效发明专利总量 55%，国家科技进步奖获奖项目企业参与的占 76.3%，企业作为第一完成单位的占 40%，首次超过高校位居第一。正如政府报告中提出的那样："企业是技术创新的主体。要落实和完善企业研发费用加计扣除、高新技术企业扶持等普惠性政策，鼓励企业增加创新投入。支持企业更多参与重大科技项目实施、科研平台建设，推进企业主导的产学研协同创新。中小微企业大有可为，要扶上马、送一程，使'草根'创新蔚然成风、遍地开花。大力发展众创空间，增设国家自主创新示范区，办好国家高新区，发挥集聚创新要素的领头羊作用。"

（三）完善和落实支持科技创新的法律政策体系

1. 建立健全综合性科技进步法。完善《科学技术进步法》这一基本法，完善科技创新链条各个环节的法律法规以及相互之间的衔接。强化法律政策保障，有效引导社会资源流向科研活动。如制定科技资金投入法、科学基金法，充分体现科技投入的法定性、合理性和权益保障性，最大程度为科技创新配置资源。

2. 修订完善政府采购法、合伙企业法、反垄断法等，有效保障科研活动。完善各类财税、金融政策，支持科技创新。创新创造关键在人。完善科技成果转化、职务发明法律制度，扩大股权和分红激励政策实施范围，使创新人才分享成果收益。要加快科技成果使用处置和收益管理改革，加快科技成果转化法修订和试点工作。导致高校与科研院所科技成果转化不通畅的主要原因，是科技成果的处置权和收益权，按照现行规定，高校和科研院所的科技成果转让等同于国有资产处置，成果转化需要不同形式的审批，从而制约了科研成果的转化和产业化。因此，可以考虑把科技成果的处置权和收益权归属高校和科研院所，使科研人员能够分享科技成果转化的收益。目前这项改革已经在中关村试点。

3. 完善科技评价体系。（1）完善评价标准。科技评价要体现差异化，对于从事不同研究的科研人员，采取不同的考核方法，要遵循科学规律，营造能充分发挥科研人员自主性、创造性的宽松创新环境，要容忍失败。对于基础研究的人才，评价的核心应该是新理论、新方法，衡量指标应侧重于是否首创以及论文的影响力等；对于技术研发人才，评价的核心应该是技术成果和技术服务，衡量指标应为专利和技术水平；对工程开发类人才，评价的核心应是成果转化，衡量指标应侧重于新工艺、有市场前景的新产品；对产业化支撑人才，评价的核心应该是产品质量和经济效益。（2）科技评价的评价主体应逐步由行政部门改为独立的学术团体，构建公开透明的科研资源管理和项目评价机制，增强评价的透明度和科学性。

(3) 增加企业在项目评审中的发言权。长期以来，我国项目“裁判权”主要掌握在专家手中，专家可能在学术上是权威，但在市场应用的判断上未必准确。科研立项的主导思维很大程度上还是学术思维和专家思维，缺少市场思维。但实际情况是，某一个应用技术项目应不应该立项、立项时机是否恰当、应该投入多少经费等问题，企业往往比专家更清楚。因而，在项目征集、立项、评审中都应增加企业人士的比例，最终评价也要将市场所产生的效益作为重要标准。

4. 完善促进科研人员流动机制。破除人才流动的体制机制障碍，促进科研人员在事业单位和企业之间合理流动。为此，应启动人事制度改革：符合条件的科研院所的科研人员可带着科研项目和成果、保留基本待遇到企业开展创新工作和创办企业；允许高等学校和科研院所设立一定的比例的流动岗位，吸引企业家和企业科技人才兼职；加快社会保障制度改革，完善科研人员在事业单位与企业之间流动时社保关系转移接续政策，从而促进人才双向自由流动。

5. 深入实施知识产权战略行动计划。坚决打击侵权行为，切实保护发明创造，让创新之树枝繁叶茂。经济学家诺斯认为，工业革命的实质不是技术革命，而是一场制度革命。工业革命的成功离不开对产权特别是知识产权的保护。没有对知识产权的保护，就不会有持续不断的革命性创新。美国之所以能“大国崛起”，与其建国之初起草宪法时就考虑到了保护知识产权不无关系。创新需要研发投资，是高投入、高风险的。如果不能有效地保护知识产权，研发投入就很难完全收回，创新的积极性就会丧失。经济社会发展证明，世界上哪个国家的知识产权保护做得好，哪个国家的创新就处于领先地位。因此，政府应营造尊重知识的氛围，不断增强全社会创新的主动性，加大假冒侵权打击力度，提高侵权成本，保护创新主体的积极性，让创新者获利。

（陈宇学：中央党校经济学部教授）

11 加快推进以中小城市为重点的新型城镇化

中小城市是我国城镇体系的基础，也是我国推进城镇化的战略重点。尤其是农村城镇化的推进，对于支撑国民经济发展，形成城乡一体、工农互动的发展新格局，具有十分重要的意义。在经济进入新常态后，如何通过加快城镇化步伐，重塑经济发展的新动力，是一个亟待探索的新课题。

一、中小城市发展：迎来了战略机遇期

我国经济发展进入新常态，传统的经济增长动力衰竭，要继续保持经济的持续、协调、高质量的发展，就必然沿着加快转变发展方式的路径，一方面加快消化过剩产能、扶持新兴产业，形成新的供给能力，另一方面加快以中小城市及县城为重点的城镇化进程，形成新的需求结构，从而再造经济发展的新动力。因此，国家必然加快推进城镇化的进程，在大城市出现“城市病”的环境中，中小城市及县城城镇化成为城镇化的战略重点，迎来了大力发展的战略机遇期。

1. 国家新型城镇化战略实施，为中小城市及县城城镇化的推进创造了政策环境。改革开放30多年以来，我国城镇化水平有了很快的提高。从1978年的17.92%，上升到2014年的54.7%，已有7.5亿人口生活在城镇，大约2.6亿农民走向非农产业，其中1.6亿生活在城市，这大大地推动了国民经济的持续发展和财富的快速增长，使我国成为GDP世界第二和制造业第一的大国。与此同时，也使我国患上严重的“城市病综合

征”。一方面“过度城市化”困扰着中心城市，人口膨胀、交通拥堵、环境恶化、房价暴涨、水源短缺，超出了城市自身的承载能力，难以持续发展；另一方面，“半城镇化病”严重，1.5亿农民工及其家属，处在城乡两栖状态，内需难以释放、社会矛盾尖锐。为了医治城镇化的负效应，加速城镇化的健康发展，支撑国民经济转型升级，国家适时启动了新型城镇化战略，制订了《国家新型城镇化规划（2014—2020）》，对城镇化的目标、路径、政策进行了顶层设计，用以指导城镇化的健康发展。国家新型城镇化战略的实施，为我国城镇化，尤其是农村城镇化的加速，提供了三个方面的环境：

第一，确立中小城市、县城及小城镇为推进城镇化的主攻方向。按照《规划》设定的发展目标，2020年常住人口的城镇化率要到达60%，2030年达到70%；如果按照联合国人口署2012年对我国2100年人口总量变动趋势中的方案预测，2020年总人口为14.21亿人、2030年为14.58亿人计算，2020年新增城镇人口为1.4亿、2030年为1.68亿（见表1)。可以说，在5—15年的时间里，将有3亿人口，从农村向城镇迁徙，在大城市饱和的状态下，中小城市责无旁贷成为容纳进城农民的新人口池。《规划》明确指出：“把中小城市作为优化城镇规模结构的主攻方向”，“对具备行政区划调整条件的县可有序改市，把有条件的县城和重点镇发展成为中小城市”。

表1　2013—2030年中国新增城镇人口预测一览表

	2013年	2020年	2030年
总人口数量（亿人）	13.61	14.21	14.58
城镇化率（%）	53.7	60	70
城镇人口（亿人）	7.3	8.52	10.5
预计增长城镇人口	1.42	1.68	—

第二，明确增加中小城市基础设施的投入。改善中小城市和小城镇对外交通，发挥综合交通运输网络对城镇化格局的支撑和引导作用。到2020年，普通铁路网覆盖20万以上人口城市，快速铁路网基本覆盖50万以上人口城市；普通国道基本覆盖县城，国家高速公路基本覆盖20万以上人口城市。尤其是强调县城和重点镇的基础设施投入，补齐公共服务设施的“短板”。(见图1)

图1　县城和重点镇基础设施提升工程

县城和重点镇基础设施提升工程
01 公共供水 加强供水设施建设，实现县城和重点镇公共供水普及率85%以上。
02 污水处理 因地制宜建设集中污水处理厂或分散型生态处理设施，使所有县城和重点镇具备污水处理能力，实现县城污水处理率达85%左右、重点镇达70%左右。
03 垃圾处理 实现县城具备垃圾无害化处理能力，按照以城带乡模式推进重点镇垃圾无害化处理，重点建设垃圾收集、转运设施，实现重点镇垃圾收集、转运全覆盖。
04 道路交通 统筹城乡交通一体化发展，县城基本实现高等级公路联通，重点镇积极发展公共交通。
05 燃气供热 加快城镇天然气（含煤层气等）管网、液化天然气（压缩天然气）站、集中供热等设施建设，因地制宜发展大中型沼气、生物质燃气和地热能，县城逐步推进燃气代替生活燃煤，北方地区县城和重点镇集中供热水平明显提高。
06 分布式能源 城镇建设和改造要优先采用分布式能源，资源丰富地区的城镇新能源和可再生能源消费比重显著提高。鼓励条件适宜地区大力促进可再生能源建筑应用。

资料来源：《国家新型城镇化规划（2014—2020）》

第三，明确率先进行中小城市及小城镇综合配套改革。《规定》指出：“户籍管理、土地管理、社会保障、财税金融、行政管理、生态环境等制度改革取得重大进展，阻碍城镇化健康发展的体制机制障碍基本消除。”最近媒体报道，新型城镇化综合试点正式启动，64个试点单位，从五个方面进行机制创新：(1) 建立农业转移人口市民化成本分担机制。按照户籍制度改革要求，调整户口迁移政策，出台具体可操作的农业转移人口和其他常住人口落户标准；建立居住证制度，以居住证为载体建立健全与居住年限等条件相挂钩的基本公共服务提供机制。(2) 建立多元化可持续的城镇化投融资机制。编制公开透明的城市政府资产负债表，依据城市规划编制城市基础设施建设规划和融资规划，针对不同项目性质设计差别化融资模式与偿债机制，建立健全地方政府债券发行管理制度，鼓励社会资本以 PPP 方式参与城市公用设施投资运行等。(3) 改革完善农村宅基地制度。实现农村宅基地的有效流转，建立兼顾国家、集体、个人的土地增值分配机制，构建城乡统一的建设用地的市场。(4) 建立行政管理创新和行政成本降低的新型管理模式。把符合条件的县和建制镇设为市的过程中，探索大部门制、开发区管理模式等的横向整合，优化行政层级和区划的纵向设置；赋予吸纳人口多、经济实力强的镇同人口和经济规模相适应的管理权。(5) 综合推进体制机制改革创新。鼓励试点地区在城乡发展一体化体制机制、城乡规划编制和管理体制机制、农业现代化体制机制、城市“多规融合”制度、城市生态文明制度、城市社会治理体系以及新型城镇化标准体系建设和创新城市、智慧城市、低碳城市、人文城市建设等方面开展多种改革探索。上述 5 个领域的改革，将会加快中小城市公共服务均等化的步伐，融资环境的改善，农地的转流，农民工市民化的财力、地区政府管理体制的改革。

2. 城镇化与逆城镇化的交汇，为县域城镇化提供了动力。县域城镇化的内在动力，来自两类人群。首先是新进城的农民，从农村源源不断地向城镇转移。农村人口流动呈现出两个特点：按照青年—男人—妇女—中年人—老年人顺序外出；按照年轻人—大城市、中年人—地级市、老年人—县城顺序转移。随着农村人口的老龄化，新进城农民平均年龄不断地提高，已经从 2008 年的 34 岁提高到 2014 年的 38.2 岁。由于受年龄、技能、文化、家庭等因素的影响，新进城农民很难在大城市就业和落户，偏爱选择县城作为落脚地。中国就业网对全国 116 个城市的岗位空缺与求职人数比率的统计结果显示，在劳动力供不应求的情况下，45 岁以上劳动力仍然供过于求，就业十分困难。（见图 2）目前，我国农村剩余劳动力中 16—34 岁的劳动力仅为 3500 万人，农业劳动年龄人口年龄中位数为 42 岁，预计到 2020 年为 50 岁。随着农村劳动力老龄化日趋严重，劳动力向城市转移的数量也会呈现递减趋势，就地城镇化成为新常态。

图 2　岗位空缺与求职人数比率

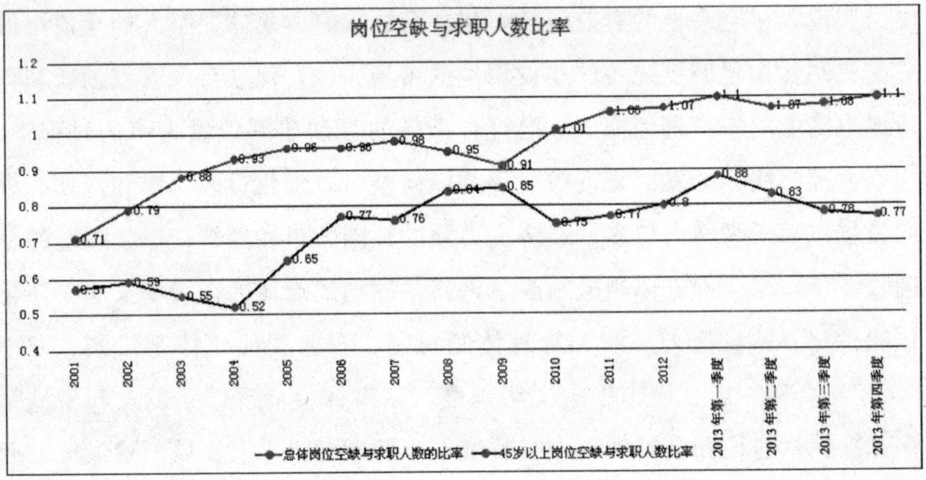

资料来源：中国就业网相关数据

另外，县城吸引了返乡农民工落户。目前，我国已经进入农民工代际交替阶段，老一代农民工（1980 年前出生的）在经过 20 多年的城市打拼，有了一定的积蓄，再加上城市生活成本的上升，就业的艰难，开始踏上返乡之路，县城成为返乡农民工的目的地。据统计数据显示，老一代农民工本地从业的比重逐年提高，2013 年约占 54.5%，而新生代农民工仅占 24.5%。从表 2 可以看出，从 2010 年开始，农民工总量增长率逐年下滑，说明农村这个劳动力蓄水池中，后备劳动力不足。而本地农民工的增长速度虽然也放缓，但是增长速度高于外出农民工的增速，这说明，很多农民工选择了回乡打工。据《中国流动人口发展报告》数据显示，我国城镇化已经到了劳动力“回流”阶段，随着新农村建设的加快，东部传统产业的“西移”，即中西部转移，“下移”由大城市向中小城市及县城转移，中西部跨省流动的农民工，逐年“返流”。据有关部门进行的问卷调查显示，农民工希望定居的地方主要集中在县城、小城镇以及打工城市；随着年龄增大，希望定居县城、小城镇、打工地的比重越高；50 岁以上的农民工希望定居农村的比重最大，16—25 岁的农民工希望定居直辖市的比重最高。从调查可以看出，随着年龄的增长，回乡定居的愿望越强烈。

表 2　农民工规模　　单位：万人

指 标	2008 年	2009 年	2010 年	2011 年	2012 年	2013 年	2014 年
农民工总量	22542	22978	24223	25278	26261	26894	27395
增长率（%）		1.9	5.4	4.3	3.8	2.4	1.9
1. 外出农民工	14041	14533	15335	15863	16336	16610	16821
增长率（%）		3.5	5.5	3.4	2.9	1.7	1.3
2. 本地农民工	8501	8445	8888	9415	9925	10284	10574
增长率（%）		−0.01	5.2	5.9	5.4	3.6	2.8

资料来源：国家统计局网站相关数据。

表 3　农民工希望定居的地方　　单位：%

年龄	直辖市	省会城市及副省级城市	地级市	县级市	县城及小城镇	农村	就在打工城市
16—25	16.8	11.1	8.6	8.2	17.0	6.4	24.8
26—30	14.5	7.4	7.0	9.0	15.4	9.6	29.5
31—40	11.7	6.8	5.0	8.8	17.6	10.2	30.7
41—50	12.5	9.8	3.5	7.2	14.6	11.4	30.3
50 以上	17.6	8.8	1.5	2.9	8.8	23.5	26.5

资料来源：《中国流动人口发展报告 2011》

县域城镇化还来自逆城镇化人群的推动。首先是养老人群。随着我国步入人口老龄化社会，将迎来战后“婴儿潮”一代的退休高峰。预计到2020年我国老龄化率（65岁以上）将达到12%以上，2030年达到16%，届时将形成庞大的养老人群。县城及有条件的小城镇，拥有生活成本低廉、人脉社会交融、城乡空间宽阔、气候环境优美、生活节奏缓慢等条件，如果在公共设施和医疗条件不断提高的趋势下，必将成为吸引老年人的养老目的地。其次是休闲旅游人群。县城也是“中产阶级”休闲的目的地。我国区域发展不平衡，沿海地区发展快于中西部，已率先进入全面小康阶段。有媒体报道，我国有8个省市人均GDP超过1万美元，达到发达国家的水平。随着我国产业升级和发展方式的转变，以脑力劳动为主的“中产阶级”逐步壮大，休闲、运动、娱乐已成生活方式的必要内容，成为治愈和缓解“亚健康”状态的良方。交通便利、环境优美、主题突出、历史悠久的县城和小城镇，成为中产阶级休憩的理想场所。有人如是说，这样的县城和小城镇是“进城农民的家园”、“城里人的驿站”。城镇化与逆城镇化的不期而遇，为县域休闲旅游、养老服务等服务产业的发展提供了新契机，为县域城镇化注入了新动力。“引进富人、带动富民、先富带后富、富富得福”，就是这种发展路径的真实描述。

3. 工商资本“下乡”，为中小城市及小城镇的发展带来了产业支撑。我国经济发展进入新常态，增长速度放缓，外需下滑，沿海和大城市土地价格、劳工价格、原材料价格等生产成本大幅上涨（见图3）。其中劳工成本上涨最快。以农民工月工资为例，从2010—2013年，都保持两位数的上涨速度，2014年有所回落，也增长了9.8%，月平均工资达到2864元，这种状况导致了很多企业微利甚至亏损。为了应对这种新常态，在政府扶持县域及农村发展政策的影响下，工商资本转向成本较低的县城及农村，转向以内需为导向的产业。农产品加工业、旅游业、养老业等成长性好的产业，得到工商资本的“追捧”，逐渐形成了工商资本下乡的“潮流”。工商资本大量下乡，为县域和农村城镇化发展注入了资本、技术、品牌、管理等现代生产要素，也带来现代农业、食品加工、休闲旅游、养老服务、仓储物流业、信息服务、生物制药等产业的发展。以江苏为例，从事现代农业经营的企业，不仅有江苏熔盛重工造船有限公司这样重工业行业的佼佼者，还有像江苏天目虹枫养老集团这样的横跨养老服务、房地产、旅游开发等多个行业的大型企业。

图 3　农民工月收入及增长率

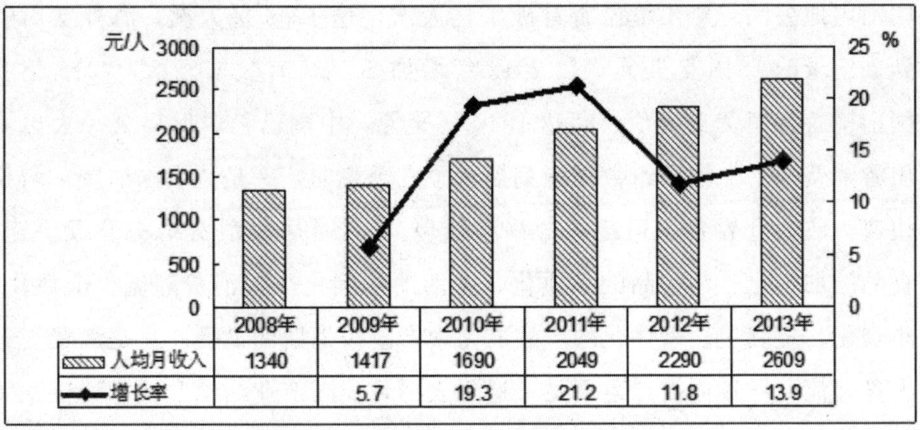

资料来源：国家统计局网站，《农民工调查监测报告 2013》。

4. 居民消费结构升级，为中小城市及小城镇提供了发展契机。2012年我国迈入中高收入国家的行列，人均 GDP 达到 6609 美元（现价美元计算），2014 年人均 GDP 达到 7575 美元。世界各国的发展经验表明，当人均 GDP 上升到 4000 美元之上，居民消费结构将发生变化。运用马斯洛的需求层次理论来看（见图 4），我国消费需求正从生理需求层次上升到安全需求和社交需求层次，从追求物质产品，转变为追求高品质的消费品，包括功能性消费品及精神产品。据麦肯锡公司预测：假定中国经济增长每年保持 6.5％速度，中国中产阶级将在 2025 年达到 6.12 亿人，城市人口的 60％将加入中产阶级的行列。这种变化推动了“中国制造”向“中国消费”的转变。有两则信息显示这种变化带来了巨大商机。一则是，人民网 2015 年 1 月 31 日报道，中国人 2014 年买走全球 46%的奢侈品，是世界最大的买家。据《中国奢侈品报告》数据显示，中国奢侈品消费总额达 1060 亿美元，其中境外消费为 810 亿美元，占 76%，本土消费额为 250 亿美元，占 24%，大量奢侈品消费需求外流。同时还显示，传统奢侈品需求份额下降，高端、小众、定制类奢侈品需求上升。另一则是，中国侨网 2015 年 2 月 2 日报道，2014 年中国出境游人数首次突破 1 亿人次，中国游客成为世界各国争夺的对象。国家旅游局最新数据显示，2014 年，中国内地公民当年出境旅游首破 1 亿人次，达 1.09 亿人次，海外支出达到创纪录的 1648 亿美元，较 2013 年增加 28%。有数据显示，2015 年中国出境游客消费支出预计高达 1940 亿美元，中国已稳居世界第一大出境旅游消费国。上述两组数据深刻揭示了三个趋向：一是“中国消费”增长快速，成为世界各国追逐的“移动钱包”。二是居民消费结构升级快速，食品的加工化、消费品的品质化、生活的休闲化成为消费潮流，个性化、小众化、定制化、奢侈化的产品成为中产阶级消费的最爱。三是消费资源大量外流，导致内需严重不足。这也表明，我国产业结构升级、转变发展方式的急迫性，“消费替代”成为一个不容扭转的战略方向。市场消费结构的阶段性变化，为现代农业、休闲产业的发展，为中小城市、县城及重点小城镇的发展，提供市场机遇。

二、以县城为战略突破口推进农村城镇化

县城是农村地区政治经济文化的中心，也是人口聚集最多的城镇，以县城为突破口，推动县城的小城市化，带动周边重点城镇的发展，构建农村城镇群，是一个推动城镇化进程的有效路径。

1. 县城具有发展成为小城市的现实基础。第一，我国农村地区城镇化水平很低，有推进空间。据全国第六次人口普查资料显示，我国拥有 1.94 万个镇，平均人口规模为 1.4 万人，有 1927 个县城，平均人口规模

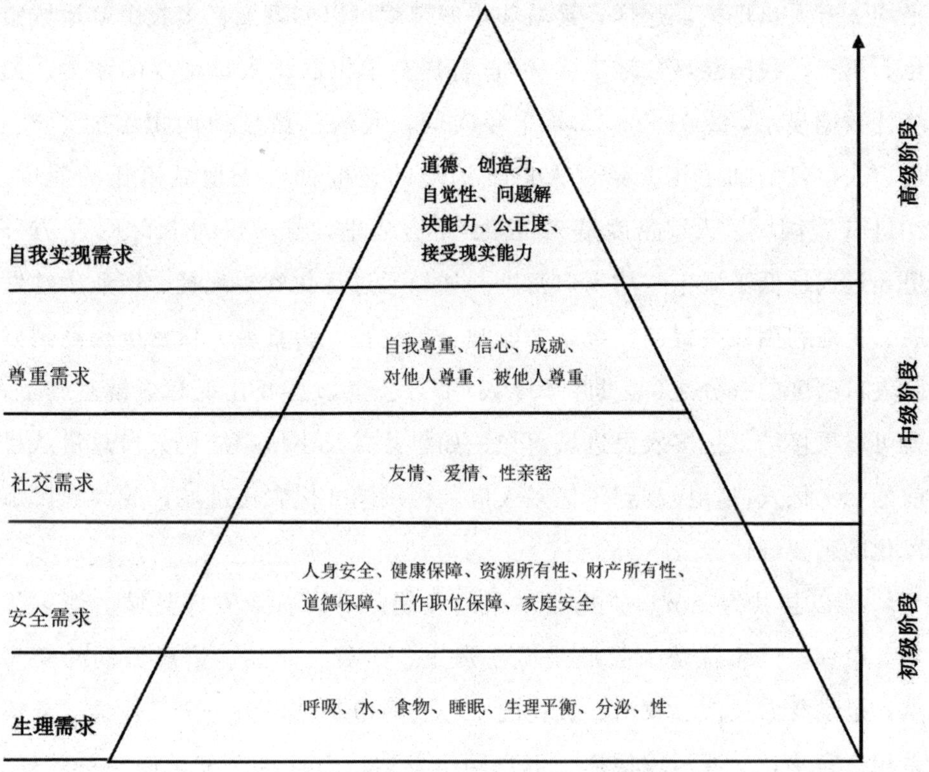

图 4　马斯洛的需求层次理论

为 1.5 万人，镇总人口占乡镇村总人口的 28.6%，农村城镇化率低于 35%的全国户籍人口城镇化率。如果县城人口规模达到 20 万—30 万，小城镇平均人口 2 万－2.5 万，农村城镇化率提升到 60%以上，我国建设强富美新农村就有深厚的基础。第二，我国县城数量众多，有建设小城市的基础。截止到 2013 年，我国共有县城（旗所在地）1927 个（扣除市辖区），其中县级市 368 个，小城市化率仅为 19%，绝大多数的县城还是小城镇。我国农村城市化率过低的状况，既严重地影响了县城产业集聚效应，也影响了县城对农村的带动效应。如果将我国县城小城市化率提升到 40%—50%，东部地区县城平均规模达到 50 万以上人口、中部地区县城平均 40 万人口、西部地区少部分县城达到 20 万人口规模，再加上小城镇平均2万人口规模，这样，县城和小城镇就可以实现2亿多农民就地城镇化。第三，我国县城“地广人稀”，有提高单位面积人口密度的能力。据统计数据显示，2001—2010年十年时间，我国县城用地面积增加了3.3倍，人口仅增加了1.4倍，人口城镇化的速度低于土地城镇化的速度。2011年我国城区人口密度是2208人/平方公里，县城仅为718人/平方公里，远远地低于城市平均人口密度。如果通过优化资源配置、产业集约发展、土地利用效率提高、设施功能健全等途径，将县城人口密度提高到城区人口密度的三分之二，即1400人/平方公里，县城在现有规模基础上，就可以再接纳1亿多农民进城落户。如果县城及小城镇居民人口总量从目前的2.7亿人口，提高到4亿多人口，将接纳2亿农民进城，成为农民市民化的重要载体。

2. 以县城为突破口推进小城市的发展，可以有效发挥县城的诸多优势。第一，区位优势。县城是城乡资本、人员、产品、信息流动的交集点，也是县域经济、政治、文化的中心，城市基础设施齐全、社会服务体系相对完善，交通运输便捷、信息网络发达、教育水平和条件相对较好，是农村地区人口聚集度最高的地方；随着国家基础设施投入的加大，提高了区域之间互联互通水平，改变了传统的时空距离，大大增强了县域与外部的信息、资本、人员、商品的流动，提高了县域聚集资源的能力，缩小了区域间的经济社会发展差距。目前，很多中西部的县城，基础设施建设、物流水平以及居民生活方式，与大中城市的差距缩小。第二，宜居优势。县城地处城乡结合部，生态环境优美、农副产品供应丰富，生活成本低廉，住房价格便宜，适合人们生活和居住。县城，对于进城农民来说，不仅生活压力小，看病、上学、就业条件好于小城镇，同时，还能很好地接续地缘、亲缘、血缘等关系，可以很快地融入城市社会，没有“陌生人”的失落感。从目前情况来看，绝大多数“返乡”农民工，都有在大都市赚钱，在县城买房养老或“返乡创业”的取向。随着我国小康水平的提高，老龄化社会的临近，县城，也因环境优美、节奏缓慢、社会和谐、物产丰富、生活方便、宜于生活和居住，日益成为大城市中需要休闲、养老的人们的向往之地。尤其是，随着政府加大对中西部及农村投入的力度，县城软硬环境不断得到优化和改善，公共服务均等化水平逐渐提高，宜居优势将凸显出来，“人气”也不断地聚集，具有升级为小城市的实力。第三，产业发展优势。县城毗邻农产品生产基地，能够满足农产品加工产业发展的低成本、差异化、品牌化的要求，县城良好的投资环境，又能满足厂商投资设厂的条件，两者交集，可以促进农产品加工业集聚的形成。县城还具备发展休闲旅游业的三种资源：历史文化、民族风情、田园风光；具有发展休闲养老产业的潜力，随着社会服务设施和管理水平的提高，大中城市与小城市差距的缩小，县城成为休闲养老目的地的地缘优势日益显现。第四管理优势。县城是我国农村地区历史最为悠久、经济社会最为发达的城镇，是县级管理机构的所在地。县政府在长期管理和建设县城的实践中，积累了管理城乡结合部的经验，积淀了一些有效的管理制度和组织机制，有管理和建设以进城农民为主的“小城市”的条件和优势，有利于探索新兴小城市的管理模式。

三、健康产业发展支撑农村城镇化的快速推进

要推进县城的小城市化，就必须振兴县域经济。没有产业发展支撑的城镇化，是空心的城镇化，是土地的城镇化，是不可持续的城镇化；没有就业岗位的城镇化，是“贫民窟”的城镇化，是社会动荡的城镇化。过去导致我国农村发展缓慢、人口外流、村庄空心化、县城带动能力较弱的根本原因，是因为缺乏优势产业的支撑。因此，培育新兴的、成长性好的、附加价值高的、具有竞争优势的支柱产业，是推动县域城镇化的基础工程。

目前，我国已经告别了温饱，进入了小康阶段，居民的消费结构快速升级，为县域发展健康产业，实现跨越式发展提供了历史机遇。美国著名经济学家保罗·皮泽尔认为健康产业的发展预示“财富第五波”的到来，

经济发展拥有了新的动力源。我国有关专家预测，以现代农业为基础，以健康产业为主导的财富第五波，未来的市场规模将达十万亿元之巨。这一发展趋势，为以农业为基础的县域经济，提供了搭上财富“快车”的机会，也为建设以县城为中心的农村城镇体系提供了新兴产业的支撑。

1. 健康产业是“宽带”产业，是围绕健康生活形成的相关产业群。健康产业可以分为三个层次：一是健康主体产业：健康食品、生物医药、休闲旅游、保健器械；二是健康服务产业：出版、教育、保险、娱乐；三是健康关联产业：食品机械制造、仓储物流、信息网络、新能源、商贸、金融、包装材料、专业印刷等。

2. 健康产业是高成长性的产业，是一个以人为本的可持续发展产业。这是因为随着城镇化发展和收入水平的提高，人们越来越重视健康生活，用于健康消费的支出快速增长，支撑了健康产业的快速发展。食品安全、休闲运动成为小康人家的主要生活追求，拉动了农产品加工业和休闲旅游业的快速发展。有关专家预测，21 世纪是休闲旅游的世纪。随着我国迈入中高收入国家行列，中国居民的休闲旅游将呈现爆发性增长，成为世界各国争夺的消费资源。最近，国务院强调重点推进 6 大领域的消费升级，其中，健康医疗、旅游休闲都在其中，尤其旅游休闲、乡村旅游成为扶持的重点。

3. 健康产业是高附加价值的产业，是生物技术、新能源技术以及新一代信息技术为基础的新兴产业。德国著名战略规划师贝恩德·埃贝勒认为在第六个康德拉基耶夫周期上升阶段（约 52 年为一个周期，26 年为上升段，26 年为下降段）中，以生物技术为基础的健康产业是带动世界发展的增长动力。有机构预测，到 2030 年，我国生物制药的市场规模将突破 3 万亿元。据世界旅游组织预测，到 2020 年，中国旅游业总产出将占国内生产总值的 8.64%，旅游消费将占总消费的 6.79%，旅游投资将占投资总额的 8.16%，接近世界平均水平。据国家旅游局预测，2020 年全国旅游业总收入 33000 亿元人民币，相当于国内总产值的 8%，真正成为国民经济的支柱产业。

4. 健康产业是一个增加就业岗位的产业，可以为农民进城和城市人口向小城市流动创造条件。健康产业链条延长，可以创造大量的就业岗位，吸纳农村剩余劳动力，同时，食品加工业、饮食服务业、旅游服务业、快递服务业等都是劳动密集型产业，可以创造大量的就业岗位，为进城农民提供就业机会。2013 年，旅游及旅行业每年直接就业将达到 1610 万个工作岗位；每年直接及间接就业将达到 6580 万个工作岗位。

5. 农村拥有发展健康产业的天然优势。以绿色资源为基础，发展两大支柱产业，支撑农村经济的发展。以食品加工业为龙头，实现仓储、物流、电商、配送等后续环节的无缝链接，建立从田野到餐桌的食品配送全程监控，创立绿色、安全、诚信的食品供应体系。以休闲旅游和养老服务为龙头，带动地产、旅游品制造、特色食品开发、健康咨询服务、文化体验、信息服务等服务产业体系。在这两个产业的基础上，多层次拓展相关产业，比如，职业教育产业、文化创意产业、信息服务产业等，当下最受消费者追捧的概念，例如，绿色、健康、安全、智慧，都可以注入在农村产业中，将农村产业改造为新兴产业、智慧产业和安全产业。

四、推动县城小城市化必须四大平台同步建设

县城小城市化的支撑是健康产业，这就需要在实体经济与服务经济相结合的角度，整合县域资源，形成支持产业发展的四个平台。

1. 建设食品生产基地，发展规模经济。优质、安全、品牌、高价的工业食品，是建立在生产规模化、种植标准化、管理科学化、全程监控化的生产基地上的。保证食品的品质、信誉、高价的源头是农产品的生产。只有建立高水平的生产基地，对种源、水肥、土壤、收割、储藏、运输等进行全方位监管，才能真正保证工业食品的畅销和增值。

农民合作社在构建农业生产基地方面，发挥特殊作用。一是发挥基地

组织者和管理者的作用，负责生产基地的建设和管理。二是发挥合作者的作用，与食品加工企业合作，构建加工链条，实现利益共享。三是发挥农产品加工和销售者的作用，直接实现从田野到餐桌的过程，获取附加价值。发展农民合作社，负责组织生产平台的建设和管理，有助于农民增收，也有助于降低加工业龙头企业的交易成本、保证获得优质的农产品供应，从而保证工业食品的品质和市场信誉。

2. 建设产业公地，夯实发展基础。产业公地是指一个地域拥有的支撑主导产业发展的“工业生态环境”，如基础设施、仓储物流、信息网络、教育培训体系等。县域产业发展不缺乏项目，最缺乏产业做大做强的“生态环境”。加强产业公地的建设，是县域经济发展的中心环节。在目前劳动力短缺的市场竞争中，谁聚集了满足县域经济发展需要的高素质劳动力，谁就获得了发展先机。健康产业中的很多产业是劳动密集型或劳动技术密集型产业，比如，食品加工业需要大量技术工人来支撑，休闲旅游业是为人服务的产业，服务质量取决于劳动者的素质。因此，建设职业教育培训体系，通过学校培训、企业实习，聚集和培养大量高素质的青年劳动力，是产业公地建设的核心工程，也是“招商引资”、“招商引人”的重要本钱，资本随着劳动力走，游客随着优质服务走。

信息网络、仓储物流、交通运输是物流、人流、信息流在市场与消费者之间连通的桥梁，是县域经济发达的重要标志，是人财物信息的大进大出。信息网络、仓储物流、交通运输的发达可以降低交易成本、扩大市场影响、细分消费需求，推动产业的发展。

3. 建设网络市场平台，链接市场消费者。网络市场是以信息平台为基础，以大数据、云计算为手段、以现代交通物流为依托，直接将消费者与供应者链接起来，建立的市场交易系统。这种新型交易平台，可以跨越时空界限，实现全方位、全天候的交易；还可以方便地通过某种题材，细分消费需求、聚集特殊消费者，扩大市场影响力。比如，食品安全市场体系（见图 5）。

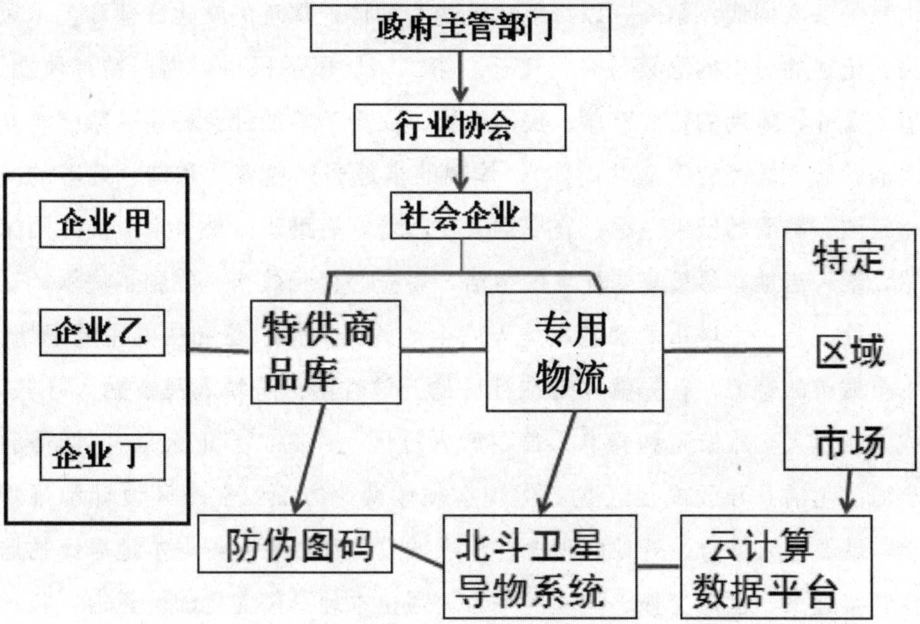

图 5　食安物园产品市场交易系统

这种食品网络市场，是地方政府主管单位授权，社会型企业与当地农民合作社、加工企业合作共同建设的食品保质保真特供交易系统。“特供”体系可以有两种模式：一是安全食品市场，将政府质量安全部门评估认证过的产品，把经过资质认证和信誉评估的企业产品，在企业自愿和加盟的基础上，形成的交易系统；二是安全食品定向市场，是把某地特有产品与某个特定区域市场链接起来，形成全程监控的、封闭式运行的特殊供应系统。通过网络市场平台，培育城市消费者社区，形成农产品的特定固定人群，架起消费者与供应者的桥梁，切割和细分消费市场。

4. 建设人文环境平台，形成城市特色主题。休闲旅游是一种追求另类生活方式的探索行为，是一种鉴赏和陶醉在自然生态、历史文化、社会风情中的精神享受行为。因此，创造和谐氛围、传递民俗信息、构筑文化意境，形成具有特色的城市主题环境、创造特色的宜居生活方式，将有助于吸引迁徙和休憩人群的流入，带动当地经济社会的发展。人文环境平台由三个层次构成：第一，以特色建筑物为载体，体现的文化底蕴和艺术风格，记述的历史的沧桑与时代变迁。第二，居民的民俗习惯、精神风貌、道德操守，体现的行为有序、民风淳朴、安全宁静的社会秩序。第三，开放的社区（居民的生活共同体），体现的当地居民包容、和谐、好客的文化氛围。鲜明的城市主题、宜居的人文环境，有助于“外乡人”消除陌生感，融入当地，尽情享受异乡的生活，使身心得到放松、找到了快乐。

社区是一个城市的细胞，是人们生活的共同体，是交往的主要场所。一个城市的魅力，首先就体现在社区的开放性上。进城农民要融入社区，成为城里人，旅游者和养老人群要融入社区，作为“当地人”，共同体验小城的生活。开放式社区主要体现在硬软两个方面：在小区设计和规划上，就要注入融合、开放的理念，将进城农民和外来人群与本地居民的居住链接起来，创造交往、沟通的平台，强化本地民俗文化的同化力；在社区生活上，组织临时居民娱乐活动，丰富旅游者的生活，提高城市的感染力。特别是带薪休假政策的实施，我国居家出游、自驾旅游等休闲旅游方式日益兴盛，在一个地方停留时间越来越长，“换一种活法”成为时尚，因此，休闲度假村的设计，也要迎合这种潮流，公寓式旅馆、临时性社区也将应运而生。

县域城镇化是一个复杂的系统工程，不可能一蹴而就，需要审慎定位、科学策划、循序渐进，经过20年的奋斗，是完全可以实现城镇化的战略目标的。

（石霞：中央党校经济学部教授）

12 加快构建开放型经济新体制

为了适应经济全球化新形势，2013 年党的十八届三中全会审议通过的《中共中央关于全面深化改革若干重大问题的决定》（以下简称《决定》）提出了“构建开放型经济新体制”的要求。2014 年底，习近平总书记在主持中共中央政治局第十九次集体学习时进一步强调，站在新的历史起点上，实现“两个一百年”奋斗目标、实现中华民族伟大复兴的中国梦，必须适应经济全球化新趋势、准确判断国际形势新变化、深刻把握国内改革发展新要求，以更加积极有为的行动，推进更高水平的对外开放，加快实施自由贸易区战略，加快构建开放型经济新体制，以对外开放的主动赢得经济发展的主动、赢得国际竞争的主动。

一、发展中大国开放的大逻辑

国与国之间的经贸往来源远流长。15 世纪以前，东方出产的香料、珠宝、丝绸等由波斯人、阿拉伯人、东罗马人运到地中海东岸，再转运到欧洲其他地方。随着新航路的开辟，东西方之间的文化、贸易交流开始大量增加，世界也日益成为一个相互影响、联系密切的整体。英国重商主义的代表托马斯·孟早在 17 世纪的著作中就强调，对外贸易是使国家致富的唯一手段。在经济理论中，国家之间的贸易被认为是基于绝对优势（斯密）、比较优势（李嘉图）或者要素禀赋（赫克歇尔、俄林）。简单来说，经典的国际贸易理论认为，一国应该专门生产并出口本国成本低、效率高的产品，并且通过国家贸易，使参与国的福利都得到改善。根据这一理论，发展中国家应该利用自身原材料价格和劳动力成本低的“比较优势”，大力发展并出口初级产品和劳动密集型产品。实际上，发展经济学家普雷维什在1949年5月向联合国拉丁美洲经济委员会提交的一份题为“拉丁美洲的经济发展及其主要问题”的报告中已经提出，在国际市场上，存在着发展中国家初级产品价格相对于发达国家工业制成品的价格长期（下跌）恶化的趋势，这对发展中国家经济的发展十分不利。更何况比较优势本身是动态变化的，是可以通过专业化学习、投资创新及经验积累创造出来的，对于像我国这样的发展中大国，不应简单地满足于依靠资源禀赋承接国际产业转移，而是要牢牢抓住技术革命为发展中国家打开的“机会之窗”，积极实施创新驱动发展战略，大力发展战略性新兴产业，努力提升我国在国际分工体系中的地位。

除了国际间的商品贸易，资本、技术、劳动力、人力资本等生产要素的流动也是国际经贸往来的重要方面。通过在国与国之间建立起共同市场，允许参加国之间资本和劳动力的自由流动，可以优化稀缺资源的配置，提高经济效率，比如欧盟于1993年年初就实现了共同市场。但是，生产要素的流动是有壁垒的，不同生产要素流动的障碍是不一致的。现实世界更多地表现为资本的自由流动，并且借助生产性资本的自由流动，使世界各国的劳动力处于一种直接竞争的状态之中。这些资本在为新兴国家创造就业机会的同时，也侵蚀了流入国的传统农业或民族工业，“古老的民族工业被消灭了，并且每天都还在被消灭。它们被新的工业排挤掉了，新的工业的建立已经成为一切文明民族的生命攸关的问题；这些工业所加工的，已经不是本地的原料，而是来自极其遥远的地区的原料；它们的产品不仅供本国消费，而且同时供世界各地消费……物质的生产是如此，精神的生产也是如此。各民族的精神产品成了公共的财产”[①]。因此，发展

① 《马克思恩格斯文集》（第二卷），人民出版社2009年版，第35页。

中国家的开放，必须是有步骤、有选择的，这也正是德国经济学家李斯特提出保护幼稚工业论的原因。从根本上来说，一国的对外政策应该服从发展本国工农业的需要，服从发展生产力的需要，服从国家利益。

更为重要的，在信息和通信技术发展的刺激下，“金融机构可以在更大的法律与技术空间中，低廉和灵活地在国内政府债券、外国证券、消费者信用与贷款和公司贷款之间融通资金；他们还可以在外汇、房地产和股票市场上进行投机业务”[①]，也就是说，国际金融市场的日益融合极大地便利和促进了非生产性金融资本的流动。据统计，如今由外汇市场日交易额反映出的资本运动中，只有很少的一部分与贸易流动和长期资本流动有联系，其余部分均为投机资本，即游资。发展中国家的金融机构和金融市场较之发达国家远未成熟，经济系统抵御冲击的能力较弱，格拉贝尔的研究指出，国际资本的流动对发展中国家而言，会导致货币风险、资本外流风险、金融脆弱性风险、传染风险甚至主权风险，因此在对外开放的进程中，需要采取切实有效的措施加强对国际金融资本的管控，避免本国经济和金融市场受到国际金融资本的冲击而引发经济和金融危机。

另一方面，发展中国家往往通过对外贸易积累起一定数量的国际储备，目前我国已成为世界上最大的外汇储备国。然而，美国等发达国家能够通过货币贬值、全球铸币税等手段实施货币操控，造成发展中国家外汇储备的贬值，并向外输出危机，如本轮全球性金融危机所显示的那样。为减少发展中国家国际储备和国际投资的损失，一方面，要加强对国际储备的总量控制和结构管理，避免过度累积和结构不合理造成的损失；另一方面，要加强对外投资及其管理，控制金融性投资，增加对战略性资源和产业的投资，以更好地服务于本国长期经济发展的需要。在国际货币金融体系没有发生根本性改变之前，必须防止对他国货币或货币索取权的过度积

---

① 伊藤诚、拉帕维查斯著：《货币金融政治经济学分析》，经济科学出版社 2001 年版，第 249 页。

累，防止对国际虚拟资本的过度积累。[①]

此外，从国际经济贸易格局的演变来看，18世纪中叶工业革命之后，资本主义在欧洲兴起，成为世界积累的“中心”。马克思在1848年的《共产党宣言》中指出，“不断扩大产品销路的需要，驱使资产阶级奔走于全球各地”，“资产阶级，由于开拓了世界市场，使一切国家的生产和消费都成为世界性的了”[②]。经过两次世界大战，世界积累的中心由英国转向美国，与此同时，通过布雷顿森林会议确立了美元在国际货币体系中的特殊地位，从而把国际经济秩序置于由美国主导的发达国家之下，并与广大发展中国家形成中心—外围的世界格局。20世纪70年代布雷顿森林体系的瓦解、一大批新兴市场国家和发展中国家的崛起、2008年国际金融危机爆发后发达国家实力的削弱，使国际力量对比发生了显著变化，推动着多个发展中心在世界各地区逐渐形成，为建立新型国际经济秩序创造了条件。从这段历史可以看出，在国际舞台上，资本和国家、经济与政治是紧密结合在一起的，资本的积累需要通过持续增长的权力来保护和维持增长的财富。发展中大国的开放，除了要坚决维护本国核心利益，还应该积极承担国际责任，推动建立更加公平、合理的国际经济新秩序，为世界做出更大贡献。

二、我国开放型经济的发展历程与时代特征

新中国成立以来的66年，我国实现了从封闭半封闭状态向全方位开放的飞跃，特别是1978年改革开放之后，涉外经济活动在很长时间一直承担着拉动经济增长、倒逼技术升级、推进结构调整的重要职能。世纪之交，我国成功加入世界贸易组织，给对外开放注入了新的活力。2008年

① 袁辉著：《现代金融资本积累的政治经济学分析》，中共中央党校出版社2014年版，第159页。

② 《马克思恩格斯文集》（第二卷），人民出版社2009年版，第35页。

国际金融危机之后，世界经济持续低迷，贸易保护主义抬头，又给我国开放型经济的发展带来了新的机遇和挑战。

（一）我国开放型经济发展的历史进程

新中国成立之初，由于西方国家的封锁，我国对外贸易规模小、伙伴少，且方式和品种单一，基本上处于被迫封闭与半封闭状态。根据国家统计局公布的相关数字显示（图 1），1952 年我国货物进出口总额仅为 64.6 亿元，且进口大于出口，贸易逆差为 10.4 亿元。随着我国与第三世界国家的联系日益增强，1970 年代在联合国获得合法席位后与西方发达国家的往来逐渐恢复，1978 年改革开放决策的大力推进，以及 2001 年正式加入世界贸易组织后国际地位的持续提升，对外贸易总量迅速增长。1951—2013 年间我国货物进出口总额年均增长 13.9%，其中 1979—2013 年年均增长 16.4%，2001—2013 年年均增长 18.2%；到了 2013 年，货物贸易总额占世界的比重已经超过美国跃居世界第一位，其中出口额比重为 11.7%，居世界第一位，进口额比重为 10.3%，居世界第二位[①]。图 1 还显示了 1952—2014 年我国国内生产总值中净出口（货物和服务）占比的变化情况。从图中可以看出，这一指标直到 1990 年代中期才稳定站上 2%区间，经过亚洲金融危机的冲击，在 2007 年达到峰值 8.69%，随后受 2008 年国际金融危机爆发的影响，再次进入深度调整时期。

贸易结构不断升级。第一，初级产品出口占比迅速下降，已经由 1978 年的 53.5%下降到 2014 年的 4.8%。与此同时，工业制成品出口占比则从 46.5%上升至 95.2%，特别是高新技术产品出口在期末已经占了工业制成品出口的三分之一强，附加值大幅度提高。第二，服务贸易实现了从无到有，从旅游、运输、建筑等传统服务贸易为主到以通信、保险、

① 中华人民共和国统计局编：《新中国六十五年》，中国统计出版社 2014 年版，第 89 页。

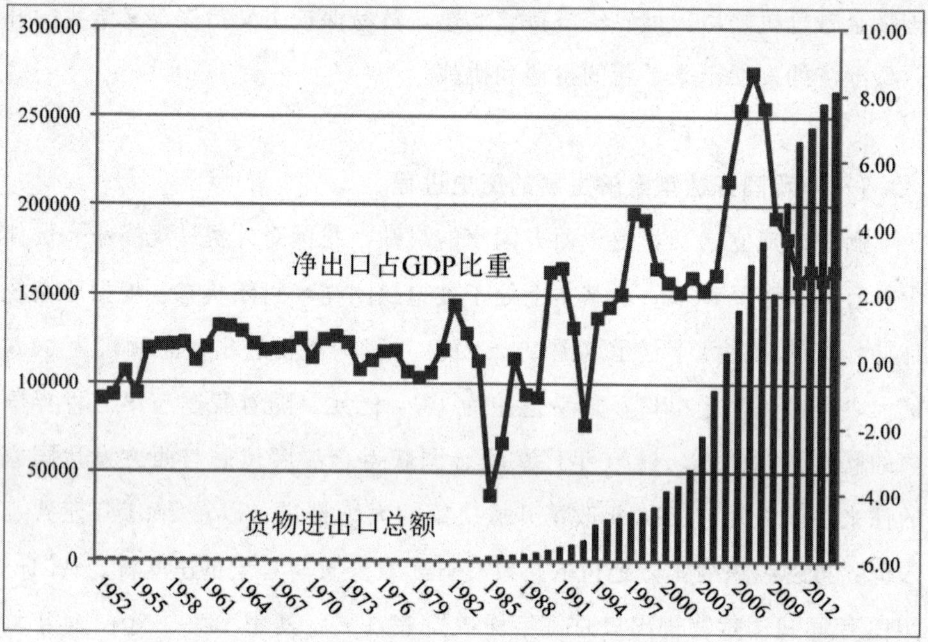

图1　1952—2014 年我国货物进出口总额（左轴）及净出口占 GDP 的比重（右轴）

金融、计算机信息服务、咨询和广告等新兴服务贸易为增长点的转变。2013 年，我国服务贸易进出口总额已达 5396 亿美元，居世界第三位；在出口中，运输和旅游两大传统行业占比已经下降至 42.4%，而计算机信息服务和咨询服务占比则增加至 26.5%。第三，贸易伙伴日益多元化。新中国成立伊始，我国的主要贸易伙伴集中在少数几个社会主义国家，改革开放至今，贸易伙伴已增加至 220 多个，不但与美国、欧盟、日本等发达国家建立了密切的贸易往来，而且与东盟、金砖国家等新兴经济体的各层次交流也越来越多。

引进外资和对外投资方面。从新中国成立之初到改革开放前，接受苏联援建和对亚非拉等第三世界国家的援建是我国参与对外经济合作的主要形式。改革开放之后，随着投资环境的改善和竞争能力的增强，我国利用外资和对外投资的规模不断扩大，结构也逐渐优化。1979—2013 年，我国累计吸引外商直接投资高达13937亿美元，是吸引外商直接投资最多的发展中国家，特别是20世纪90年代以来，外商直接投资进入快速发展通道，1991—2000年平均每年增长27.9%，2001—2013年平均每年增长8.5%。截至2013年末，外商投资企业达到44.6万户，投资重点遍及基础产业、一般制造业、高新技术产业、商业、金融等众多领域。在积极“引进来”的同时，随着2000年以对外投资合作为内涵和基础的“走出去”上升为国家战略，我国企业参与国际合作与竞争的步伐也日益加快，在为东道国带去资金的同时，还输入了大量人才、技术，增加了当地的税收和就业，实现了互利共赢。截至2013年末，国内1.53万家境内投资主体借助绿地投资、跨国并购、境外上市等多种渠道，在全球184个国家和地区设立的境外直接投资企业超过2.54万家，投资领域也由资源、电讯及石油化工等传统行业不断向金融、商务服务等高附加值行业延伸。

全方位开放格局日趋完善。新中国成立之后的很长一段时间，我国始终处于复杂的国际关系中，前有西方资本主义国家的围追堵截、百般阻挠，后有苏联援建专家的单方面撤退，再加上国民经济受到自然灾害、大跃进、文化大革命等事件的冲击一直起起伏伏，对外开放进程缓慢。尽管如此，我国还是取得了包括恢复联合国合法席位、与美国等发达国家建交等重大成就。十一届三中全会以来，我国始终坚持对外开放的基本国策，先后通过创办经济特区、开放沿海港口城市、建立沿海经济开发区，以及开放沿江及内陆和沿边城市等措施，初步形成了“经济特区—沿海开放城市—沿海经济开放区—沿江和内陆开放城市—沿边开放城市”这样一个宽领域、多层次、有重点、点线面结合、东中西部兼顾的全方面对外开放格局。

（二）当前我国开放型经济发展的新形势

早在2007年党的十七大就已经做出了“开放型经济进入新阶段”的科学判断，党的十八大和十八届三中全会进一步提出了“适应经济全球化新形势”的要求，习近平总书记在多个场合也一再强调，“经济全球化快速发展，综合国力竞争更加激烈，国际形势复杂多变”[①]。因此，为了更好地扩大开放，构建开放型经济新体制，必须首先认清当前的国内外形势。

1. 经济进入新常态改变了我国参与经济全球化的内在基础

目前，我国经济总量居世界第二位，是第一大出口国、第二大进口国、第二大吸收外资国、第三大对外投资国、第一大外汇储备国[②]，这些都是我国未来参与经济全球化的有利条件。习近平总书记曾在2013年中央经济工作会议上生动地指出，“我们拥有丰富的劳动力资源，广阔的市场空间，还有三万多亿美元的外汇储备，这些都是我们可以用的牌。”[③]

与此同时，随着我国经济进入新常态，第一，经济增速下调，被前一段时期高速增长遮蔽的各类隐性风险逐步显性化，如地方债务风险、民间借贷风险、房地产市场风险、金融系统风险等，局部地区甚至已经出现过短暂危机，这些风险和危机是我国对外开放的薄弱环节，需要首先着力解决。

第二，改革开放的不断深入使“发展中的问题和发展后的问题、一般矛盾和深层次矛盾、有待完成的任务和新提出的任务交织叠加、错综复杂”[④]，比如“发展中不平衡、不协调、不可持续问题依然突出，科技创新能力不强，产业结构不合理，发展方式依然粗放，城乡区域发展差距和居民收入分配差距依然较大，社会矛盾明显增多，教育、就业、社会保障、医疗、住房、生态环境、食品药品安全、安全生产、社会治安、执法

① 中共中央文献研究室编：《习近平关于全面深化改革论述摘编》，中央文献出版社2014年版，第12页。

② 汪洋：《构建开放型经济新体制》，《人民日报》，2013年11月22日。

③ 中共中央文献研究室编：《习近平关于全面深化改革论述摘编》，中央文献出版社2014年版，第135页。

④ 中共中央文献研究室编：《习近平关于全面深化改革论述摘编》，中央文献出版社2014年版，第4页。

司法等关系群众切身利益的问题较多，部分群众生活困难，形式主义、官僚主义、享乐主义和奢靡之风问题突出，一些领域消极腐败现象易发多发，反腐败斗争形式依然严峻，等等”[①]，这些问题、矛盾及任务是横亘在前进道路上的障碍，可能会对开放型经济的进一步发展产生不良影响。

第三，在经历30多年高强度、大规模开发建设后，环境承载能力已达到或接近上限，人口老龄化日趋发展，人口红利正在消退，各类要素成本进入集中上升期，依靠投资拉动经济增长的潜力也已耗尽。这些变化客观上决定了我们需要广泛利用国际资源，同时也要求未来经济增长应更多依靠人力资本积累和技术进步，必须让创新成为驱动发展新引擎。当前新一轮科技革命和产业革命正在孕育兴起，一些重要科学问题和关键核心技术已经呈现出革命性突破的先兆，我国亟须抓住机遇，从“数量、价格优势”向“质量、效益优势”转换，形成新的竞争优势。

2. 世界格局的变革改变了我国参与经济全球化的外部条件

当今世界全球化发展的总体趋势没有改变，“天下仍很不太平，发展问题依然突出”[②]。第一，国际金融危机之后，欧美一些国家深陷金融危机、债务危机的泥潭不能自拔，经济复苏一波三折，近期希腊违约危机更有可能触发欧元区的整体动荡。相比之下，新兴经济体发展迅速，金砖国家占全球经济总量的比重已超过20%，全球经济格局“东升西降”更加明显[③]。

第二，区域经济合作不断深化。在贸易保护主义升温、多哈回合谈判裹足不前的大背景下，区域经济合作蓬勃发展，自贸区建设成为世界经济发展的潮流。截至2013年7月，向世界贸易组织通报并生效的区域贸易协定共有249个，特别是美欧绕开世贸组织，开展跨太平洋伙伴关系

① 中共中央文献研究室编：《习近平关于全面深化改革论述摘编》，中央文献出版社2014年版，第6页。

② 习近平总书记在博鳌亚洲论坛2013年会上的主旨演讲。

③ 汪洋：《构建开放型经济新体制》，《人民日报》，2013年11月22日。

(TPP)、跨大西洋伙伴关系（TTIP）等“高水平”自贸区谈判，对国际经贸环境影响深远[①]。

第三，国际竞合方式发生新变化。金融危机之后，西方发达国家纷纷推出各种重振制造业的政策措施，一些中高端制造业开始回流；与此同时，受我国要素成本上升的影响，劳动密集型产业开始向更低收入国家转移，国际分工面临重新洗牌。此外，国际经贸规则竞争日趋激烈，发达国家正致力于制定新的国际贸易投资规则，积极推进“竞争中立”、劳工标准、环境保护等“21世纪”新议题谈判，以占领未来国际竞争制高点[②]。在这种情况下，我国必须跳出简单纳入全球分工体系、扩大出口、加快投资的传统模式，不断提高创新能力，大力发展新能源、云计算、节能环保等新兴产业，同时积极参与重大经贸合作谈判，努力提升开放型经济的质量和水平。

总之，正如习近平总书记指出的，“同欧美一些国家受困于金融危机、债务危机相比，同一些发展中国家陷入发展陷阱相比，同西亚北非一些国家政治动荡、社会混乱相比，我国发展可以说是风景这边独好”[③]，因此要抓住机遇，把世界各国的多样化、差异性转化为发展的潜力和动力，建立以合作共赢为核心的新型国际关系。

三、加快构建开放型经济新体制的战略举措

从1978年十一届三中全会做出改革开放的伟大决策，到1993年十四届三中全会在《关于建立社会主义市场经济体制若干问题的决定》中首次

---

① 高虎城：《全面提升开放型经济水平》，《求是杂志》，2013年第24期。

② 高虎城：《全面提升开放型经济水平》，《求是杂志》，2013年第24期。

③ 中共中央宣传部：《习近平总书记系列重要讲话读本》，学习出版社、人民出版社2014年版，第15页。

提出“发展开放型经济”[①]，再到十八届三中全会要求“构建开放型经济新体制”，经过多年的不懈努力，我国的涉外经济已经取得了举世瞩目的成就。但是总体来看，开放型经济建设不平衡、不协调、不可持续的问题仍然比较突出，还存在着许多不能适应当前对外开放新形势的体制机制障碍，因此必须主动把握和积极适应国内外经济形势的变化，紧紧抓住新一轮经济全球化发展所带来的重要机遇，不断提高开放型经济发展水平，为实现“两个一百年”奋斗目标、实现中华民族伟大复兴而努力奋斗。

（一）扩大开放领域

内陆、延边地区有望成为未来我国对外开放的重点区域，并为提升开放型经济的广度和深度提供源源不断的新活力。党的十八届三中全会通过的《决定》指出，“抓住全球产业重新布局机遇，推动内陆贸易、投资、技术创新协调发展”，“加快沿边开放步伐，允许沿边重点口岸、边境城市、经济合作区在人员往来、加工物流、旅游等方面实行特殊方式和政策”[②]，从而明确了深化内陆、沿边开放的政策着力点。

具体来说，第一，积极承接东部地区的产业转移。东部地区是我国开放型经济发展较早较快的地区，在其产业结构优化升级的进程中，将有许多产业由于土地、劳动力等要素成本的上升而转移出来，这些产业对于促进中西部地区的经济发展而言，仍然具有十分重要的意义。内陆地区应着力消除区域间的市场壁垒和不正当竞争，促进资金、产品、服务等要素在地区间的自由流动，从而实现资源的合理配置和产业的有序转移。同时，通过提升技术创新能力、整合价值链、探索离岸金融结算等途径，不断创新加工贸易模式，推动内陆地区研发—原材料—零部件—整机—结算一体

① 裴长洪：《中国建立和发展开放型经济的演进轨迹及特征评估》，《改革》，2008 年第 9 期。

② 《中共中央关于全面深化改革若干重大问题的决定》，人民出版社 2013 年版，第 27—28 页。

化集群式发展。

第二，打造国内国际贸易大通道。传统上内陆地区要出口首先需要把货物运到沿海，再通过海运销往其他国家，这种方式物流周期长、效率低，是内陆地区发展加工贸易的致命短板。未来应支持内陆城市通过机场扩建、增加货机班次等方式增加航空货运吞吐能力，发展江海联运、铁海联运、路海联运、空海联运等多式联运，最终形成“横贯东中西、联结南北方对外经济走廊”[①]。

第三，努力形成东部—内陆—沿边互利共赢的良好局面。东部地区走在对外开放的前沿，要充分发挥引领作用，根据国家战略和区域发展规划，积极推进转型升级，打造全球先进制造业基地，提升服务业国际化水平；内陆地区要因地制宜，在依托原有优势的基础上，创造条件“筑巢引凤”，大力提高承接和吸纳国际、国内产业转移的能力，加快发展特色外向型经济；沿边地区要综合考虑经济发展、环境保护、民族团结、国土安全等因素，合理布局特定产业和项目，最终形成沿海内陆沿边开放优势互补，互利共赢。

（二）理顺体制机制

放宽投资准入。利用外资是我国经济对外开放的重要内容，与引进外资相伴随的先进技术、管理经验和高素质人才是推动我国经济转型升级的重要力量。《决定》要求“推进金融、教育、文化、医疗等服务业领域有序开放，放开育幼养老、建筑设计、会计审计、商贸物流、电子商务等服务业领域外资准入限制，进一步放开一般制造业”[②]，有利于促进外资利用与经济结构调整、经济发展方式转变相结合，提高利用外资的综合效益。下一步应参考借鉴国际贸易政策的通行做法，逐步取消逐案审批和产

① 《中共中央关于全面深化改革若干重大问题的决定》，人民出版社 2013 年版，第 27 页。
② 《中共中央关于全面深化改革若干重大问题的决定》，人民出版社 2013 年版，第 26 页。

业指导目录的外资管理方式，推广准入前国民待遇加负面清单模式，在“统一内外资法律法规，保持外资政策稳定、透明、可预期”[①] 的同时，以清单方式列明针对外资的与国民待遇、最惠国待遇不符的管理措施，或业绩要求、高管要求等方面的管理限制措施，凡是清单之外的行业及项目全都开放。

改革对外投资管理体制。从贸易大国到投资大国、从商品输出到资本输出，是开放型经济转型升级的必由之路[②]。更何况在现阶段，我国大量的外汇储备需要寻找合理有效的投资机会与投资领域，“产能过剩的现实矛盾也需要向国外转移和依靠国际市场消化”[③]，可以说，积极、有序、安全开展对外投资合作，引导有实力的企业和个人充分利用国际市场和国际资源整合和延伸产业链，是提升开放型经济发展水平和质量的关键。为此，应确立企业及个人对外投资的主体地位，按照“三个允许”的要求——“允许发挥自身优势到境外开展投资合作，允许自担风险到各国各地区自由承揽工程和劳务合作项目，允许创新投资方式走出去开展绿地投资、并购投资、证券投资、联合投资等”，进一步引导、支持、鼓励各种所有制企业按照国际通行规则开展国际化经营。

完善开放型经济服务支持体系。第一，加大对具备“走出去”能力的行业及企业的宣传力度，比如习近平总书记在 2014 年 3 月荷兰核安全峰会期间力推中国核电“走出去”，李克强总理在出访时多次向国际社会推销中国高铁等。第二，充分利用亚洲基础设施投资银行等开发性金融机构，在促进区域互联互通和经济一体化进程中，把我国与基础设施建设相关、已经拥有较强竞争能力的产业更快地推向国际。第三，完善领事保护体制，切实保护个人和企业在其他国家或地区的合法利益，强化海外资产

---

① 《中共中央关于全面深化改革若干重大问题的决定》，人民出版社 2013 年版，第 26 页。

② 汪洋：《构建开放型经济新体制》，《人民日报》，2013 年 11 月 22 日。

③ 中共中央文献研究室编：《习近平关于全面深化改革论述摘编》，中央文献出版社 2014 年版，第 135 页。

和人员安全保障，同时逐渐提供权益保障、投资促进、风险预警等更多服务，为“走出去”保驾护航。第四，改革行业商（协）会管理体制[①]，从思想认识、政策环境、机构建设、管理制度等环节消除制约商（协）会发展的障碍，充分发挥其在制定行业标准、规范行业秩序、开拓国际市场、应对贸易摩擦等方面的重要作用。

推动建立更加公平合理的国际经济秩序。尽管和平与发展仍然是时代主题，但是在国际金融危机的影响下，形形色色的保护主义明显升温，霸权主义、强权政治有所抬头，军备竞赛、恐怖主义和网络安全的威胁始终存在。作为一个发展中大国，我国不能当旁观者、跟随者，而是要做参与者、引领者，应积极维护多边贸易体制主渠道地位，反对任何形式的保护主义，减少和消除贸易投资壁垒，“要推动形成更加公平合理的全球治理体系，深度参与新的国际经贸谈判和规则制定，推动投资和贸易自由化制度安排，使我国人民巧于制造、善于通商的优势充分发挥出来”[②]。

（三）搞好三大建设

一是加快建设自由贸易区（FTA）[③]。习近平总书记在中共中央政治局第十九次集体学习时指出，多边贸易体制和区域贸易安排一直是驱动经济全球化向前发展的两个轮子。随着经济全球化的深入和经济社会形势的变化，区域经济一体化发展迅速，对以世界贸易组织为代表的多边贸易体制产生了巨大冲击。目前，自由贸易区已经成为区域经济一体化和一国对外开放的重要形式，相比较多边贸易体制而言，其具有协调成本低、开放

① 汪洋：《构建开放型经济新体制》，《人民日报》，2013年11月22日。

② 中共中央文献研究室编：《习近平关于全面深化改革论述摘编》，中央文献出版社2014年版，第135页。

③ 所谓“自由贸易区”，是指两个以上的主权国家或单独关税区通过签署协定，在世贸组织最惠国待遇基础上，相互进一步开放市场，分阶段取消绝大部分货物的关税和非关税壁垒，改善服务和投资的市场准入条件，从而形成的实现贸易和投资自由化的特定区域，对应的英文是FREE TRADE AREA（FTA）。

程度高、进程可控等优势，能够有效促进区域内商品、服务、资本、技术、人员等要素的自由流动，实现优势互补、共同发展。党的十七大把自由贸易区建设上升为国家战略，党的十八大提出要加快实施自由贸易区战略，十八届三中全会进一步要求以周边为基础加快实施自由贸易区战略，形成面向全球的高标准自由贸易区网络，这是适应经济全球化新趋势的客观要求，是全面深化改革、构建开放型经济新体制的必然选择，也是我国积极运筹对外关系、实现对外战略目标的重要手段。据统计，我国已经签署了 12 个自由贸易协定，但是与发达国家相比，总体水平还不高。因此，一方面，要“坚持世界贸易体制规则，坚持双边、多变、区域次区域开放合作，扩大同各国各地利益汇合点”①，抓紧打造中国－东盟自由贸易区升级版，推进中日韩、中澳自由贸易协定谈判；另一方面，要“改革市场准入、海关监管、检验检疫等管理体制，加快环境保护、投资保护、政府采购、电子商务等新议题谈判”②，在国际规则制定中发出更多中国声音、注入更多中国元素，维护和拓展我国发展利益。

二是推广建设自由贸易园区（FTZ）③。2013 年 9 月 29 日中国（上海）自由贸易试验区正式成立，《决定》指出，这是“党中央在新形势下推进改革开放的重大举措，要切实建设好、管理好，为全面深化改革和扩大开放探索新途径、积累新经验”④。与自由贸易区不同，自由贸易园区是一国在其境内设立的对外开放窗口，在这一特定区域上实行特殊的政策措施。根据党中央和国务院的整体部署，上海自贸试验区将在管理体制、投资开放、贸易便利、金融服务、税收管理、综合监管、法治环境等各个方面积极探索和大胆尝试，发挥好促进我国产业发展转型升级和培育国际

① 《中共中央关于全面深化改革若干重大问题的决定》，人民出版社 2013 年版，第 27 页。

② 《中共中央关于全面深化改革若干重大问题的决定》，人民出版社 2013 年版，第 27 页。

③ 所谓“自由贸易园区”，是指在某一国家或地区境内设立的实行优惠税收和特殊监管政策的小块特定区域，对应的英文是 FREE TRADE ZONE（FTZ）。

④ 《中共中央关于全面深化改革若干重大问题的决定》，人民出版社 2013 年版，第 26 页。

经济合作竞争新优势的“试验田”作用。2015 年初，国务院下发《国务院关于推广中国（上海）自由贸易试验区可复制改革试点经验的通知》，充分肯定了上海自贸试验区在建立以负面清单管理为核心的外商投资管理制度、以贸易便利化为重点的贸易监管制度、以资本项目可兑换和金融服务业开放为目标的金融创新制度、以政府职能转变为核心的事中事后监管制度等方面形成的改革创新成果，并提出了在全国范围内推广，从而进一步深化改革开放的具体要求。截止到目前，我国已经设立了四大自由贸易试验区，即中国（上海）自由贸易试验区、中国（广东）自由贸易试验区、中国（天津）自由贸易试验区以及中国（福建）自由贸易试验区，这四大试验区在产业布局、功能定位上各有侧重，分工明确，必将为全国范围的改革开放起到积极的示范引领作用。未来应按照《决定》要求，“在推进现有试点基础上，选择若干具备条件地方发展自由贸易园区”[①]，不断为开放型经济的发展注入新动力、增添新活力、拓展新空间。

三是积极建设“一带一路”。2013 年，习近平总书记分别提出了建设丝绸之路经济带和二十一世纪海上丝绸之路的战略构想，旨在促进要素的自由有序流动、提高资源配置效率、推动市场深度融合，开展更大范围、更高水平、更深层次的区域合作，共同打造政治互信、经济融合、文化包容的利益共同体、命运共同体和责任共同体。“一带一路”沿线各国资源禀赋各异，经济发展阶段不同，互补性较强，人口众多，市场规模和潜力独一无二，合作空间巨大。对我国来说，“一带一路”涉及西北、西南、东北、沿海、内陆等 18 个省及港澳台地区，有利于我国资本、技术、产品、产业“走出去”，开创我国全方位对外开放新格局。正如总书记指出的，“建设丝绸之路经济带、21 世纪海上丝绸之路，是党中央统揽政治、外交、经济社会发展全局做出的重大战略决策，是实施新一轮扩大开放的

① 《中共中央关于全面深化改革若干重大问题的决定》，人民出版社 2013 年版，第 26 页。

重要举措，也是营造有利周边环境的重大举措。形象地说，这一路一带，就是要再为我们这只大鹏插上两只翅膀，建设好了，大鹏就可以飞得更高更远。”①

（袁辉：中央党校经济学部副教授）

① 中共中央文献研究室编：《习近平关于全面深化改革论述摘编》，中央文献出版社2014年版，第134－135页。

13 建设美丽中国

党的十八大首次把生态文明建设提升至与经济建设、政治建设、文化建设、社会建设四大建设并列的高度，列为建设中国特色社会主义的“五位一体”的总布局之一，向全国人民与全世界提出了要“建设美丽中国”的响亮口号。十八届三中全会提出要全面深化“建设美丽中国”的体制改革，进一步提出“紧紧围绕建设美丽中国深化生态文明体制改革”。十八届四中全会进一步要求建立“建设美丽中国”的法律制度。从党的十八大、十八届三中全会，再到四中全会，我们党分别从建设、改革、立法三个维度，一步步深化了对生态文明的认识，对生态文明建设做出了顶层设计和总体部署，提出了“美丽中国”的建设任务、改革任务、法律任务。实现“美丽中国”的生态文明建设被提升到如此的高度，绝非“空穴来风”。我国对生态文明的认识有着清晰的发展脉络。目前面对国内外的多重压力，“建设美丽中国”已经刻不容缓。

一、我国对于“建设美丽中国”论述的发展脉络

中国政府早在20世纪90年代后期，就开始提及生态文明。1999年，时任国务院副总理的温家宝提出：“21世纪将是一个生态文明的世纪。”当时对生态文明的认识还不深入，随着十六大提出生态文明的初步设想，十七大首次把生态文明写入党的报告，十八大把生态文明建设放在突出地位，十八届三中全会更进一步提出要全面深化生态文明体制改革。我国对

于生态文明建设的认识不断深化，思路不断清晰。

（一）十六大提出生态文明的初步设想

2002年11月，十六大报告把实施可持续发展战略，实现经济发展和人口、资源、环境相协调写入了党领导人民建设中国特色社会主义必须坚持的基本经验，强调实现全面建设小康社会的宏伟目标，必须使可持续发展能力不断增强，生态环境得到改善，资源利用效率显著提高，促进人与自然的和谐，推动整个社会走上生产发展、生活富裕、生态良好的文明发展道路。这说明我国已经开始形成建设生态文明的初步理念。

（二）十七大首次把生态文明写入党的报告

2007年10月，十七大报告首次把生态文明写入党的报告，把“建设生态文明”作为实现全面建设小康社会奋斗目标的新要求之一，提出了建设生态文明的具体要求：“基本形成节约能源资源和保护生态环境的产业结构、增长方式、消费模式。循环经济形成较大规模，可再生能源比重显著上升。主要污染物排放得到有效控制，生态环境质量明显改善。生态文明观念在全社会牢固树立。”

（三）十八大把生态文明建设放在突出地位

2012年11月，十八大报告提出“建设生态文明，是关系人民福祉、关乎民族未来的长远大计。面对资源约束趋紧、环境污染严重、生态系统退化的严峻形势，必须树立尊重自然、顺应自然、保护自然的生态文明理念，把生态文明建设放在突出地位，融入经济建设、政治建设、文化建设、社会建设各方面和全过程，努力建设美丽中国，实现中华民族永续发展。”十八大对生态文明建设高度重视，将其为我党的执政新理念。这具体体现在四个“第一次”上：第一次在党的报告中确立了生态文明建设与经济、政治、文化、社会四大建设并列的高度；第一次把生态文明作为建设中国特色社会主义的“五位一体”的总布局之一；第一次在党的报告中用一个单设的篇章部分来论述生态文明建设；第一次将生态文明建设作为中国特色社会主义事业总体布局的重要组成部分写入党章。

(四) 十八届三中全会给出生态文明体制改革方向

2013 年 11 月，十八届三中全会贯彻落实十八大关于全面深化改革的战略部署。全会通过的《中共中央关于全面深化改革若干重大问题的决定》具体部署了生态文明体制改革工作，指出“紧紧围绕建设美丽中国深化生态文明体制改革，加快建立生态文明制度，健全国土空间开发、资源节约利用、生态环境保护的体制机制，推动形成人与自然和谐发展现代化建设新格局。”全面设计了系统完整的生态文明制度体系，要求“实行最严格的源头保护制度、损害赔偿制度、责任追究制度，完善环境治理和生态修复制度”。

(五) 十八届四中全会构画了生态文明法律制度

2014 年 10 月，十八届四中全会贯彻落实十八大关于加快建设社会主义法治国家的战略部署。全会通过的《中共中央关于全面推进依法治国若干重大问题的决定》具体构画了生态文明法律制度工作，指出“用严格的法律制度保护生态环境，加快建立有效约束开发行为和促进绿色发展、循环发展、低碳发展的生态文明法律制度，强化生产者环境保护的法律责任，大幅度提高违法成本。建立健全自然资源产权法律制度，完善国土空间开发保护方面的法律制度，制定完善生态补偿和土壤、水、大气污染防治及海洋生态环境保护等法律法规，促进生态文明建设。”

(六)《关于加快推进生态文明建设的意见》提出“绿色化”发展

2015 年 3 月 24 日，中共中央政治局召开会议审议通过《关于加快推进生态文明建设的意见》。这份《意见》是在党的十八大和十八届三中、四中全会对生态文明建设做出顶层设计和总体部署的基础上，对当前和今后一个时期提出了“建设美丽中国”的任务、目标和具体措施。《意见》提出“生态文明建设事关实现‘两个一百年’奋斗目标，事关中华民族永续发展，是建设美丽中国的必然要求，对于满足人民群众对良好生态环境新期待、形成人与自然和谐发展现代化建设新格局，具有十分重要的意义”。《意见》还明确提出了“建设美丽中国”的驱动力——在原有的“四化协同”的基础上升级为“五化协同”——协同推进新型工业化、城镇化、信息化、农业现代化和绿色化。

二、生态文明被提到重要地位的背景

在经历了越来越严重的生态环境问题后，保护生态环境已经成为了世界发展的潮流，而我国近几十年的高速发展，发达国家近百年来所经历的问题压缩体现出来——我国资源环境约束越来越严峻。

(一) 世界发展潮流的要求

众所周知，工业化进程最早发轫于 18 世纪中期的西方国家。经过 200 年左右的工业化发展进程，西方国家确实“发达”起来了，他们不仅有能力发动两次世界大战主宰了人类世界的，而且也有能力“上天入地”做自然世界的主人。

然而，有一利必有一弊，与此同时他们也遭遇了前所未有的生态环境污染：20 世纪 30 年代到 60 年代主要发达国家发生了一起起重化工业严重污染环境的事件，其中典型代表便是“八大公害事件”。八大公害事件指：

(1) 1930 年比利时马斯河谷烟雾事件

比利时的马斯河谷工业区，外排的工业有害废气（主要是二氧化硫）和粉尘对人体健康造成了综合影响，其中毒症状为咳嗽、流泪、恶心、呕吐，一周内有几千人发病，近60人死亡，市民中心脏病、肺病患者的死亡率增高，家畜的死亡率也大大增高。

(2) 1943年美国洛杉矶烟雾事件

美国洛杉矶市的大量汽车废气产生的光化学烟雾，造成大多数居民患眼睛红肿、喉炎、呼吸道疾患恶化等疾病，65岁以上的老人死亡400多人。

(3) 1948年美国多诺拉事件

美国宾夕法尼亚州多诺拉镇大气中的二氧化硫以及其他氧化物与大气烟尘共同作用，生成硫酸烟雾，使大气严重污染，4天内42%的居民患病，17人死亡，其中毒症状为咳嗽、呕吐、腹泻、喉痛。

(4) 1952年英国伦敦烟雾事件

英国伦敦冬季燃煤引起的煤烟形成烟雾，大气中的污染物不断积蓄，不能扩散，许多人都感到呼吸困难，眼睛刺痛，流泪不止。这导致5天时间内4000多人死亡。2个月后，又有8000多人陆续丧生。

(5) 1953—1968年日本水俣病事件

日本熊本县水俣湾，由于人们食用了海湾中含汞污水污染的鱼虾、贝类及其他水生动物，造成近万人中枢神经疾患，其中甲基汞中毒患者283人中有66余人死亡。

(6) 1955—1961年日本四日市哮喘病事件

1955年这里相继兴建了十多家石油化工厂，化工厂终日排放的含二氧化硫的气体和粉尘，使昔日晴朗的天空变得污浊不堪。1961年，呼吸系统疾病开始在这一带发生，并迅速蔓延。据报道患者中慢性支气管炎占25%，哮喘病患者占30%，肺气肿等占15%。1964年这里曾经有3天烟雾不散，哮喘病患者中不少人因此死去。1967年一些患者因不堪忍受折磨而自杀。1970年患者达500多人。1972年全市哮喘病患者871人，死亡11人。

(7) 1963年日本爱知县米糠油事件

在日本爱知县一带，由于对生产米糠油业的管理不善，造成多氯联苯污染物混入米糠油内，人们食用了这种被污染的油之后，酿成有13000多人中毒，数十万只鸡死亡的严重污染事件。

(8) 1955—1968年日本富山痛痛病事件

生活在日本富山平原地区的人们，因为饮用了含镉的河水和食用了含镉的大米，以及其他含镉的食物，引起“痛痛病”，就诊患者258人，其中因此死亡者达207人。

面对严峻的生态环境问题，发达国家中的一部分学者率先对工业文明进行了反思：他们普遍认为世界需要一种新的发展模式。

1962年，美国女学者蕾切尔·卡尔逊在《寂静的春天》一书，用生动而细腻的笔触描写了农药、杀虫剂等化学制品对环境、生物和人类健康造成的毁灭性破坏，史称此书拉开了“绿色经济革命”的序幕。

1965年，美国经济学家肯尼思·鲍尔丁以“地球像一艘宇宙飞船”为理论假设，并由此得出人口与经济快速增长，一方面会耗尽“飞船”内部的有限资源，另一方面也会排出各种废弃物充斥“飞船内舱”，由此“飞船”必定会因内耗而毁灭的理论判断。这被认为是奠定了“循环经济”的思想基础。

1972年，罗马俱乐部发表了题为“增长的极限”的报告。这篇报告列举了在人与自然关系中的环境退化和恶化、资源流失和缺失的问题，在人与人关系中的富足与贫困、就业无保障、对制度丧失信心等问题，在自然与社会交错关系中的遗弃传统价值、经济秩序与金融秩序混乱、通货膨胀，以及上述引起的人们心理紧张等问题。

同年，美国经济学家芭芭拉·沃德和生物学家勒内·杜博斯向联合国人类环境会议提供的一份非正式报告《只有一个地球》，评述了经济发展和环境污染对不同国家产生的影响，呼吁各国人民重视维护人类赖以生存的地球。

1974 年，美国生物学家巴里·康芒纳发表了《封闭的循环——自然、人、和技术》。这本书认为，战后环境危机的根源不在于经济增长本身而在于造成这种增长的生产方式。人类必须树立生态学的观点，必须采取有效的、自觉的“社会行动”，才能重建自然。

1981 年，美国社会学家杰里米·里夫金与能量科学家特德·霍华德合著的《熵：一种新的世界观》告诫人类如果无节制地使用能源资源，其结果会把地球变成一个“熵”的世界，即无效能量充斥的世界，也就是被污染的世界。

1983 年，法国经济学家弗朗索瓦·佩鲁写出《新发展观》一书，庄严提出经济发展要以一切人的发展为目标，并把人的全面发展既作为评价发展的尺度也作为推动发展的目的。

在这样的反思下，1983 年 11 月，联合国世界环境与发展委员会（WCFD）成立，该组织由前挪威女首相格罗·布兰特夫人担任主席。该委员会在成立后的四年里，对世界各地的人们进行了广泛调查并同有关人士进行充分的讨论，在此基础上于 1987 年向联合国提交了《我们共同的未来——从一个地球到一个世界》的报告。这是一份震撼世界的报告，它要求世界各国政府必须从现在起就环境保护和经济增长两个重大问题负起历史责任，它还提出了以“人类共同福祉”为发展目标的“可持续发展观”。

1992 年，国际社会聚集在巴西里约热内卢，召开了里约联合国可持续发展大会讨论实施可持续发展的具体方法。世界各国领导人通过了《21 世纪议程》，一个在国家、区域和国际各级具体实现可持续发展的行动计划。接着在 2002 年的可持续发展问题世界首脑会议上，通过了《约翰内斯堡执行计划》。这个执行计划是建立在从里约会议以来所取得的进展和经验教训的基础上，提供更有针对性的办法和具体步骤，以及可量化的和有时限的指标和目标。2012 年，联合国可持续发展大会（“里约＋20”峰会）在巴西里约热内卢召开，会议通过了最终成果文件《我们憧憬的未来》，这份文件体现了国际社会的合作精神，展示了未来可持续发展的前景，对确立全球可持续发展方向具有重要的指导意义。

（二）现阶段我国日益加剧的资源环境约束

生态文明建设被提到如此重要的地位，与我国建设中国特色社会主义道路前进中面临的突出困难和问题有着紧密联系：从十七大报告指出“经济增长的资源环境代价过大”，到十八大报告再次警示“资源环境约束加剧”。

我国能源资源总量丰富，但人均占有量低，且分布不均衡。我国石油、天然气人均资源量仅为世界平均水平的1/15左右，水资源人均占有量仅为世界平均水平的1/4。按照目前探明储量和开采利用能力，我国石油和天然气的剩余可采年限仅有15年和30年。延续当前发展趋势，到2020年我国能源需求总量将达到50亿吨标准煤，原油对外依存度将上升至65%。而且我国能源利用效率低下，2010年我国单位国内生产总值能耗是世界平均水平的2.2倍。目前常规能源和重要资源进入高价时代已不可避免，我国能源需求总量快速增长的局面难以根本改变，决定了我国能源资源约束将日益增强。我国70%多的国土不适宜和较不适宜大规模工业化、城市化的开发利用，土地等稀缺资源的约束也将强化。

我国生态环境非常脆弱，全国森林覆盖率为20.36%，不及世界30%的平均水平；全国沙化土地174万平方公里，水土流失面积超过国土面积的1/3，90%以上的天然草原退化，全国26%的地表水国家重点监控断面劣于水环境V类标准，62%的断面达不到III类标准，近岸海域环境质量不容乐观，东海已呈重度污染，生物多样性减少，一些重要的生态功能区功能严重退化。我国主要污染物排放量巨大，环境污染严重，人民面临的生存环境比较恶劣。

因此，解决我国资源环境约束已经到了刻不容缓的阶段。正是在此背景下，我们党高瞻远瞩地把生态文明提到了重要地位。

三、我国在“建设美丽中国”方面的理论贡献

十八大以来，我们党清晰地阐述了“建设美丽中国”的一整套体系，为我国建设生态文明做出了诸多理论贡献。

（一）进一步发展了马克思主义理论

马克思主义从唯物史观的基本观点出发，把人类能够涉及的世界，统一在客观的自然物质之中；把人类生活的现实环境即社会，统一在人与自然之间和人与人之间交错运动的辩证关系体系之中。

从人类发展史和社会发展史的视角看，为了自身的发展，人类一直在与自然界进行物质、能量、信息的变换；同时，为了有效率地实现这种变换，人类也一直在不断地设计和创造更有效率和更加公平的社会组织形式。社会本质上是人类生存、发展和追求幸福的人文环境，正如马克思所说：“环境的改变和人的活动是一致的。”尽管在人类发展和社会发展的道路上，充满了劫掠、杀戮、暴力、强权、野蛮、不合理，但如同恩格斯所说，人类还是在这条道路上不畏艰难地为“人同自然的和解以及为人类本身的和解开辟道路”。我国的生态文明建设正是对马克思主义的理论在新时代的进一步发展。

（二）在世界上第一次清晰地提出生态文明的理念

我国在世界上第一次清晰地阐述生态文明的理念。生态文明，不同于匍匐于大自然的农业文明，更是对征服大自然的工业文明的超越。它是一种新的文明形态，强调人与自然的和谐共处。

从最早的古埃及算起，其五千年的“农业文明”发生、发展，仅仅在最初的一千年的时间内，就永久性地彻底改变了我们地球自然环境的生态系统。比如，最著名的大型农业文明，古埃及的上下尼罗河文明，古印度

的印度河文明和恒河文明，古巴比伦的幼发拉底河文明和底格里斯河文明，古中国的黄河文明等。这些巨无霸的大型“农业文明”彻底铲除了沿着大河和它一级支流上的两岸广袤纵深的大小平原上的原始森林，难以数计的物种遭到了前所未有的灭顶之灾，从地球上被人类“农业文明”在最短的时间内残酷杀害而灭绝。其古代“农业文明”永久性地改变了自然界中的最大的茂密丛林生态系统都分布在广袤平原上的法则。以工业文明为代表的资本主义虽然在发展生产力上起到过巨大的作用，但也带来了严重的环境灾难。作为资本主义批判者出现的社会主义，就是要实现对资本主义的超越，要建立以人为本的社会，实现人类社会的科学发展，实现人与自然的和谐发展。

（三）奠定了我国生态文明建设在“五位一体”中的重要地位

生态文明建设不像经济建设、政治建设、文化建设和社会建设等，具有明确的、独立的边界，它或渗透于经济建设、政治建设、文化建设和社会建设之中，或贯穿于经济建设、政治建设、文化建设和社会建设之间。生态文明在“五位一体”中具有基础性作用，生态文明就如一条“红线”贯穿于中国特色社会主义道路中，将经济建设、政治建设、文化建设、社会建设紧密联系起来，形成一个有机整体。

第一，生态文明是经济转型的主要方向。李克强总理曾指出，“转变经济发展方式是否见到实效，基本的衡量标准就是生态环保的力度有多大，发展的资源环境代价是否降低”。生态文明建设将推动构建新的经济发展方式，协调经济增长与环境保护间的矛盾，走出一条可持续的经济发展道路。

第二，生态文明是政治体制改革的重要突破口。目前，生态环境问题所引发的群体性事件日益增多。2012 年就发生了 7 月 2 日的四川什邡反对钼铜项目、7 月 28 日的江苏启东反对污水排海项目以及 10 月 27 日浙江宁波反对镇海炼化扩建一体化项目等重大环境群体事件。这些事件都由环境污染事件转化为了人民群众对政府政治决策的不满。政治体制改革可以在生态环境领域进行突破，这是因为在这一领域的相对而言既得利益群体的改革阻力会比较小，而且这又是目前人民群众重点关注的领域。可以先完善环境立法，试行由人民群众广泛参与到生态环境领域的政治决策中，让人民群众对涉及生态环境的政策及项目实行民主选举、民主决策、民主管理、民主监督。这将为我国的政治体制改革奠定坚实的群众基础。

第三，生态文明是先进文化的题中之义。构建人与自然和谐的世界观与价值观，这是中国传统文化的精髓，也是我国社会主义核心价值体系的重要内涵。生态文明也为文化产业的发展创造了肥沃的土壤：动听的歌声、壮美的画卷、优秀的文化创意及丰富的旅游项目等都来源于良好的自然生态环境。

第四，生态文明是社会民生的重要内容。随着我国居民生活水平的提高，小康社会建设的深入，群众关心的社会民生问题，不再单纯是“吃饱穿暖”，而是更高层次的物质与精神的需求，其中对于良好生态环境的要求越来越高，比如群众对细颗粒物（PM2.5）污染的关注就可见一斑。而且据调查统计，环境问题也是很多富裕人员移民海外的重要原因之一。因此，建设好生态环境，对于改善社会民生具有重大意义。

（四）强调统筹各种生态文明的实现形式的共同推进

我国首次把绿色发展、循环发展与低碳发展统筹到实现生态文明建设中来。绿色发展是以绿色技术体系为物质基础，以改善环境问题为价值基础的经济形态。其强调了对生态环境有利的技术创造了绿色产品，这种绿色产品具有生态环境价值，既能改善环境，又能实现经济价值。而循环发展是生态文明的生产方式，通过促进生产、流通、消费过程的具体的减量化、再利用、资源化技术的利用来实现生态环境的可持续发展。低碳发展则是应对气候变化这一目前最大的全球生态环境问题的产物。其核心在于通过以二氧化碳为代表的温室气体的减排为定量标准来衡量经济增长与环境保护的协调关系。三者的结合为建设生态文明与经济发展方式转型提供了抓手。

四、生态文明体制改革是美丽中国的保障

“建设美丽中国”需要一整套制度体系的保障，需要推进全面的改革，具体亟需从健全自然资源资产产权制度、构建生态文明的评价体系、按照区域经济差异建设生态文明、建立符合生态文明要求的社会主义市场经济机制四大领域着手。

（一）健全自然资源资产产权制度

生态文明体制改革首要解决的问题是要健全自然资源资产产权制度。自然资源资产产权是个新名词，但是产权这个概念在我国市场经济不断深化的今天已经成为民众耳熟能详的概念了。产权是经济所有制关系的法律表现形式，包括占有权（所有人对于所有物的实际上的占领、控制）、使用权（依照物的性能和用途对物加以利用，以满足生产和生活的需要的权能）、收益权（收取由原物产生出来的新增经济价值的权能，新增经济价值包括利息和利润）及处分权（决定财产事实上和法律上的命运的权能）。三中全会首次提出市场在资源配置中起决定性作用。市场能发挥这种决定性作用，基于一个重要的基本条件——资源稀缺性。稀缺的资源要同时具有两个性质——竞争性与排他性，才可以通过市场来有效地生产和分配。竞争性是某些资源的内在属性，即一个人对资源的消费和使用会减少其他人可以使用的资源数量。排他性是指资源只允许其所有者使用，同时阻止其他人使用。排他性需要政府或社会组织为所有者签订社会协议保障其对资源的使用。这种社会协议便是产权。因此，自然资源资产产权就是指为保障所有者对自然资源资产的排他性而设置的社会协议。

改革开放三十多年来，我国市场经济逐步完善，涉及非自然资源资产

产权制度，如股权债权、城市房屋产权、知识产权等，已经逐步建立健全。但是在自然资源资产领域的产权还普遍存在缺失。这导致了众多问题：第一，自然资源的定价不合理，价格普遍偏低，导致对许多自然资源的掠夺性开发。第二，民众没有从自然资源的开发中享受到应有的收益。第三，自然资源破坏与环境污染严重。

可以按照“可持续规模—公平分配—有效配置”的模式来推进健全自然资源资产产权制度，明晰其占有权、使用权、收益权及处分权。

首先，由于大部分自然资源本身不具有稀缺性，因此确定其产权必须依靠政府事先确定。自然资源的利用必须遵循自然规律。自然资源可以分为不可再生的自然资源与可再生的自然资源两大类。不可再生的自然资源本身就有使用的限度；可再生的自然资源如空气、水等虽然在长期中是可再生的，但是由于污染严重，清洁的空气、水已经变成了“不可再生的”，这就是说污染是有限度的。这种自然资源的可持续的使用规模就是三中全会中所说的“生态保护红线”，在自然科学领域中称为“阈值”，就是资源使用一旦超过一定的量，就会导致无法恢复的状况。因此，一旦政府根据自然规律确定了一个可持续的规模，自然资源便具有了稀缺性，可以赋予产权。

其次，我国宪法第九条规定“自然资源的矿藏、水流、森林、山岭、草原、荒地、滩涂等自然资源，都属于国家所有，即全民所有；由法律规定属于集体所有的森林和山岭、草原、荒地、滩涂除外。”这表明我国自然资源的占有权是全民所有或集体所有。但是具体的使用权必须分配给具体的主体来使用，收益权应当分配给全民共享，因此公平分配使用权与收益权成为了自然资源资产产权制度的重要内容。

最后，要明确自然资源资产的处分权。习近平总书记在《关于〈中共中央关于全面深化改革若干重大问题的决定〉的说明》中明确指出：“健全国家自然资源资产管理体制是健全自然资源资产产权制度的一项重大改革，也是建立系统完备的生态文明制度体系的内在要求。”这种管理体制便是自然资源资产的处分权。我们也要发挥市场在自然资源资产配置中的作用，让自然资源资产产权可以在市场上交易，有效地配置自然资源。

（二）构建生态文明的评价体系

“要把资源消耗、环境损害、生态效益纳入经济社会发展评价体系，建立体现生态文明要求的目标体系、考核办法、奖惩机制”的核心就是改变现有的“唯GDP至上”的经济社会发展评价体系，把单纯的强制性环境约束指标转变为有效衡量生态文明发展的考核标准，从根本上优化GDP为核心的评价体系。

然而，建立一套完善的生态文明的指标体系是一个艰难而漫长的过程。目前世界通行的国民经济核算体系是GDP，它曾经被一代经济学大师凯恩斯所推崇，认为是可以反映经济秩序中有关供给、需求、失业等议题的有用依据，是衡量一个国家是否进步及其进步程度的最重要指标。然而近年来，随着环境问题、能源问题、资源问题等不断涌现和加剧，人们逐渐认识到，传统的GDP指标体系远不能正确反映一个国家在经济、社会、文化等方面的进步程度及可持续发展能力，甚至与生态文明背道而驰。比如，受法国总统萨科奇委托的斯蒂格利茨委员会更将席卷全球的金融危机归因为“监控系统失灵”，他们认为GDP“并不能很好地衡量总体福祉，而且这其实已经有一段时间了”。

为此，一些经济学家和统计学家尝试将环境和生态要素纳入国民经济核算体系，进而完善GDP这一重要指标，这便有了绿色GDP的提法。绿色GDP，环保部副部长潘岳将其定义为“扣除经济活动中投入的环境成本后的国内生产总值”，从落实科学发展观、实行可持续发展的层面看，用绿色GDP代替传统GDP是一种进步，也是一种发展方向。事实上，从2004年开始，国家统计局和国家环保总局已成立了绿色GDP联合课题小组，正式启动绿色GDP研究项目，积极进行研究和试验，但直到现在也没有绿色GDP数据对外公布。GDP的问题在于经济学味太浓，都是以货币单位衡量，只有以其他单位做一些附属账户；绿色 GDP 只是 GDP 的扩大化，无法构建一个指标，绿色 GDP 只是在生产法上一小步的修正，不好操作。全国人大常委、财经委副主任委员吴晓灵提出要用福祉指数替代 GDP，她认为要克服 GDP 导向的政府行为，就应考虑在“十二五”规划中改进人民福祉。福祉指数，包括居民生活、生态环境、社会环境、公共服务共四个方面，其中涵盖收入与消费、收入分配、健康状况、环境治理、环境满意度、安全感、政府治理（政府廉洁、司法公正等）、义务教育、医疗卫生、社会保障、公共设施等 44 项指标。这与一些地方政府单纯追求 GDP 增长相比，显然增加了“民生”的分量。其实，所谓福祉，也就是幸福、利益、福利，这在很大程度上，只是一种感受。所以，“福祉指数”里面主观指标多达 15 项，据称“这一设置是为了能够对客观情况和主观情况都有所反映”。福祉指数是沿袭西方经济学中的福利概念，只是绿色 GDP 的另一种说法，没有统一的方法论，其综合评价体系中很多指标还没有理论依据，还不如 GDP 严谨。

还有一种观点是用竞争力替代 GDP，GDP 是从生产角度测算的，不能涉及整个经济社会层面，有近 20%的问题解释不了。这解释不了的方面正是竞争力所能解释的。竞争力从宏观角度，虽然不能解决微观问题，但从测度上寻求了多计量单位或自然单位与货币单位相结合认识客观的发生过程、技术过程和经济过程。因此，可以用竞争力构建起一套生态文明相关的指标体系。

目前，需要解决的问题是，中央政府要改变对地方政府的传统 GDP 的考核方式，向生态文明的统计体系转变，通过收集更加精确、完善的基层数据，建立起切实反映、衡量生态文明的指标体系作为考核体系。这样的考核体系促使地方政府、企业以绿色低碳循环发展为目标，中央政府更加严格地要求企业提供基础数据，企业更加自愿地提供基础数据，这样便形成了“中央政府—地方政府—企业”的良性互动循环。这样才能真正构建起“可测量、可报告、可验证”的生态文明的评价体系。

（三）按照区域经济差异建设生态文明

我国陆地国土空间辽阔，但适宜开发的面积少。扣除必须保护的耕地和已有建设用地，今后可用于工业化城镇化开发及其他方面建设的面积只有28万平方公里左右，约占全国陆地国土总面积的3%，必须走空间节约集约的发展道路。而且我国区域经济发展差异很大，发展不均衡，因此，国家对区域经济发展的调控应该区别对待、分类指导。

2011年6月8日，我国首个全国性国土空间开发规划《全国主体功能区规划》由国务院正式发布，并明确提出要将国土空间开发从占用土地的外延扩张为主，转向调整优化空间结构为主。

该规划从建设富强、民主、文明、和谐的社会主义现代化国家、确保中华民族永续发展出发，推进形成主体功能区要着力构建我国国土空间的“三大战略格局”。

（1）构建“两横三纵”为主体的城市化战略格局。构建以陆桥通道、沿长江通道为两条横轴，以沿海、京哈京广、包昆通道为三条纵轴，以国家优化开发和重点开发的城市化地区为主要支撑，以轴线上其他城市化地区为重要组成的城市化战略格局。推进环渤海、长江三角洲、珠江三角洲地区的优化开发，形成3个特大城市群；推进哈长、江淮、海峡西岸、中原、长江中游、北部湾、成渝、关中—天水等地区的重点开发，形成若干新的大城市群和区域性的城市群。

（2）构建“七区二十三带”为主体的农业战略格局。构建以东北平原、黄淮海平原、长江流域、汾渭平原、河套灌区、华南和甘肃新疆等农产品主产区为主体，以基本农田为基础，以其他农业地区为重要组成的农业战略格局。东北平原农产品主产区，要建设优质水稻、专用玉米、大豆和畜产品产业带；黄淮海平原农产品主产区，要建设优质专用小麦、优质棉花、专用玉米、大豆和畜产品产业带；长江流域农产品主产区，要建设优质水稻、优质专用小麦、优质棉花、油菜、畜产品和水产品产业带；汾渭平原农产品主产区，要建设优质专用小麦和专用玉米产业带；河套灌区农产品主产区，要建设优质专用小麦产业带；华南农产品主产区，要建设优质水稻、甘蔗和水产品产业带；甘肃新疆农产品主产区，要建设优质专用小麦和优质棉花产业带。

(3) 构建“两屏三带”为主体的生态安全战略格局。构建以青藏高原生态屏障、黄土高原—川滇生态屏障、东北森林带、北方防沙带和南方丘陵山地带以及大江大河重要水系为骨架，以其他国家重点生态功能区为重要支撑，以点状分布的国家禁止开发区域为重要组成的生态安全战略格局。青藏高原生态屏障，要重点保护好多样、独特的生态系统，发挥涵养大江大河水源和调节气候的作用；黄土高原—川滇生态屏障，要重点加强水土流失防治和天然植被保护，发挥保障长江、黄河中下游地区生态安全的作用；东北森林带，要重点保护好森林资源和生物多样性，发挥东北平原生态安全屏障的作用；北方防沙带，要重点加强防护林建设、草原保护和防风固沙，对暂不具备治理条件的沙化土地实行封禁保护，发挥“三北”地区生态安全屏障的作用；南方丘陵山地带，要重点加强植被修复和水土流失防治，发挥华南和西南地区生态安全屏障的作用。

(四) 建立符合生态文明要求的社会主义市场经济机制

“建设美丽中国”需要建立一整套既使市场在资源配置中起决定性作用，又能更好发挥政府作用的符合生态文明要求的社会主义市场经济机制。

在生态文明的框架下，资源性产品的价格应该包括两个方面：一是市场供求和资源稀缺程度所反映的产品的市场价格；二是资源性产品对生态系统影响所体现的生态价值。因此，深化资源性产品价格改革，既要放开国家干预，让市场合理定价，还要在市场价格的基础上，加上其生态价值。比如，国内的成品油定价机制还需要进一步改革。2008 年 12 月，国家出台了成品油价格和税费改革方案。2013 年 3 月，又做出了调整。根据现行管理办法规定，国内成品油价格以国际市场原油价格为基础，加国内平均加工成本、税金、合理流通费用和适当利润确定。当国际市场原油连续10个工作日平均价格变化，可相应调整国内成品油价格。但是关键问题在于一方面我国成品油价格都是基于国外石油市场定价，自身丧失了根据本国经济与资源情况的定价权；另一方面还没有加上能体现其生态价值（包括了对环境污染的补偿）的燃油税。

在经济学原理上，生态环境污染被视为市场的负外部性，不能通过市场自主地资源配置来解决。需要政府发挥作用，来解决这种市场外部性，具体手段有三种：环境资源税费、排放（污）权交易及行政惩罚管制，前两种是调节市场手段，后一种为强制行政手段。

经济学家庇古在1920年提出了环境资源税费——庇古税，即对每个污染排放行为征收一个单位的排放税，实质就是给污染确定价格。在资源税费方面，资源，尤其是化石燃料与矿石产品的开采会带来大量污染，需要用资源税来补偿。我国早在2007年就酝酿推行资源税改革，但当时迫于通胀压力未能实行。接着不期而至的金融危机，使得资源税再次搁浅。我国目前资源税征税范围限于原油、天然气、煤炭、其他非金属矿原矿等七个品目，而且存在从量计征、税额偏低的问题，仍有许多重要的自然资源未包括在内，如水资源、地热资源、森林资源等。2010年6月，我国启动了新疆矿产资源税改革试点，明确扩大范围，从价计征，提高税率。2010年7月，中央决定矿产资源税改革扩大至整个西部地区，这标志着我国资源税改革拉开了序幕。目前，加快推进煤炭等其他品目资源税从价计征仍是亟待改革的领域。在环境税费方面，我国排污收费制度已执行30余年，征收对象涉及506万家企事业单位和个体工商户。2003年出台了《排污费征收使用管理条例》，但是至今10余年，排污费全国收费标准一直未变，总体偏低，虽然有16个省份微调了收费标准，但收费与治理成本之间依旧有不小的缺口。2014年7月，天津市开始实行新的排污费征收标准，四种主要污染物排污费平均提高9.5倍以上。2015年元旦，北京已经将二氧化硫、氮氧化物的排污费征收标准调整为每公斤10元，比原标准提高15倍左右。即便大幅提高排污费，但是推进环境税费改革还是下一步改革的重点。排污费改税不仅能够增强征管强制力，也是规范政府收入形式的要求，并能解决环保部门依靠“吃排污费”的“尴尬指责”，而且能够调整不同企业间的负担水平，有利于企业公平竞争。

经济学家科斯于1960年提出的科斯定理，指出通过给污染行为确定产权，污染权可以进行交换，从而通过市场交易来使污染得到有效解决。我国在排放（污）权交易已经有了一定进展，尤其是碳排放权的交易。1997年通过的《京都议定书》把碳排放交易作为碳减排的重要工具，之后世界各国纷纷构建自己的碳交易市场。由于我国已经成为世界碳排放的第一大国，遭受了巨大的国内外碳减排的压力，因此我国开展了碳排放交易试点工作。2011年11月，国家发改委确定北京、上海、天津、重庆、深圳、广东和湖北被确定为首批碳排放交易试点省市。目前7个试点已经全部启动上线交易。根据发改委数据，截至2014年8月底，试点地区碳交易量合计1284.2万吨，交易额达到4.9亿元，当然这距离全球每年约1700亿美元的碳排放交易额还有很大差距，但也说明我国碳交易市场潜力巨大。下一步改革的重点应该是进一步建立全国范围的碳交易市场机制，包括研究全国碳排放总量和分解落实机制、制定全国碳排放权交易管理法、建立国家碳排放权交易登记注册系统等工作。

在环境资源税费、排放（污）权交易没有建立或无法推行的领域，国家还是要加强对环境污染的行政惩罚管制，来弥补市场调节手段的缺失。加紧进行生态环境保护责任追究制度和环境损害赔偿制度的理论研究和现实调研，厘清基本的理论问题。目前，对环境赔偿的根本目的、环境损害的界定、赔偿原则、赔偿范围、免赔条件、追溯时限等一些基本理论还没有具体界定；因果关系的确认、举证责任、赔偿程序、赔偿数额的计算等基本的政策、标准、规范尚未建立；对无法确定环境侵权人的环境损害如何赔偿、损害后果超过环境侵权人赔偿能力时如何赔偿等无法回避的现实问题还没有形成共识，更没有操作依据。2011 年，环境保护部在 7 省市进行环境污染损害鉴定评估试点工作。待试点成熟后，应确定全国统一的环境损害鉴定和评估计算方法，在国家统一规划下，在各地方建立权威的环境损害鉴定评估机构，为环境损害赔偿提供可靠的技术支撑。

（郭兆晖：中央党校经济学部讲师、经济学博士）

14 深化政府体制改革

党的十八届三中全会《决定》指出："经济体制改革是全面深化改革的重点，核心问题是处理好政府和市场的关系，使市场在资源配置中起决定性作用和更好发挥政府作用。"这是继十八大报告"经济体制改革的核心问题是处理好政府和市场的关系，必须更加尊重市场规律，更好发挥政府作用"之后，党中央再次强调处理好政府和市场的关系是我们当前改革开放、全面深化改革的重要任务。"使市场在资源配置中起决定性作用"和"更好发挥政府作用"，两者之间是辩证统一的关系。确定好市场发挥作用的边界，同时也就确定了政府发挥作用的边界；明确政府更好发挥作用的边界，使政府既不"缺位"、也不"越位"，有所进、有所退，才能使市场在资源配置中起决定性作用。[①] 只有这样，才能全面、深入、正确理解政府和市场的关系；也只有这样，才能为深化政府体制改革创造外部条件、提供基本的理论前提。

一、处理好政府和市场的关系是深化政府体制改革的前提

需要指出，"市场在资源配置中起决定性作用，并不是起全部作用。"[②] 这是因为，我国实行的是社会主义市场经济体制，我们仍然要坚

① 张开：《更好发挥政府作用的两层含义》，《经济研究参考》，2014（37）。

② 《十八大以来重要文献选编》（上），北京：中央文献出版社，2014年，第500页。

持发挥我国社会主义制度的优越性、发挥党和政府的积极作用，“坚持党的领导，发挥党总揽全局、协调各方的领导核心作用，是我国社会主义市场经济体制的一个重要特征。”[①] 所以，“在市场作用和政府作用的问题上，要讲辩证法、两点论，‘看不见的手’和‘看得见的手’都要用好，努力形成市场作用和政府作用的有机统一、相互补充、相互协调、相互促进的格局，推动经济社会持续健康发展”[②]。

（一）使市场在资源配置中起决定性作用

1. 市场决定资源配置是市场经济的一般规律，市场经济本质上就是市场决定资源配置的经济。健全社会主义市场经济体制必须遵循这条规律，着力解决市场体系不完善、政府干预过多和监管不到位的问题。经济发展就是要提高资源，尤其是稀缺资源的配置效率，以尽可能少的资源投入生产尽可能多的产品、获得尽可能大的效益。理论和实践都证明，市场配置资源是最有效率的形式。

2. 从“基础性”到“决定性”的转变。正如习近平同志所指出的：“做出‘使市场在资源配置中起决定性作用’的定位，有利于在全党全社会树立关于政府和市场关系的正确观念，有利于转变经济发展方式，有利于转变政府职能，有利于抑制消极腐败现象。”[③] 所以，要“让市场在所有能够发挥作用的领域都充分发挥作用，推动资源配置实现效益最大化和效率最优化，让企业和个人有更多活力和更大空间去发展经济、创造财富”[④]。

（二）更好发挥政府作用

1. 宏观上把握更好发挥政府作用。首先，“党的坚强领导是政府发挥

---

① 《习近平谈治国理政》，北京：外文出版社，2014 年，第 118 页。
② 《习近平谈治国理政》，北京：外文出版社，2014 年，第 116 页。
③ 《十八大以来重要文献选编》（上），北京：中央文献出版社，2014 年，第 499 页。
④ 《习近平谈治国理政》，北京：外文出版社，2014 年，第 117 页。

作用的根本保证。在全面深化改革过程中，我们要坚持和发展我们的政治优势，以我们的政治优势来引领和推进改革，调动各方面积极性，推动社会主义市场经济体制不断完善、社会主义市场经济更好发展。”[①] 其次，“更好发挥政府作用，就要切实转变政府职能，深化行政体制改革，创新行政管理方式，健全宏观调控体系，加强市场活动监管，加强和优化公共服务，促进社会公平正义和社会稳定，促进共同富裕。”[②] 第三，要“减少政府对资源的直接配置，减少政府对微观经济活动的直接干预，加快建设统一开放、竞争有序的市场体系，建立公平、开放、透明的市场规则，把市场机制能有效调节的经济活动交给市场，把政府不该管的事交给市场。”[③]

2. 更好发挥政府作用的两层含义。

更好发挥市场经济条件下政府的“一般作用”：

(1) 克服市场机制缺陷与健全宏观调控体系。企业作为微观经济主体，它根据供求波动引起商品市场价格的变化情况来扩大或缩减生产规模，通过同种商品生产企业之间的竞争来降低生产成本，企业内部的资源配置过程即劳动生产过程是有计划、有纪律的，它服从厂长经理的指挥，就像一个乐队的成员服从乐队指挥一样。所以，市场在微观领域配置资源是有效率的，但是市场机制的运行有自发性和盲目性，它在宏观领域中无法保证部门之间经济结构的协调、生产力的布局优化、跨越式发展战略等问题。这样一来，完善以财政政策和货币政策为主要手段的宏观调控体系，以保持经济总量平衡，减缓经济周期波动、防范区域性、系统性风险，稳定市场预期就是非常必要的。借用李克强总理经常强调的话来讲，就是要使经济“在合理区间内运行”，稳增长、保就业是下限，防止通货膨胀是上限，宏观调控和宏观政策要保证经济平稳运行、避免大的波动，

① 《习近平谈治国理政》，北京：外文出版社，2014 年，第 118 页。

② 同上。

③ 《习近平谈治国理政》，北京：外文出版社，2014 年，第 117 页。

更不能发生经济危机。

(2) 加强和优化公共服务。通常认为，公共服务是由政府使用公共资源对公民个人直接需求的一种满足。公共服务的内容一般包括：教育、就业、社会保障、医疗卫生等方面。随着经济社会的进步，社会成员对公共服务的数量和质量会有更高的期待，加强和优化公共服务是各国政府的普遍行为。对于转型期的中国，加强和优化公共服务，不仅有助于转变政府职能和构建服务型政府，而且有助于为转变经济发展方式、调整经济结构创造条件。例如，提高社会保障的水平，有助于释放国内的消费潜力，使得老百姓敢于消费、放心消费，这将必然促进出口导向型经济结构的改善。对于某些可以利用市场手段进行购买的公共服务，如三中全会《决定》所指出的，可以加大政府购买公共服务的力度。

(3) 加强市场监管、维护市场秩序、保障公平竞争。如果没有政府严格的市场监管，就不会有良好的市场秩序，更谈不上公平的市场竞争，不仅对生产者不利，也对消费者不利，同种商品生产者中好的生产企业的商品价格被低估，劣等生产企业的商品价格被高估，市场价格遭到扭曲，易发生劣币驱逐良币现象，“使市场在资源配置中起决定性作用”就会大打折扣。当今世界上的发达市场经济体，其政府无一例外都对市场主体的经济行为进行着严格的监管，守护着市场秩序的良性运转。当前中国，饱受诟病的“食品安全”问题，多年来并没有得到很好解决，根本问题在于政府对市场监管不够，造成了企业的违规、违法成本太低，一定程度上纵容了企业的违规心理，已经严重损害了政府的形象。

更好发挥社会主义国家政府的“特殊作用”：

(1) 坚持和完善社会主义基本经济制度，确保改革开放的正确方向。十八大报告以及三中全会《决定》都强调了，既不走封闭僵化的老路，也不走改旗易帜的邪路，坚定走中国特色社会主义道路，始终保持改革的正确方向。邓小平同志在 1985 年党代会上指出：“在改革中，我们始终坚持两条根本原则，一是以社会主义公有制经济为主体，一是共同富裕。”当前全面深化改革，仍要坚持这两条根本原则，为经济体制改革提供了制度约束，确保改革的正确方向，这是我们党和政府需要发挥重要作用的领域。

（2）推进市场体系的发育和完善。三中全会《决定》指出：“建设统一开放、竞争有序的市场体系，是使市场在资源配置中起决定性作用的基础。”显然，“建设市场体系”不会由市场本身自动完成，必须有政府的积极推动作用。资本主义市场经济已经发展了两百多年，整个市场体系已经非常完善。然而，众多生产力落后的国家，单纯等待和依赖市场力量自身自然而然地缓慢发展，既不可能、国际经济秩序也不允许它们独立自主、快速构建起发达市场经济体系的。当代新兴市场经济体，其政府无一例外都在市场体系建设方面发挥了主导作用。我们国家的市场经济只有三十五年的历史，在生产要素和商品自由流动、公平竞争和市场监管、市场价格的形成机制、金融市场的建设等方面，我们还有很长的路要走，在社会主义条件下，这一推进市场体系发育和完善的过程，离不开社会主义政府发挥其应有的积极作用，政府不能“缺位”。

（3）制定中长期发展战略，实现赶超型经济发展。众所周知，市场机制通常解决短期目标，国家的中长期发展战略是无法通过市场机制自动实现的。企业在市场机制作用下，以追求高利润为导向，决定了资本投资的方向，而这些领域并未必是国家社会迫切需要重点发展的领域。在以美国霸权主导下的国际经济秩序背景下，生产力落后的社会主义中国必须通过政府主导制定中长期发展战略规划，实现经济社会的跨越式发展。

（三）社会主义市场经济本质上是法治经济

党的十八届四中全会《决定》指出：要使市场在资源配置中起决定性作用和更好发挥政府作用，必须以保护产权、维护契约、统一市场、平等交换、公平竞争、有效监管为基本导向，完善社会主义市场经济法律制度。健全以公平为核心原则的产权保护制度，加强对各种所有制经济组织和自然人财产权的保护，清理有违公平的法律法规条款。创新适应公有制多种实现形式的产权保护制度，加强对国有、集体资产所有权、经营权和各类企业法人财产权的保护。国家保护企业以法人财产权依法自主经营、自负盈亏，企业有权拒绝任何组织和个人无法律依据的要求。加强企业社会责任立法。完善激励创新的产权制度、知识产权保护制度和促进科技成果转化的体制机制。加强市场法律制度建设，编纂民法典，制定和完善发展规划、投资管理、土地管理、能源和矿产资源、农业、财政税收、金融等方面法律法规，促进商品和要素自由流动、公平交易、平等使用。依法加强和改善宏观调控、市场监管，反对垄断，促进合理竞争，维护公平竞争的市场秩序。加强军民融合深度发展法治保障。

党的四中全会所提出的这些要求和改革举措，从本质上来讲，就是按照市场经济具有法治经济属性来深化主义市场经济的改革，这同时也对深化政府体制改革提出了方向和要求。法治是现代市场经济的重要特征，成熟的市场经济体制与健全的法治相呼应。实现市场在资源配置中的决定性作用，最为重要的一个前提条件就是市场主体的行为受法律约束和保护。完善的社会主义市场经济体制，更需要公平、公正、公开地配置各种资源，更加公平地实现利益分配和再分配，相应地要求制定相适应的社会主义市场经济的法律体系。以法律来保护市场竞争，维护市场经济运行，激发市场主体活力。政府作用的充分发挥需要法律规范。法律不配套不健全以及有法不依执法不严，市场经济体制就建立不起来。[①]

二、简政放权、放管结合是当前深化政府体制改革的重要内容

（一）简政放权、放管结合，是深化政府体制改革的重要内容，也是

① 赵振华：《社会主义市场经济本质上是法治经济》，《学习时报》，2014年11月3日。

激发市场经济和社会发展活力的必然要求

改革开放30多年来，我国通过政府集中力量破解各种发展难题，快速冲破改革阻力，形成改革合力，实现了经济的跨越式发展。但是，随着社会主义市场经济体制的建立和完善，也出现了政府职能不适应市场经济发展要求的问题，比如行政权力边界不清、行政权力错配、行政权力约束较弱等。从改革实践的深处着力，实行简政放权、转变政府职能，正是解决这些问题的突破口。

党的十八届三中全会《决定》指出，经济体制改革是全面深化改革的重点，核心问题是处理好政府和市场的关系。简政放权，是当前处理好政府和市场关系的必然要求和具体举措。“简政”，既要解决政府机构各个职能之间交叉、政出多门、九龙治水、人浮于事、相互掣肘的现象；也要解决社会公共产品和服务提供不足、行政效率低下的问题。“放权”，则是要解决政府对市场的微观经济活动审批过多、审批程序复杂、审批周期长、效率低的问题；也是要解决政府管了一些不该管和管不好的事情以及一些该管却没管好的问题。

“简政放权”，是“做减法”与“做加法”的有机统一，把该放的权力放掉，把该管的事务管好，处理好行政权力的进退问题。譬如，切断政府干预企业微观活动这只“手”，是做减法；加强政府提供公共服务这只“手”，是做加法。二者的有机统一，是政府转变职能的基础，是权力配置有序化的过程，也是激发市场经济活力、增强发展动力的过程。做好简政放权的“加减法”，一方面需要明晰政府和市场的边界，“凡能由市场形成价格的都交给市场，政府不进行不当干预”；另一方面需要厘清政府与社会的边界，把政府包揽的一些社会事务交给社会。当然，“放权”并不是放任，而是要加强事中和事后监督；“放权”更不是撒手不管，而是要依法管理。事实上，“放权”对政府管理水平提出了更高要求，要求政府加大对经济社会发展趋势的研判、分析和预测，制定出台合理的规划、标准、政策和制度，为经济社会健康发展保驾护航。因此，各级政府必须切实转变观念，努力形成与法治政府和服务型政府相匹配的管理能力。[①]

（二）简政放权所取得的成绩

简政放权，是政府自身革命的“重头戏”，是行政体制改革的关键，必须持续深入推进，从而进一步激发市场经济活力。根据国家发改委提供的数据，从2013年至2014年，国务院已相继取消和下放了9批共798项行政审批事项。在2014年召开的40次国务院常务会议中，有21次部署了“简政放权”。

近年来，集中于行政审批制度改革、投融资体制改革、商事制度改革等方面的以简政放权为路径的改革，对释放市场主体活力、释放发展潜力发挥了重要作用，营造了让创新创业活力充分迸发的体制环境。

简政放权，是本届政府的“开门第一件大事”，是全面深化改革的“先手棋”。中央部门和地方政府以壮士断腕的勇气，通过自我削权、自我革命，极大地增强了公众和企业对市场环境的良好预期。国务院各部门全年取消和下放246项行政审批事项，取消评比达标表彰项目29项、职业资格许可和认定事项149项，再次修订投资项目核准目录，大幅缩减核准范围。着力改革商事制度，新登记注册市场主体达到1293万户，其中新登记注册企业增长45.9％，形成新的创业热潮。经济增速放缓，新增就业不降反增，显示了改革巨大威力和市场无限潜力。

因此，进一步加快简政放权步伐，打通最后一公里的阻碍，还需要进一步推动权力清单、责任清单、负面清单的管理新模式，将权力清单、责任清单尽快从中央推向省、从省推向县；将负面清单尽快在外资、内资领域全面展开。通过依法施权，规范、约束各级政府、各个部门的权力和行为，让简政放权的利国惠民举措真正落地，将经济体制改革事业进一步引

① 参阅《卷首语》，载《科技与企业》，2014（23）。

向深入。[1] 改革开放是推动发展的制胜法宝。必须以经济体制改革为重点全面深化改革，统筹兼顾，真抓实干，在牵动全局的改革上取得新突破，增强发展新动能。

（三）当前深入推进简政放权面临的挑战和举措

李克强总理在2015年的《政府工作报告》中指出，2015年再取消和下放一批行政审批事项，全部取消非行政许可审批，建立规范行政审批的管理制度。深化“商事制度”改革，进一步简化注册资本登记，逐步实现“三证合一”，清理规范中介服务。制定市场准入负面清单，公布省级政府权力清单、责任清单，切实做到法无授权不可为、法定职责必须为。

地方政府对应当放给市场和社会的权力，要彻底放、不截留，对上级下放的审批事项，要接得住、管得好。加强事中事后监管，健全为企业和社会服务一张网，推进社会信用体系建设，建立全国统一的社会信用代码制度和信用信息共享交换平台，依法保护企业和个人信息安全。大道至简，有权不可任性。各级政府都要建立简政放权、转变职能的有力推进机制，给企业松绑，为创业提供便利，营造公平竞争环境。所有行政审批事项都要简化程序，明确时限，用政府权力的“减法”，换取市场活力的“乘法”。

1. 三项改革举措

（1）多管齐下改革投融资体制。大幅缩减政府核准投资项目范围，下放核准权限。大幅减少投资项目前置审批，实行项目核准网上并联办理。大幅放宽民间投资市场准入，鼓励社会资本发起设立股权投资基金。政府采取投资补助、资本金注入、设立基金等办法，引导社会资本投入重点项目。以用好铁路发展基金为抓手，深化铁路投融资改革。在基础设施、公

---

① 李成刚：《简政放权：经济体制改革的核心路径》，《中国经济时报》，2015年4月20日。

用事业等领域，积极推广政府和社会资本合作模式。

（2）不失时机加快价格改革。改革方向是发挥市场在资源配置中的决定性作用，大幅缩减政府定价种类和项目，具备竞争条件的商品和服务价格原则上都要放开。取消绝大部分药品政府定价，下放一批基本公共服务收费定价权。扩大输配电价改革试点，推进农业水价改革，健全节能环保价格政策。完善资源性产品价格，全面实行居民阶梯价格制度。同时必须加强价格监管，规范市场秩序，确保低收入群众基本生活。

（3）更加积极有效利用外资。修订外商投资产业指导目录，重点扩大服务业和一般制造业开放，把外商投资限制类条目缩减一半。全面推行普遍备案、有限核准的管理制度，大幅下放鼓励类项目核准权，积极探索准入前国民待遇加负面清单管理模式。修订外商投资相关法律，健全外商投资监管体系，打造稳定、公平、透明、可预期的营商环境。

2. 理论界提出“五字思路”

（1）在“减”字上深入挖掘。不仅要对政府过度集中的权力做减法，还要减职能、减机构、减人员。有学者表示，减少政府过度干预微观市场的职能、减少政府行政审批的权力，同时根据职能和权力的调整减少机构和减少人员，“拆庙和还俗”齐头并进；只有全面改革，才能真正增强改革效果。要避免随着权力下放地方，地方行使“下放权力”的人员会增多。如果说取消部分审批权是简政放权的突破口，那么人事制度的配套改革则是简政放权的必然要求。

（2）在“转”字上深入思考。习近平总书记常讲，要抓住干部这一“关键少数”。干部的心态作风，和相应的一些考核指标、考核体系需要进行配套改革。不少基层干部表示，简政放权后，当前出现了“不审批就不知道干什么”“都讲法就不知道怎么干”“从严了就不敢和企业打交道”等新问题。理论界有学者表示，面对简政放权的新常态，干部必须学会适应依法行政、敢于担当的新常态，相应的考核体系也应重新构建，向基层干部传递明确清晰的激励信号。从理论上来讲，随着中央“四个全面”战略布局的实施，“全面深化改革”和“全面依法治国”如车之两轮、鸟之两翼；“全面深化改革”要求干部敢于担当，“全面依法治国”要求干部在法律框架中合理行使法律赋予的神圣权利。

(3) 在“通”字上取得突破。破除“中梗阻”，打通“最后一公里”。理论界有学者表示，为了真正把该放的权力放下去，不仅要清理审批，还要清理前置备案、红头文件的变相审批，更要落实监督机制，部门自我约束和监督，必须从顶层监督和群众监督结合，打破行政垄断、地区封锁、部门梗阻。

(4) 在“效”字上取得成绩。尽管政策有千万条，若市场主体和百姓感受不到都是“白条”。理论界有学者指出，简政放权不仅要做顶层设计，还必须汲取基层智慧，优先解决百姓和企业所急所难。可以考虑，强化第三方评估和企业等市场主体评价改革效果的办法，避免纸面上的政绩。

(5) 在“界”字上设定清单。放权的同时，逐渐确定市场和政府的边界。理论界有学者指出，要破除权力减了又增，增了又减的往复循环，该舍弃的必须舍弃，该承担的公共服务职能绝不能缺位，关键是将行政权力的边界落实到权力清单、负面清单、责任清单，加大“三个清单”在全国的推广落地力度，最终实现“法无规定皆可为、清单之外无权力”。[①]

三、加快建设法治政府是深化政府体制改革的目标

习近平同志在十八届四中全会上指出，法律的生命力在于实施，法律的权威也在于实施。“天下之事，不难于立法，而难于法之必行。”如果有了法律而不实施、束之高阁，或者实施不力、做表面文章，那制定再多法律也无济于事。全面推进依法治国的重点应该是保证法律严格实施，做到

① 新华网：《简政放权成绩单为啥仍“不解渴”》，http://news.xinhuanet.com/2015—02/27/c_1114460616.htm.

“法立，有犯而必施；令出，唯行而不返”。政府是执法主体，对执法领域存在的有法不依、执法不严、违法不究甚至以权压法、权钱交易、徇私枉法等突出问题，老百姓深恶痛绝，必须下大气力解决。

四中全会《决定》提出，各级政府必须坚持在党的领导下、在法治轨道上开展工作，加快建设职能科学、权责法定、执法严明、公开公正、廉洁高效、守法诚信的法治政府。推进机构、职能、权限、程序、责任法定化，规定行政机关不得法外设定权力，没有法律法规依据不得做出减损公民、法人和其他组织合法权益或者增加其义务的决定；推行政府权力清单制度，坚决消除权力设租寻租空间。建立行政机关内部重大决策合法性审查机制，积极推行政府法律顾问制度，保证法律顾问在制定重大行政决策、推进依法行政中发挥积极作用；建立重大决策终身责任追究制度及责任倒查机制。

（一）依法全面履行政府职能。完善行政组织和行政程序法律制度，推进机构、职能、权限、程序、责任法定化。行政机关要坚持法定职责必须为、法无授权不可为，勇于负责、敢于担当，坚决纠正不作为、乱作为，坚决克服懒政、怠政，坚决惩处失职、渎职。行政机关不得法外设定权力，没有法律法规依据不得做出减损公民、法人和其他组织合法权益或者增加其义务的决定。推行政府权力清单制度，坚决消除权力设租寻租空间。

推进各级政府事权规范化、法律化，完善不同层级政府特别是中央和地方政府事权法律制度，强化中央政府宏观管理、制度设定职责和必要的执法权，强化省级政府统筹推进区域内基本公共服务均等化职责，强化市县政府执行职责。

（二）健全依法决策机制。推进综合执法，理顺城管执法体制，完善执法程序，建立执法全过程记录制度，严格执行重大执法决定法制审核制度，全面落实行政执法责任制。把公众参与、专家论证、风险评估、合法性审查、集体讨论决定确定为重大行政决策法定程序，确保决策制度科学、程序正当、过程公开、责任明确。建立行政机关内部重大决策合法性审查机制，未经合法性审查或经审查不合法的，不得提交讨论。

积极推行政府法律顾问制度，建立政府法制机构人员为主体、吸收专家和律师参加的法律顾问队伍，保证法律顾问在制定重大行政决策、推进依法行政中发挥积极作用。建立重大决策终身责任追究制度及责任倒查机制，对决策严重失误或者依法应该及时做出决策但久拖不决造成重大损失、恶劣影响的，严格追究行政首长、负有责任的其他领导人员和相关责任人员的法律责任。

（三）深化行政执法体制改革。根据不同层级政府的事权和职能，按照减少层次、整合队伍、提高效率的原则，合理配置执法力量。

推进综合执法，大幅减少市县两级政府执法队伍种类，重点在食品药品安全、工商质检、公共卫生、安全生产、文化旅游、资源环境、农林水利、交通运输、城乡建设、海洋渔业等领域内推行综合执法，有条件的领域可以推行跨部门综合执法。

完善市县两级政府行政执法管理，加强统一领导和协调。理顺行政强制执行体制。理顺城管执法体制，加强城市管理综合执法机构建设，提高执法和服务水平。严格实行行政执法人员持证上岗和资格管理制度，未经执法资格考试合格，不得授予执法资格，不得从事执法活动。严格执行罚缴分离和收支两条线管理制度，严禁收费罚没收入同部门利益直接或者变相挂钩。

健全行政执法和刑事司法衔接机制，完善案件移送标准和程序，建立行政执法机关、公安机关、检察机关、审判机关信息共享、案情通报、案件移送制度，坚决克服有案不移、有案难移、以罚代刑现象，实现行政处罚和刑事处罚无缝对接。

（四）坚持严格规范公正文明执法。依法惩处各类违法行为，加大关系群众切身利益的重点领域执法力度。完善执法程序，建立执法全过程记录制度。明确具体操作流程，重点规范行政许可、行政处罚、行政强制、行政征收、行政收费、行政检查等执法行为。严格执行重大执法决定法制审核制度。

建立健全行政裁量权基准制度，细化、量化行政裁量标准，规范裁量范围、种类、幅度。加强行政执法信息化建设和信息共享，提高执法效率和规范化水平。全面落实行政执法责任制，严格确定不同部门及机构、岗位执法人员执法责任和责任追究机制，加强执法监督，坚决排除对执法活动的干预，防止和克服地方和部门保护主义，惩治执法腐败现象。

（五）强化对行政权力的制约和监督。加强对政府内部权力的制约，对财政资金分配使用、国有资产监管、政府投资、政府采购、公共资源转让、公共工程建设等权力集中的部门和岗位实行分事行权、分岗设权、分级授权，定期轮岗，强化内部流程控制，防止权力滥用；完善政府内部层级监督和专门监督；保障依法独立行使审计监督权。

加强党内监督、人大监督、民主监督、行政监督、司法监督、审计监督、社会监督、舆论监督制度建设，努力形成科学有效的权力运行制约和监督体系，增强监督合力和实效。

加强对政府内部权力的制约，是强化对行政权力制约的重点。对财政资金分配使用、国有资产监管、政府投资、政府采购、公共资源转让、公共工程建设等权力集中的部门和岗位实行分事行权、分岗设权、分级授权，定期轮岗，强化内部流程控制，防止权力滥用。完善政府内部层级监督和专门监督，改进上级机关对下级机关的监督，建立常态化监督制度。完善纠错问责机制，健全责令公开道歉、停职检查、引咎辞职、责令辞职、罢免等问责方式和程序。

完善审计制度，保障依法独立行使审计监督权。对公共资金、国有资产、国有资源和领导干部履行经济责任情况实行审计全覆盖。强化上级审计机关对下级审计机关的领导。探索省以下地方审计机关人财物统一管理。推进审计职业化建设。

（六）全面推进政务公开。推进决策公开、执行公开、管理公开、服务公开、结果公开，重点推进财政预算、公共资源配置、重大建设项目批准和实施、社会公益事业建设等领域的政府信息公开。这些措施都有很强的针对性，也同党的十八届三中全会精神一脉相承，对法治政府建设十分紧要。

坚持以公开为常态、不公开为例外原则，推进决策公开、执行公开、管理公开、服务公开、结果公开。各级政府及其工作部门依据权力清单，向社会全面公开政府职能、法律依据、实施主体、职责权限、管理流程、监督方式等事项。重点推进财政预算、公共资源配置、重大建设项目批准和实施、社会公益事业建设等领域的政府信息公开。涉及公民、法人或其他组织权利和义务的规范性文件，按照政府信息公开要求和程序予以公布。推行行政执法公示制度。推进政务公开信息化，加强互联网政务信息数据服务平台和便民服务平台建设。

（张开：中央党校经济学部讲师、经济学博士）